陕西省创新能力支撑计划 – 陕西省青年科技新星项目（2025ZC-KJXX-40）；
陕西省社会科学基金项目"数字化转型赋能陕西传统制造企业高质量发展的机制与路径研究"（2023D025)；西安市社会科学基金规划项目"西安先进制造业数字化转型赋能新质生产力发展的机制与路径研究"（25JX207）；西北政法大学省部级科研机构科研项目（SJJG202409）。

新时代法学教育与法学理论文库

国家审计治理、数字化转型与制造业企业高质量发展

National Audit Governance, Digital Transformation, and High-Quality Development of Manufacturing Enterprises

李丹丹 著

社会科学文献出版社
SOCIAL SCIENCES ACADEMIC PRESS (CHINA)

前　言

　　制造业高质量发展是经济高质量发展的基础和关键。党的二十大报告指出，坚持把发展经济的着力点放在实体经济上，推进新型工业化，加快建设制造强国、质量强国、航天强国、交通强国、网络强国、数字中国。制造业作为中国的重要支柱产业之一，根据时代需要进行数字化转型对中国国民经济发展具有重大意义。目前，中国的数字化程度不断加深，对制造业生产、流通、消费等环节的发展及环节之间的连接起到了推动作用，制造业结构高级化与合理化水平获得有效提升。同时，《中华人民共和国国民经济和社会发展第十四个五年规划和2035年远景目标纲要》明确提出要以数字化转型整体驱动生产方式、生活方式和治理方式变革，因此推动传统制造业的优化升级是未来一段时间的发展路线，数字化转型对制造业高质量发展有着关键和划时代的意义。

　　从国际上来看，数字经济与制造业的融合发展可以不断提高产品质量和生产效率，重塑制造业的竞争优势。然而，当前我国制造业企业的数字化水平仍然较低。随着综合成本的不断攀升，我国制造业企业的竞争优势逐步下降，数字化转型已经成为其未来发展的现实需求。如何抓住数字时代机遇促进企业实现高质量发展，是中国制造业面临的现实问题，也是尚未解决的理论问题。近年来，党中央和国务院高度重视制造业的数字化转型。《中华人民共和国国民经济和社会发展第十四个五年规划和2035年远景目标纲要》提出，要打造数字经济新优势，促进数字技术与实体经济深度融合，赋能传统产业转型升级。

经济高质量发展是实现国家治理现代化的重要内容，国家审计是国家治理的重要保障。习近平总书记在二十届中央审计委员会第一次会议上指出，审计是党和国家监督体系的重要组成部分，是推动国家治理体系和治理能力现代化的重要力量。随着新一轮科技革命动能的持续释放，数字技术成为推进国家治理能力现代化不可或缺的重要驱动力。在此背景下我们不禁思考，数字化转型能否成为制造业企业高质量发展的新动能？其作用机制是什么？国家审计治理是否会影响二者之间的关系？进一步地，由于数字化转型的风险和挑战十分复杂，企业经营环境存在变迁，制度环境对企业数字化及其效果的影响是什么？如何在国家审计治理视域下更好地推动数字化转型赋能中国制造业企业高质量发展？

因此，本书基于国家审计治理视域，考察数字化转型对中国整体、分区域、分行业和分类型的制造业企业高质量发展的影响，分析国家审计对二者关系的调节效应，进一步探究制度环境的门槛效应，考察数字化转型赋能制造业企业高质量发展时带来的是"数字鸿沟"还是普惠性的"数字红利"，从而打开数字化转型影响制造业企业高质量发展的"黑箱"，对新时代如何解决发展不平衡不充分问题有一定的启示。

C目 录

ONTENT

第一章　国家审计治理、数字化转型与制造业企业高质量发展的基础研究 / 001

　　第一节　国内外相关研究的学术史梳理及研究进展 / 001

　　第二节　研究内容与结构安排 / 026

　　第三节　研究思路与方法 / 028

　　第四节　创新与价值 / 029

第二章　国家审计治理视域下数字化转型赋能中国制造业企业高质量发展的理论分析框架 / 031

　　第一节　国家审计治理、数字化转型与企业高质量发展的理论基础 /031

　　第二节　国家审计治理、数字化转型与企业高质量发展的政策支撑 /034

　　第三节　国家审计治理、数字化转型与企业高质量发展的
　　　　　　理论传导机制 / 043

　　本章小结 / 057

第三章　国家审计治理视域下数字化转型赋能中国制造业企业高质量发展的现状分析 / 059

　　第一节　中国制造业企业数字化转型现状和指标测度分析 / 059

　　第二节　中国制造业企业高质量发展指标体系构建和现状分析 / 082

　　第三节　国家审计治理视域下数字化转型赋能中国制造业企业
　　　　　　高质量发展的成效和挑战 / 104

　　本章小结 / 109

第四章　国家审计治理视域下数字化转型赋能中国制造业企业高质量发展的
　　　　效果检验 / 112

　　第一节　数字化转型赋能中国制造业企业高质量发展的实证研究
　　　　　　设计 / 112

　　第二节　数字化转型赋能中国制造业企业高质量发展的实证结果
　　　　　　分析 / 119

　　本章小结 / 130

第五章　国家审计治理视域下数字化转型赋能中国制造业企业高质量发展的
　　　　机制与影响检验 / 131

　　第一节　数字化转型赋能中国制造业企业高质量发展的影响机制
　　　　　　计量检验 / 131

　　第二节　普惠性的"数字红利"还是"数字鸿沟" / 135

　　第三节　制度环境的门槛效应 / 149

　　第四节　国家审计治理的作用机制检验 / 152

　　第五节　数字化转型对中国制造业进一步影响的检验 / 160

　　本章小结 / 174

第六章　国家审计治理、数字化转型与中国制造业企业高质量发展的
　　　　政策建议 / 176

　　第一节　充分发挥国家审计治理作用 / 177

　　第二节　政府引领加速数字化转型建设 / 180

　　第三节　差异化推进数字化转型 / 191

　　第四节　改善制度环境 / 196

　　第五节　提高资源配置效率 / 201

　　第六节　进一步提升创新能力 / 202

参考文献 / 205

后　记 / 224

第一章
国家审计治理、数字化转型与制造业企业高质量发展的基础研究

第一节　国内外相关研究的学术史梳理及研究进展

改革开放 40 多年来，我国制造业取得了长足的发展，但是仍然存在"大而不强"的突出问题，虽然经济体量庞大，但自主创新能力较弱，产品供给质量不高，生产管理效率较低。从国际上来看，数字经济与制造业的融合发展可以不断提高产品质量和生产效率，重塑制造业的竞争优势。然而，当前我国制造业企业的数字化水平仍然较低，根据智能制造评估评价公共服务平台数据，2022 年，我国 69% 的制造业企业处于智能制造一级及以下水平，多数企业仍处于数字化转型初期。不仅如此，我国在数字基础设施和核心技术方面与国际先进水平之间也存在较大差距。另外，随着综合成本的不断攀升，我国制造业企业的竞争优势逐步下降，数字化转型已经成为其未来发展的现实需求。近年来，党中央和国务院高度重视制造业的数字化转型。《中华人民共和国国民经济和社会发展第十四个五年规划和 2035 年远景目标纲要》提出，要打造数字经济新优势，促进数字技术与实体经济深度融合，赋能传统产业转型升级。同时，数字化与企业绩效的复杂关系一直受到学者们的关注。

一　数字化转型的相关研究

在数字经济背景下，企业数字化转型是基于大数据、云计算等先进信息

化数字技术实现创新和变革（Nwankpa et al.，2016；Legner et al.，2017），或是基于企业在实际生产经营过程中实现组织流程变革（Demirkan，2016）而提出的。数字化转型的相关研究是数字经济领域的重要内容和方向（Agrawal et al.，2018；陈冬梅等，2020），也是企业实现技术变革，朝着更高层次高质量发展迈进的必要条件。根据本书需要，对数字化转型的文献梳理主要从数字化转型的内涵和特征、数字化转型的测度、数字化转型赋能的经济效应和数字化转型赋能的路径这四个维度展开。

（一）数字化转型的内涵和特征

1. 数字化转型的内涵

从国际上来看，"数字化转型"一词最早来自 2000 年 Coile 基于数字技术的互联网医院商业模式的研究成果中，随后国内外学者围绕数字化转型进行了深入探索。Tobias 等（2020）认为，数字化转型是基于数字技术的一种变革，能够引导企业运营、业务流程和价值创造发生独特的变化。Matt 等（2015）则认为，数字化转型战略是由数字技术整合带来的变革，并支持转型后的运营。Agarwal 等（2010）和 Majchrzak 等（2016）认为，数字化转型是指通过数字技术的运用，不断改造和变革社会组织和机构的过程，这一过程和方式强调将数据、信息和生产进行融合，用新的方式实现生产经营，从而优化业务流程。作为一套全面的框架，数字化转型不仅可被定义为适应变化的过程，也可以是一种主动的观念变革，对价值创造的方式进行不断改进和优化（Vial，2019）。Tang（2021）认为数字化转型是由新兴技术驱动的，这些技术包括但不限于大数据、云计算、物联网、人工智能等，所以数字化转型的核心在于利用这些技术驱动业务的根本变革。Ochara（2016）认为数字化转型被视为一个涉及所有人类活动领域的广泛现象，包括治理、商业模式以及个人或知识社会等。Mühlburger 和 Krumay（2023）提出，数字化转型不仅是技术的演进，也是组织和社会结构变化的过程，并提出了一种概念化方法，以便跨不同领域和背景比较和理解数字化转型的多样表现形式。数字化转型对企业战略方向的重要影响涉及客户体验、运营流程、商业模式、员工体验和数字平台等方面（Kahrović，2021），这强调了数字化转型在提升企业竞争力、创新能力和价值创造等方面的重要性。Liu 等（2023）提出数字化转型具有双元性质，即同时关注现有业务的效率提升（DT 利用）和业务增长（DT 探索），这种双元性质表明，企业在进行数字化转型时，需要同时考虑短期目标和长期愿景。

国内学界对数字化转型的研究始于 2018 年，研究成果数量较少，主要是在引介国外数字化转型战略内容的基础上提出对中国的启示。例如，张晓和鲍静（2018）分析了英国的数字转型战略，发现其不只是局限于工具层面的信息化和数字化，而是更多体现为理念层面、行为层面、制度层面的转型与发展；数字转型战略需要所有部门的相互支持，需要跨越组织边界以实现更好的协作。姚水琼和齐胤植（2019）介绍了美国通过改善公民与政府的数字互动体验，提高了公众对政府整体形象的满意度；同时，联邦政府、地方政府和州政府正在通过数字政府建设来改善公民生活。贾利军和陈恒烜（2022）分析了第三次工业革命的发展及其对制造业的影响，指出数字技术在制造业转型中的三个关键特征是数字资本品的战略地位、行业特定的生产实践经验对数字化转型的重要性，以及更强调制造业自主研发的融合性与整体性。

在现有研究成果中，学者们对数字化转型的定义有两个侧重点，一类观点是强调数字技术的支撑作用，认为数字化转型是信息技术变革后的升级转型，是将数字技术嵌入企业内部的商业模式，并通过数字技术在市场中智能化搜集信息，为利益相关方提供决策支持，最终从本质上影响企业绩效（Valdez-De-Leon，2016；Gray and Rumpe，2017；Andriole，2017；Li et al.，2018）。一些学者认为企业数字化转型不仅仅是技术的更新换代，更重要的是利用数字技术赋能传统产业，以及根据消费者需求进行业务模式、产品理念、组织结构等方面的全面创新。严子淳等（2021）提出数字技术的应用不仅促进了产业层面创新理论和实践的转型，还推动了学术界对数字技术创新及其应用方向研究的不断深化。数字经济时代，企业管理变革受到数字技术的显著影响，包括组织结构的网络化和扁平化、营销模式的精准化和精细化等（戚聿东和肖旭，2020）。这些变革反映了数字技术在改变企业内部管理模式和提升生产效率方面的重要作用。数字创新管理研究指出，快速普遍的数字化创新过程和结果挑战了现有的创新管理理论，需要新的理论化逻辑来更准确地解释数字世界中的创新过程和结果（Nambisan et al.，2017）。这强调了在数字化转型过程中，理解和应用新兴数字技术对于创新管理的重要性。

另一类观点着重强调数字化转型带来的组织变革。学者们认为数字化转型是指企业引入数字技术后从根本上重塑了企业的业务模式、组织结构及管理方式，从而构建了全新的商业模式并提高生产效率（Singh and Hess，2020）。企业数字化转型过程的实质是从"工业化管理模式"向"数字化管理模式"的转变，通过将数字技术引入现有企业管理架构，推动信息结构、管理方式、运营机制、生产过程等发生系统性重塑，这在客观上要求企业打破传统工业化管理情形下的路径依赖（Firk et al.，2022），改变原有的企业管理思维逻辑，使企业生产管理趋向智能化、企业营销管理趋向精准化、企业资源管理趋向高效化，从而带来企业管理方式乃至管理制度的颠覆式创新（Frynas et al.，2018）。

2. 数字化转型的特征

学术界普遍认为，数字化转型具备数字技术的应用和组织架构的深刻变革这两个主要特征，不仅从经营流程、产品及营销方面进行变革，更从经营理念、组织结构甚至对生产的定义等方面进行全面变革（Chanias et al.，2019）。Verhoef 等（2019）指出，数字化转型与单纯的数字化不同，数字化转型牵涉到更深远的影响或变革，包括业务流程的全面改进以及组织架构和战略模式的深层次变革。Khuntia 等（2014）指出，数字化转型可促进数字技术对流程的精简，从而提高企业的运营效率，而且能够在优化产品质量、服务质量和客户满意度方面发挥积极作用。数字化转型还可以促进技术与业务的高度融合，使企业能高效运用当前的各类新技术，进而推动企业保持创新力和竞争力。这种融合加速促进了制造业企业的转型升级，为制造业的未来发展打开了更大的想象空间。同时，与数字化相关产业的投资规模和投资质量也在不断扩大和提升，并通过资本深化和产业系统发展来有效促进其他产业的增长（Chou et al.，2014）。王鑫鑫等（2022）提出，企业数字化转型的特征包括以技术进步、市场需求和政府政策为主要推动力，以数字技术和数据要素为基础支撑。这表明企业数字化转型是一个多因素驱动的过程，技术进步和市场需求在其中起到了关键作用，而政府政策则提供了外部环境的支持。

近年来，国内学术界普遍将企业的数字化转型定义为数字化的技术应用和数据的科学分析融入生产经营的过程，这一过程依赖于现代信息网络进行传播和交互，通过信息与通信技术的有效应用驱动经济增长和结构优化。美国经济分析局从多个角度对数字化转型进行了界定，包括基础设施的现代化建设、数字化交易的推广、数字媒体的转型以及数字化赋能的全面应用等。数字化转型的内涵已经突破了单个产业的界限，拓展到了多个产业、产业活动和治理领域，包含数字化产业、产业数字化和数字化治理等。事实上，数字化转型的重要性和影响力已经渗透到社会的各个层面，推动着各类企业和组织朝数字化方向转型。另外，孙新波等（2020）在研究中发现，微观层面的数字化转型具有显著的平台化、数据化和普惠化特征，他们观察到企业将收集和处理数据的能力视为其核心竞争优势。更进一步地，制造业正在通过数据驱动生产方式实现数据化、标准化和联网化。这一观点为我们理解数字化转型提供了新的视角，即数据是数字化转型的核心驱动力。作为第五大生产要素，数据不但是传递信息的媒介，而且还成为继传统的生产要素（土地、劳动力、资本、技术）后，资源配置和信息传播中不可或缺的一部分。数字化转型能够在市场主体公开数据的基础上，让信息变得更加完整，使微观市场主体的综合管理水平得以提升、管理成熟度得到提高，从而提高全社会资源配置的效率。有学者发现，在数字化转型过程中，跨职能部门的协同对其结果至关重要（Earley，2014）。数字化转型面临的一大挑战是缺乏跨组织的协同性，必须采取有效措施来解决（Maedche，2016）。那么，如果想要在现有资源的基础上进行创新，就要成立新的组织部门或者实现跨部门协同，这种跨部门协同也是数字化转型在微观组织层面的必然变化趋势。数字技术的运用也在改变政府治理领域，根据经济合作与发展组织（OECD）的观察，政府的数字化转型指的是将信息技术应用于政府管理的各个细分职能，包括结构、工作流程、服务提供方式和文化等，从而重新塑造政府的治理模式。

Klievink 和 Janssen（2009）指出，这种转型不仅影响了政府组织内部的运营和管理，也影响了政府与公民之间的互动方式。此外，李文钊（2020）研究了城市数字化转型的多个方案，揭示了未来城市的发展趋势和实施路径，还探讨了城市数字化转型的未来走向和实现步骤；顾金喜（2020）则对生态治理数字化转型进行了研究，探讨了传统生态治理在价值、技术、模式和能力等维度如何进行重构的问题。朱秀梅和林晓玥（2022）提出了企业数字化转型的"POMPS"五角模型，尝试揭开产品、服务、流程、模式和组织之间的协同关系。何大安（2022）从经济学的视角出发，分析了企业运用大数据和人工智能技术进行的生产经营的数字化转型的阶段性及其对应的技术条件配置。

基于已有研究，本书认为数字化转型不仅是技术的更新换代，更是一种全面的战略变革，涉及企业的愿景、战略、组织结构、流程、能力和文化等方面。在制造业领域，数字化转型被视为"技术—经济"范式变革的深化与应用，是现代信息技术对制造业要素结构、生产方式、组织结构以及价值来源的根本性变革（孔存玉和丁志帆，2021）。制造业企业在数字化转型过程中，不仅要关注技术的应用和更新，还需要从组织结构、管理模式、文化创新等维度进行考虑和布局，以实现企业的长期发展和竞争优势的提升。

（二）数字化转型的测度

关于数字化转型测度的研究经历了从初步探索到逐渐成熟的过程，并且在不断地拓展其研究范围和深度。早期研究主要集中在数字化转型的概念界定和基本框架构建上，这些研究为后续的测度方法提供了理论基础。随着研究的深入，研究者们提出基于企业成熟度和行业水平的两类评估范式（陆洋和王超贤，2021），使用量表法、指标法、文本分析法等方法来评估企业数字化转型的程度。这些方法的提出和应用，使得数字化转型的测度更加科学和系统。此外，数字化转型的测度也开始融入更多新的技术和工具，在数字化转型的背景下，人工智能、数字孪生、数字校准证书等新兴技术的应用极大地影响了测量仪器的建模和测量数据的分析（Kok，2022）。

当前已有研究多数是从宏观视角出发，采用城市或行业层面数字经济指数来度量数字化水平的（赵涛等，2020）。例如，中国信息通信研究院从2017至今都在运用增加值法测度数字化治理和数据价值化等信息，还有一些学者通过增加值法对比中国的数字经济增加值增长率与同期的 GDP 增长速度，发现数字经济是引领中国经济增长的重要力量（许宪春等，2020）。李馥伊（2021）以世界投入产出表测算了中国制造业的数字化投入，分析了我国制造业在全球价值链中的地位，并研究了价值链升级的路径与效应。另外，《中国城市数字经济指数白皮书（2017）》提供了较为完备的城市数字经济评价指标，为全面认识和评价我国城市数字经济发展状况提供了重要的研究手段。在行业层面，巫景飞和汪晓月（2022）基于最新统计分类标准的数字经济发展水平测度研究，利用熵权法构建数字经济发展指数，对我国 30 个省份的数字经济发展水平进行了测度，揭示了数字经济发展存在明显的区域不平衡问题。刘波和洪兴建（2022）在对中国产业数字化程度的测算与分析进行研究时，从行业视角出发，借助增长核算框架测度了不同行业的数字化程度，考察了各产业数字化程度的行业差异及动态演进。

在基于微观视角展开的实证研究中，每种测度方法都有其侧重点，例如，直接构建数字化评价指标体系能够提供一套系统的评估框架；通过问卷调查，采用相关指标度量数字化应用程度，可以直接获取企业内部的实际应用数据；而结合文本分析法和专家打分法的方式构建数字化转型指数，能够充分利用非结构化数据和专业知识，提高评估的准确性和可靠性。可以说上述测度方法都是为了更准确、更全面地评估和促进数字化转型的进程。总的来说，关于数字化转型的指标测度包括以下三类。

第一类是构建数字化评价指标体系。这类方法侧重于构建一套完整的评价体系，以全面评估企业或行业的数字化转型水平。最初，Chanias 和 Hess（2016）采用 20 个相关模型进行分析，提出了"数字化成熟度"概念，用以表示企业数字化转型进程。在此基础之上，王核成等（2021）进一步优化和完善了"数字化成熟度"模型，最终确定了数字化发展的 5 个关键过程、19 项一级指标以及 63 项二级指标。赵聪慧和范合君（2022）通过梳理企业数字化转型的过程，从数字化转型意识、能力和绩效三个方面确定了 19 项指标，构建了企业数字化转型指标体系。范合君和吴婷（2020）通过生产数字化、消费数字化、流通数字化和政府数字化等维度构建了更为全面的数字化程度测度指标体系，不仅关注了数字化在经济生活中的应用，还通过比较评估不同区域和不同时间段的数字化水平变化趋势，为政策制定提供了参考。构建数字化评价指标体系能够有效地评估企业转型进程，从而促进数字经济高质量发展。

第二类是通过问卷调查，采用相关指标度量数字化应用程度。这类方法侧重于通过实地走访和问卷调查收集数据，然后利用主成分分析法等进行评价指标体系检验，该方法可以直接从企业内部获取第一手数据，有助于更准确地度量数字化应用程度。例如，王永进等（2017）用企业 IT 投资额、企业经常使用电子计算机的员工人数、参加 IT 相关培训员工人数、企业采用互联网和电子商务实现的销售收入等指标来衡量数字化应用程度。刘淑春等（2021）选取 ERP 投资量（erpinvm）、MES/DCS 投资量（mesinvm）、PLM 投资量（plminvm）等作为数字化转型的量化指标。郑琼洁和姜卫民（2022）基于江苏省 1830 份制造业企业的问卷调查，对企业数字化转型的现状与相关因素进行了分析。此外，问卷调查还可以被用于评估财务数字化转型的现状、问题及需求。

第三类是结合文本分析法和专家打分法的方式构建数字化转型指数。这类方法首先通过文本分析法收集和分析相关的文本数据，提取出反映数字化转型的关键指标和信息，然后利用专家打分法对这些指标进行赋值和评分，以确保评估结果的准确性和可靠性。这种结合不仅可以提高评估的准确性，还可以增加评估过程的透明度和公正性，可以更全面、客观地评估数字化转型水平。何帆和刘红霞（2019）基于 46978 份临时和定期公告，采用手工整理的方式基于"是否存在数字化转型"设置了"0-1"虚拟变量构建数字化转型指标。吴非等（2021）较早使用词频统计来刻画数字化转型强度。戚聿东和肖旭（2020）曾基于企业内部数字化程度、企业商业模式创新以及企业对数字化的了解和重视程度三方面搜寻关键词。赵宸宇等（2021）则将制造业上市公司的年度报告转换为文本格式，利用 Python 提取相关经营情况的文本信息，用人工判断的方式抽取一定比例的数字化转型较为成功的企业作为样本，基于数字技术实践应用、现代信息系统、智能制造以及互联网商业模式四个维度的关键词对筛选后的样本进行词频统计，形成词云图；同时参考其他文献的处理思路对关键词进行补充，使用 Jieba 功能进行分词处理，用熵权法赋权，得到数字化指数；并在此基础上，采用专家打分法判断每个企业的数字化转型水平。袁淳等（2021）搜集了 30 份国家层面的数字经济相关政策文件，用 Python 软件对年报相关语段进行关键词提取、分词处理与文本分析，最终构建出数字化转型指标。

（三）数字化转型赋能的经济效应

数字经济变革已经成为各个地区和国家塑造竞争优势、提升综合实力的重大发展战略，自 2017 年我国将"数字经济"写入政府工作报告以来，数字化转型对经济发展的影响就一直是学术界高度关注的话题。学术界针对数字化转型赋能的经济效应进行了定性及定量研究，发现数字化转型赋能的经济效应包括积极和消极两方面。

数字经济被视为推动经济增长的关键驱动力，通过重构生产要素体系、提升全要素生产率等机制显著影响经济增长，而数字化转型是驱动数字经济发展的关键引擎。数字化转型作为当今经济发展的重要趋势，凭借其引入的自动化、大数据、人工智能等前沿技术，被视为推动经济增长、提高生产效率以及实现产业升级的关键力量。因此，部分学者对数字化转型赋能的经济效应持乐观态度。

在宏观层面，数字化转型通过投入新的要素和提升资源配置效率及全要素生产率，促进了经济增长，从而体现了其积极的经济效应。在全球范围内，数字化转型对 GDP 人均值有正面且显著的影响（Tudose et al.，2023），并且这种影响普遍存在于不同国家（Qu et al.，2017）。还有学者发现数字技术与数字平台能够突破地理位置限制，弥合"数字鸿沟"，促进经济地理格局优化、包容性增长和经济高质量发展（赵涛等，2020）。一部分学者将 ICT 技术看作要素投入，研究数字技术与我国经济发展之间的关系，并对经济增长提速进行分析（Kretschmer，2012）；有学者结合互联网基础技术建设，发现信息技术的应用也有助于促进经济增长，能够通过提升全要素生产率来促进经济发展。此外，数字化转型对产业结构升级的帮助主要体现在传统产业的突破性创新上，数字产业化促进了信息通信、大数据、软件技术在传统产业中的应用，催生了新的数字化产业模式（Raddats et al.，2022），有效促进了经济结构转型和地区经济的高质量发展（徐晓慧，2022）。

在微观层面，数字化转型通过应用数字技术、提升资源配置效率、促进企业创新水平等措施发挥其积极效应。首先，数据成为重要的生产要素，数字技术与企业传统业务融合，能够增强企业应对市场环境变化的能力。数字化、智能化以及自动化的生产方式能够提高企业运营效率、现金流和投资资本回报率（Mikalef and Pateli，2017；Kim，2017；Yang，2022）。数字化技术能够优化企业的组织结构，促进组织变革。数字化技术的商业模式和思维改变了企业传统的生产方式和组织方式，打破了商品流通时的地域和空间限制，提升了市场交易效率（Brynjolfsson et al.，2021）。企业数字化转型显著提升了主业业绩水平，尤其在国有企业中表现更为突出（易露霞等，2021）。其次，数字化转型能够提升企业的资源配置效率。大部分学者探究了互联网普及对制造业搜寻成本的影响，认为数字技术能够提升制造业企业的分工水平（施炳展和李建桐，2020），"互联网＋"也对提升制造业技术效率有显著作用，并能够促进行业全要素生产率的提升（肖利平，2018）。有研究表明，制造业的创新活跃度能够通过数字技术应用的灵活性、关联性、整合性和开放性来反映，互联网经济下信息与知识的共享和交流，能够激励创新行为，使企业形成更多的创新投入，加速企业的创新发展，从而长期保持竞争优势，立足于市场。最后，通过大数据的挖掘技术可以优化制造业的生产过程，降低能源消耗，促进制造业的绿色可持续发展（Zhang et al.，2018），从技术进步、能源保护等方面实现价值链的升级。

另一部分学者的观点则与上述研究不同，他们认为虽然数字化转型被普遍视作促进经济增长和提升生产效率的重要驱动力，然而，正如任何技术变革都伴随着双面性一样，数字化转型也并非一直发挥积极效应。

一些学者认为数字化转型并未直接发挥积极效应，指出数字化转型对企业短期财务绩效可能有消极影响，并且与企业长期财务绩效之间存在"U"型关系（梁琳娜等，2022）。有学者指出，数字化转型的理想效果是能够应用数字技术减少重复劳动，从而提高组织的运转效率和自动化水平；但现实情况是只有部分企业从数字化转型中获得收益，其他企业并未获得数字红利（Hajli et al.，2015）。Ekata（2012）在考察了尼日利亚银行的数字化转型绩效后也提出了相同结论，并提出了所谓的"IT 悖论"。并且，数字化转型赋能的工业机器人会导致更多员工的失业和更低的劳动收入分配（Acemoglu and Restrepo，2018）。甚至由于数字化转型具有典型的回报周期长与不确定性特征，企业进行数字化转型的隐性成本会增加（徐梦周和吕铁，2020），短期回报无法覆盖投入成本。此外，由于数字化转型的超强技术属性，对企业管理者的要求更加严苛，当企业管理者的能力增长速度滞后于技术迭代速度时，数字技术与核心业务的协同、匹配程度会下降，企业的经济绩效就不会出现显著增长（戚聿东和肖旭，2020）。所以，继"索洛悖论"或"IT 生产率悖论"之后出现了"数字化转型悖论"的说法。

还有一些学者认为，虽然数字化转型被广泛视作推动经济增长和提高生产效率的关键因素，但它也产生了一系列消极效应，可能会削弱甚至抵消其积极效应。Popova 等（2020）提出数字化转型加剧了社会不平等，尤其是拉大了农村和城市之间的差距。研究表明，数字不平等对社会经济系统的发展产生了负面影响，导致资源和创新潜力被集中于大城市及特定行业。Becchetti 和 Giacomo（2007）认为 ICT 对经济增长的贡献并非都是正面，其对人均 GDP 水平的影响是复杂的。吴剑辉和段瑞（2020）提出数字技术对传统产业升级存在替代性效应，这意味着全要素生产率不能完全拉动传统产业的发展，这种替代性效应表明数字技术的发展可能会对某些传统产业造成冲击，从而影响其转型升级。

（四）数字化转型赋能的路径

数字化转型赋能的驱动因素是多方面的，包括外部环境变化、国家政策支持、新型基础设施建设以及企业内部需求等。随着信息技术和大数据的发展，数字经济成为推动经济增长的新引擎，这促使企业开启数字化转型之路

（李辉和梁丹丹，2020）。政府通过制定相关激励机制、加快新型基础设施建设、培育数字化人才队伍等措施，为企业数字化转型提供全方位、多层次的保障（裴璇等，2023）。企业为了提升国际化水平、推动高质量发展以及提高资本市场信息效率等，需要加快自身的数字化转型进程。

数字化转型赋能的路径是一个多维度、跨领域的综合过程，需要企业从技术驱动、客户需求、生态系统协作等方面进行综合考虑和布局。相关研究认为，第一，数字化转型可以通过技术驱动路径来提升其作用能力，企业应加强数字技术的应用，不断提升其数字化水平，推动数字化发展。Mydyti等（2020）认为可以利用云计算服务作为加速器，提高工作效率、弹性、可扩展性和安全性。李辉和梁丹丹（2020）认为成功的数字化转型依赖于坚实的数字化技术基础，加大资金投入、构建数字化人才体系以及打造支撑平台等要素共同构成了技术驱动路径的核心组成部分，强调了技术在实现数字化转型时的中心作用。第二，用户导向在数字化转型中发挥着核心作用，企业需要通过深入理解和满足用户需求来引领转型。数字化转型的目的之一就是利用数字技术改善用户体验，这关系到企业的发展问题，企业可以采用数据驱动的方法来优化用户体验和服务，以及通过创业学习和利用市场动荡性来迭代机会，从而更好地满足用户需求（郭润萍等，2023）。郭润萍等（2023）还提出企业需要关注数字化新企业机会迭代的过程，以用户为中心进行创新和改进。第三，数字化转型是一种生态系统的协作和共创过程。通过构建开放、灵活的生态系统，企业能够更有效地利用数字技术，实现业务模式和流程的创新，从而提升其竞争力和优化其市场表现（Valkokari et al.，2022）。在数字化转型过程中，企业不仅要关注自身的变革，还需要与外部主体如供应商、合作伙伴、政府等建立紧密的协作关系，形成生态链协同的转型模式（赵丽锦和胡晓明，2022），这有助于企业更好地捕捉新机遇，驱动可持续发展。

二　企业高质量发展的相关研究

在新发展理念的背景下，企业要深刻认识到现阶段我国社会发展的变化，本部分从企业高质量发展的内涵和特征、水平测度研究、影响因素以及数字化转型与企业高质量发展关系之间的关系研究等方面深入分析目前我国企业高质量发展研究现有的结论与存在的不足，构成本节的文献基础。

（一）企业高质量发展的内涵和特征

1. 企业高质量发展的内涵

中国特色社会主义进入新时代，我国经济发展已由高速增长阶段转向高质量发展阶段。相对于高速发展，高质量发展更符合人民的需求和美好愿景，也更符合中国现阶段经济发展的战略目标（金碚，2018）。实现企业的高质量发展，进而推动我国经济的持续稳定增长，是近年来学术界关注的热点之一。目前，学术界对企业高质量发展的内涵研究较为丰富，大体可以划分为广义和狭义两个角度。从广义角度来说，大多数学者认为在新发展理念下，全面理解经济高质量发展的内涵，需要从创新、协调、绿色、开放、共享的角度实现经济体和产业的良好运转、保持经济增长质量处于健康和稳定的发展状态；从狭义角度来说，学者们的研究聚焦于企业层面的产品和服务质量，关注生产、管理、运营、销售等环节的高质量发展。

从广义角度来看，一类研究认为我国企业高质量发展的目标与经济高质量发展的目标是高度统一的，并且需要产业高质量发展提供方向指引。因此，深刻理解企业高质量发展的内涵，需要从广义角度正确认识我国经济和产业的高质量发展。在新发展理念的背景下，大部分学者认为要关注现阶段我国社会主要矛盾的变化，将企业高质量发展的内涵与经济社会的发展阶段、发展方式和发展特征相联系，使企业高质量发展朝着实现充分、均衡、多维发展的目标前进。

还有一类研究认为促进企业的高质量发展具有鲜明的时代特征，其本质是要实现全体人民的共同富裕（周文和杨正源，2023），体现了以人民为中心的发展宗旨。

从广义角度来看，企业高质量发展是根据我国基本国情提出的，因此国外学者的研究相对较少，但集中于产业升级视角的国外研究，也能对我国企业的高质量发展提供一定借鉴。Gereffi（1999）提出从人力、资源密集型产业转向资本、技术密集型产业是产业结构升级的关键，进而又提出工业转型升级本质上是提升技术创新能力，使得内部结构实现从以低端加工为主到以资本密集型、高附加值设计创造为主的跨越式转变，这为我国制造业实现全球价值链的高端攀升提供了指引。制造业在全球价值分工体系中的地位提升，就是制造业实现转型升级的关键所在，并且要依靠价值链提升使制造业产品有更高的附加值（Carcia，2014）。可见，制造业实现高质量发展的重要体现就在于其价值链从低附加值向高附加值的转变。近年来，我国劳动密集型制造业的比较优势正在逐渐消失，如何更好地应对国内需求变化，逐步向服务型制造业转变（Lawrence，2020），是我国实现经济和产业高质量发展的关键。所以从广义角度来看，企业高质量发展的内涵离不开我国经济发展和产业结构升级的目标，应符合经济效益良好、生态环境友好、技术创新水平高以及产业结构高端化的要求。

从狭义角度来看，企业担当微观经济的活动主体，另一部分学者认为研究企业高质量发展需要从质与量的经济性、市场性、环境性相统一的维度出发，企业不仅要不断追求更高效率的持续赢利能力，而且要实现更高价值的持续发展能力（黄速建等，2018）。具体到本书研究的制造业企业，其高质量发展是通过结构升级、技术创新、新动能培育以提高企业效率和竞争力的过程，可以被概括为企业通过实现质量变革、效率变革和动力变革，从而提高经济效益和创新能力的过程。此外，越来越多的学者考虑到了企业在绿色环保方面的发展，例如 Luo 等（2023）指出制造业企业的高质量发展是一个动态、复杂的系统，除了考虑经济效益和技术创新之外，还应将资源节约等因素考虑在内。Ndubisi 等（2021）的研究指出，中小制造业企业的高质量发展就是要朝更可持续生产的方向发展，避免资源的过度消费问题。可见，实现产业结构升级、对资源的高效利用、对环境污染的改善以及与现代服务业之间的融合，才是制造业企业真正意义上的高质量发展（贺灵和陈治亚，2021）。

无论是服务于国家总体战略还是实现企业自身的价值创造，企业高质量发展的内涵都直接关系到我国实体经济的发展水平，推动着我国社会进步。

在新的时代背景下，还有一部分学者关注到科技变革给企业高质量发展带来的影响，认为在质量型经济发展的模式上，可以将高质量发展的新动能理解为通过科技赋能等方式生产兼具创新性、领先性和可持续性的经济发展新动力（司聪和任保平，2024），这为本书从企业数字化转型的角度理解企业高质量发展的内涵提供了借鉴和理论基础。

2. 企业高质量发展的特征

从企业高质量发展的内涵可以看出，实现制造业的高质量发展，要贯彻新发展理念，同时坚持质量第一、效率优先的基本原则。总结目前学术界对企业高质量发展的研究能够发现，学者们从经济效益、技术创新、产业结构等方面探讨了企业高质量发展的特征，进而对企业高质量发展的实现路径进行了探索。

一部分学者基于经济效益提高的特征对企业高质量发展进行研究。剧锦文（2021）指出，实现企业高质量发展要由低成本竞争优势向质量效益竞争优势转变，以此提高企业的经济效益。还有学者指出，制造业企业经济效益的提高主要是通过优化和调整创新要素实现的，在运用新技术提高原有要素效率的同时，引入新型创新要素，从而有效提高资源配置效率（Yang et al.，2023）。

在推进"美丽中国"建设的背景下，一部分学者认为实现绿色发展是当今世界的主题，强调企业高质量发展的特征是在实现发展的同时珍惜资源、保护环境，从而实现可持续的长远发展。绿色发展的理念能够促进制造业在生产、运营、销售和管理等环节实现高质量发展（周茜，2023）。一方面，绿色发展倡导的资源循环利用能够催生制造业进行技术层面的创新和研发，逐渐将高科技与传统制造业相结合；另一方面，制造业的环保理念符合国家的发展方向，更是人民美好生活的需要，绿色创新制造能够提升我国制造业的社会形象和国际竞争力，从而实现高质量发展的目标（Zhang et al.，2023）。

目前，我国制造业仍存在"大而不强、全而不优"的弱点，因此还有许多学者认为制造业企业的高质量发展与产业结构升级之间存在密不可分的联系。Zhou 和 Li（2020）认为制造业的高质量发展需要实现产业结构升级，这意味着制造业不仅要创新技术，实现高效率的生产，更要关注品牌建设、高技术设备研发等领域，提升我国制造业的产品附加值，通过数字化技术等打造智能的制造体系。宋林等（2024）认为促进产业融合、将制造业与数字化信息技术和其他高端产业链相结合，能够提升制造业附加价值，从而推动我国制造业向价值链的中高端地位迈进，实现高质量发展。

另外，党的十九大报告中首次提出了"提高全要素生产率"的概念，作为新发展理念的重要组成部分，全要素生产率能够在一定程度上代表企业高质量发展的水平。此后，大部分学者将全要素生产率的提升作为企业高质量发展的特征进行研究。例如，Suoet 等（2024）认为数字技术创新显著提高了企业的全要素生产率，赋能了中国企业的高质量发展；李长英和王曼（2024）基于供应链视角研究了供应链的数字化能否提升企业的全要素生产率，为企业通过供应链数字化转型实现高质量发展提供了经验依据。

可见，学者们普遍认为企业实现高质量发展的特征主要包括经济效益的提高、绿色技术的创新应用以及产业结构的升级，并且部分学者用全要素生产率代表企业高质量发展的水平，这为本书对企业高质量发展的水平测度研究提供了丰富的理论依据。

（二）企业高质量发展的水平测度研究

企业高质量发展是我国经济实现高质量发展的重要途径。对企业高质量发展的水平进行准确衡量，能够帮助企业认清发展现状，便于管理者制订下一阶段计划，同时也有助于投资者了解市场环境，做出最优选择。学术界对企业高质量发展的水平测度研究主要基于经济高质量发展的内涵，不仅考虑到经济高质量发展的直接或间接效应，更关注到经济高质量发展的目标（Yan et al.，2021），现有研究较为丰富，衡量标准也不同，但大体可以分为两类。

一类研究是学者们基于经济增长质量的视角，采用了单一变量来衡量企业高质量发展的水平，包括全要素生产率、增加值率等。自党的十九大报告在新发展理念背景下提出"全要素生产率"概念以来，许多学者将全要素生产率作为企业高质量发展水平的衡量指标。例如，张树山和董旭达（2024）就以全要素生产率来衡量制造业企业高质量发展水平，研究了智能化转型、企业组织韧性与制造业企业高质量发展之间的关系。还有学者研究了可持续发展政策下的能源密集型企业的全要素生产率，以此作为企业生产力的表现（Lee et al.，2023）。同时，也有学者认为企业高质量发展水平的全貌难以反映在单一指标上，如郭芸等（2020）认为全要素生产率在测度上存在争议，其评价结果也缺乏稳健性。

另一类研究则是学者们为克服单一变量在反映企业高质量发展全貌时的缺陷，采用复合指标对企业高质量发展的水平测度进行了深入研究。例如，王丹和张丁（2023）主要从税收、产业创新、数字经济三个视角对企业高质量发展水平进行了研究；李金昌等（2019）分析了不同社会阶段高质量发展指标的变化，构建了一个包含经济活力、创新效率、绿色发展、人民生活与社会和谐5个维度共27项指标在内的评价体系。还有学者将因子分析法和层次分析法相结合，提出从创新发展、财务状况、创新效益和绿色共享四个方面建立评价体系（Wang et al.，2022）。还有一些学者研究了制造业企业的特点，构建了更具针对性的指标体系来衡量其高质量发展水平，如Liu等（2023）的研究就考虑到了数字经济对传统制造业绿色发展的影响，从产业数字化能力、社会经济效益能力以及生态资源的承载能力三个方面构建评价体系。由此可见，与单一变量相比，复合指标能够对企业高质量发展的水平进行更为全面的衡量，也能更充分地反映制造业发展的全貌，所以本书根据制造业企业发展的特点，从经济效益、研发创新、开放合作和绿色发展等角度构建综合评价体系，使衡量更具有全面性和针对性。

（三）企业高质量发展的影响因素

研究影响企业高质量发展的因素对促进企业的可持续发展和提升企业的竞争力十分重要，许多学者在确定测度企业高质量发展水平的方式后，探究有哪些因素会产生影响，以此提供具有发展性的建议。影响企业高质量发展的因素较多，且这些因素是不断发展和变化的，所以学者们从不同视角和层面对其进行了探索。实际上，在"高质量发展"这一概念广泛应用之前，就有学者对企业的劳动生产率、全要素生产率进行研究，为企业高质量发展的研究奠定了理论基础（Mei and Chen，2016）。目前，学术界对企业高质量发展影响因素的探索可以分为企业外部和企业内部两个方面。

一方面，针对企业外部影响因素的研究主要聚焦于制度环境、经济发展水平和产业集聚等。Pu等（2023）的研究将制度环境的创新视为推动企业实现高质量发展的重要方式。黄令等（2023）则以实证检验的方式指出数字经济的发展能够显著促进制造业企业高质量发展。还有学者认为产业集聚对区域经济的高质量发展有显著促进作用，从而带动了企业的高质量发展（Li et al.，2024）。然而，企业高质量发展的外部影响因素并非全部呈现积极作用，如薛永刚（2022）就发现"珠三角"城市群的高质量发展水平高于"长三角"城市群，并且空间滞后量对"珠三角"城市群具有负向影响，对"长三角"城市群具有正向影响。杨仁发和李娜娜（2019）以产业视角分析了长江经济带的产业集聚对高质量发展的影响，结果显示制造业集聚具有显著促进作用，而服务业集聚则表现出抑制作用。可见，企业外部的影响因素多来自制度环境、经济发展水平、产业环境等方面，但对不同行业不同地区的作用并不一致。

另一方面，企业内部的影响因素主要包括技术突破和结构优化等。自改革开放以来，中国经历了经济增长方式和发展方式的转变，技术创新在这一过程中十分重要。对制造业企业来说，关键性技术突破等因素是其实现高质量发展的关键。杨仁发和郑媛媛（2022）探讨了人力资本结构与制造业企业高质量发展之间的关系，发现企业技术进步、转型升级和生产性服务业集聚能够促进制造业企业的高质量发展。钞小静和王宸威（2022）以制造业上市公司微观视角的经验证据为基础，表明我国制造业高质量发展的促进因素主要包括关键性技术的突破与知识的研发创新效应、生产流程的优化与生产的协同效应。Wang和Li（2024）基于中国的数据证据，探究了碳排放交易机制与供应链数字化如何对制造业企业的竞争力产生影响。李海舰和李真真（2024）基于"质量变革、效率变革、动力变革"的视角，以实证结果检验了数字化转型对企业高质量发展和高速度增长的影响。

结合以上文献可以发现，无论是企业外部的影响因素还是企业内部的影响因素，与制造业企业高质量发展结合最紧密的就是经济结构、关键性技术的突破和创新研发等方面，这与其提高经济效益、升级产业结构、创新应用绿色技术的特征之间存在密切联系。在数字经济的时代背景下，这些影响企业高质量发展的因素在一定程度上都能够通过企业数字化转型来实现，这为本书研究企业数字化转型对企业高质量发展的影响提供了一定的借鉴意义。

（四）数字化转型与企业高质量发展之间的关系研究

随着数字经济的发展，大数据、云计算、AI 技术以及区块链等新一代信息技术革命也加速演进。在数字经济与实体经济相融合的背景下，学术界在信息化技术、数字经济、数字化转型等层面对企业发展的研究日益深入。早在 20 世纪 80 年代，外国学者就对信息化技术进行了探索，认为信息系统在企业中已经普遍存在，是现代企业生存的必要条件（Clemons and McFarlan，1986）。信息化技术不仅能够提高企业的生产率和竞争力（Konsynski，1990），还可以为企业降低成本、提升商业创新能力（King et al.，1996）。作为新经济形态的数字经济，同样存在创新溢出性，能够通过技术创新和效率提升来促进产业结构升级（Heo and Lee，2019）。在政策变化和实践导向的驱动下，学术界将研究重点逐渐转移到企业数字化转型上，认为数字化转型从更广泛的层面借助新技术、新模式与新业态的支持，逐渐成为企业发展的核心驱动力（周名丁和胡春生，2024）。还有学者指出，应当率先推进传统产业的数字化转型，使数字化转型成为企业高质量发展的新动能（Westerman and Bonnet，2015）。我国作为制造业大国，运用数字化转型实现制造业的转型升级不仅能够提高制造业企业的资源利用效率，更会对整个国民经济产生影响，从而提高我国的综合国力（王晓红等，2022）。

影响企业实现高质量发展的重要因素之一就是产业和行业环境。当前一部分学者基于宏观产业层面，对数字化转型与企业高质量发展之间的关系进行研究。例如，黄东兵等（2022）认为人工智能创新可以显著提升制造业企业的高质量发展水平，而行业竞争越激烈、技术创新强度越大，就越有利于人工智能赋能高质量发展。惠宁和杨昕（2022）从人力资本结构、产业创新升级等方面探究了数字经济促进制造业高质量发展的相关路径。还有学者根据全球价值链的发展趋势，认为数字技术重塑了全球价值链的分工形态和地位，拓展了制造业的发展空间，能够促进传统制造业实现产品、技术的智能化升级（Lin and Teng，2022）。此外，当前中国制造业高质量发展还需要从创新、内需以及开放等方面着力（徐建伟等，2023），以提升我国制造业在全球价值链中的地位，从而带动我国制造业企业的可持续发展。还有少部分学者通过实证研究分析了制造业数字化投入对全球价值链的影响，但选择的衡量指标之间存在差异，如张艳萍等（2022）采用基于投入产出分析的 ICT 产品作为中间产品投入的消耗系数来表示数字化投入，张晴和于津平（2021）则以国内和国外 ICT 产品作为中间品投入的成本加成率来衡量数字化投入。不过目前该部分的定量研究较少，无法全面反映新时代下转型经济中数字化对制造业价值链的升级效应。

另一部分学者基于微观企业层面，探析了数字化转型对企业绩效水平、资本表现、创新效率的影响，发现企业进行数字化转型能够通过降低信息之间的不对称性、减少成本、促进人力资源优化以及实现制造业与现代服务业融合等方式来提升企业绩效水平（戚聿东和肖旭，2020），企业数字化程度的提高也明显优化和提升了企业的资本表现和创新效率。还有一些学者的研究主要集中于企业的全要素生产率上，认为全要素生产率衡量了单位产出投入比，能够在一定时期内全面反映企业的经济活动效率。也有学者发现，数字经济通过减少资源的错配、降低企业交易成本来提升企业的全要素生产率（Zhang et al.，2024），制造业企业自身的数字化转型能够显著提升全要素生产率，且促进效应具有明显的空间异质性。同时，数字经济的发展对全要素生产率的影响可能呈现非线性关系（程文先和钱学锋，2021）。

上述成果展现了数字化转型与企业高质量发展之间的联系，学者们普遍认为数字经济通常通过促进通信基础设施的改进、全要素生产率的提升、产业的商业模式改进和行业技术革新等方面对企业高质量发展产生正向影响。但是不同企业之间数字化转型的程度仍存在着较大差异，特别是制造业企业的数字化转型过程中存在"数字鸿沟"（阳镇等，2022）。目前的研究并未对此提出完善的解决方案，对于数字化转型影响企业高质量发展的作用机制研究也较为单一，更多适用于全行业数字化转型的技术应用，未能完全体现制造业企业的独有特点，因此应该更加重视数字化转型在制造业的应用，从而积极推进制造业企业的高质量发展。

三　国家审计治理的相关研究

国家审计是国家治理的重要保障。习近平总书记在二十届中央审计委员会第一次会议上提出，审计是党和国家监督体系的重要组成部分，是推动国家治理体系和治理能力现代化的重要力量。国家审计在监督财政收支、预防和打击腐败行为、提升国有企业治理能力、保障国家安全和社会稳定等方面发挥着不可或缺的作用，也是在实现经济高质量发展背景下学术界研究的重点领域。

（一）国家审计的治理职能

从以往文献对国家审计的内涵界定来看，国家审计的定义随着相关制度的发展和实践经验的增加而不断完善，目前尚未形成完全一致的说法。国家审计一般是相对于内部审计和社会审计来说的，其基本目标是查找错误和舞弊、鉴证会计报表和评价经济活动，具有加强宏观调控、改善经营管理和提高经济效益的作用。国家审计作为国家治理体系中的一项重要监督制度，主要负责对中央政府部门、地方政府部门、国家事业组织以及国有企业实施经济监督，以各级政府预算执行情况、事业单位专项资金、经济责任的履行情况为主要审计对象，对其真实性、合法性和效益性进行监督和评价（王彪华，2020）。

从政策落实跟踪审计的相关研究来看，学者们普遍认为促进公共政策的落实是政策落实跟踪审计的根本目标，这要求国家审计具备有效的监督和制约机制，使其在监督公共权力方面发挥关键作用，从而比其他腐败治理机制更具权威性、独立性、专业性（Liu et al.，2024），因此，国家审计的治理职能反映在治理腐败和促进党风廉政建设上。还有学者基于省级面板数据，以实证结果表明国家审计能够有效地约束地区腐败，发挥权力制约的作用。在国家审计全覆盖的背景下，向洪金等（2018）指出要改进审计力度、方法和审计重点等方面，进一步约束政府官员的行为。可见，学者们对国家审计在治理腐败方面的职能基本达成一致，认为国家审计能够有效监督公共行为，促进构建和谐的社会环境。

从财政审计的相关研究来看，学者们认为财政资金安全作为影响国民经济发展的重要因素，是国家审计治理的重点领域。国家审计长期以来提供的财政信息，反映了国家在年度内的预算要求和对法律法规的遵守情况，为国家调整预算以及制定资金使用方面的决策提供了有效的参考依据，有利于维护国家财政安全，防范财政风险（Wang et al.，2024）。近年来，关于国家审计的数据逐渐公开化、透明化，学者们在此基础上丰富了关于国家审计的实证研究。例如，国家审计的揭示和抵御功能能够有效地保护地方财政资金的安全，而预防功能的作用并不明显。陈艳娇和张兰兰（2019）的研究证实了国家审计在揭示、抵御和预防方面的功能都显著提升了地方财政资金的安全。

此外，学术界还将国家审计与国有企业的治理水平联系起来，认为通过参与国家治理，国家审计能够有效提升国有企业的治理水平。国家审计作为一项有力的外部监督机制，对促进国有企业治理体系完善以及高质量增长方面具有重要意义（Zhang et al.，2023）。有学者提出，国家审计的治理职能主要体现在监督国有企业的资产、负债、损益以及其他财务收支情况等方面（董志愿和张曾莲，2021）。还有学者认为国家审计能够降低企业内部控制存在缺陷的概率，从而提高对国有企业内部控制的治理质量（池国华等，2019）。目前，学术界对国家审计与国有企业治理水平之间关系的研究多集中在总体层面，缺少对制造业企业的特定分析，这为本书研究国家审计治理、数字化转型和制造业企业高质量发展之间的关系提供了突破性的指导。

（二）企业数字化转型与国家审计质量

国家审计作为"监管人"，具有独立性、强制性和权威性等特征，依法开展的审计活动能够自上而下地有效监督企业的经营行为，提高企业的治理效率，同时能够降低信息之间的不对称性，减少企业的道德风险问题（郑国洪等，2022），从而实现企业的长远发展。目前，学术界的研究大多集中于企业数字化转型对国家审计的赋能机制，研究数字技术对审计工作质量的影响。一方面，学者们认为数字技术在改变传统审计模式、推动审计技术方法创新方面发挥了重要作用。随着信息技术建设的不断发展，审计能够通过网络信息系统快速、及时、准确地进行交流和反馈，减少了组织层级，提高了工作效率（刘家义，2012）。另一方面，学者们开始担忧数字技术的迅速发展会对国家审计产生负面影响。在信息化背景下，国家审计的环境、目标、技术方法等方面正发生巨大变革，电子数据存在安全隐患、企业内部控制存在缺陷等问题加大了审计风险（Laine et al.，2024）。

随着数字技术逐渐成熟，学术界将国家审计的研究应用于更广泛的领域。一部分学者认为，国家审计通过贯彻落实情况审计，监督和完善财政支持体系，促进企业通过科技创新等手段实现长远发展（余思明等，2024；李丹丹和张荣刚，2023），相比于内部审计，国家审计不存在对企业可疑事项的宽容，更不会受到利润约束的影响，能够发现更多可疑问题，及时纠正企业在进行数字化发展时的错误决策。王兵等（2017）的研究从管理者的角度出发，指出国家审计能够及时纠正企业管理者因寻求政治晋升或试图谋取私利而导致的过度投资现象。郑国洪等（2022）的研究认为信息化能够强化国家审计的能力，发挥其在优化投资效率等方面的监督调节作用，有效避免领导干部在创新投资中发生失误的现象，从而形成促进企业高质量创新的有效路径。此外，当企业利益与群众利益发生冲突时，公众能够运用大数据对企业运行情况进行监控，修正企业不利于长远发展的决策，保证企业的创新资金能够流向对社会、国家有利的方面（Leng and Zhang，2024）。

通过对企业数字化转型与国家审计质量的相关文献进行梳理，发现目前学术界对两者之间的关系仍处于探索阶段，但学者们普遍认为数字技术的应用对提升国家审计质量有促进作用，能够帮助国家审计监督和纠正企业的不正当行为，从而促进企业的长远发展。

（三）国家审计与国有企业高质量发展

在全球经济环境持续变迁的背景下，中国特色社会主义市场经济体系逐步走向成熟，而国有企业作为国家经济的重要支柱，其高质量发展的重要性日益凸显。国家审计作为政府监督体系中的关键一环，对国有企业的高质量发展起到不可或缺的保障作用。同时，国有企业在实现高质量发展的过程中，必须紧紧抓住数字化转型这一机遇，以科技创新为引领，推动企业持续健康发展。

第一，国家审计可以通过提升国有企业的治理水平，促进国有企业高质量发展。国家审计作为国有企业外部治理的一项重要制度安排，在发挥国有企业外部治理机制以及监督体系功能方面起到了重要作用，对促进国有企业高质量发展具有积极意义。有学者认为，国家审计通过发挥国企在信息治理、市场治理和权力治理等方面的治理功能，对国企的价值实现起到了积极的推动作用。同时，国家审计能够提升企业价值，发挥央企治理效应（马东山等，2019）。国家审计作为经济监督的重要力量，对央企高管的在职消费行为有着监督与抑制作用，可以促进公司内部治理机制的完善。国家审计可以"精准"提升内部控制质量，改善内部控制的运行环境，有效助力内部控制发挥抑制避税的治理作用（贺星星和胡金松，2023）。国家审计可以有效地提升企业ESG关注度、驱动企业绿色创新和提高企业治理水平从而提升企业ESG表现（陈凤霞和姜宾，2024），从而推动企业实现稳健且高质量的发展。

第二，国家审计的信息化建设能够提升国家审计的审计能力，而审计能力的提升可以促进国有企业的高质量发展。在这一过程中，信息化建设不仅提高了审计效率和质量，还通过创新审计管理系统和模式，增强了审计的支持能力和推动能力，从而对国有企业进行了更有效的监督和管理，有助于其实现高质量发展（曾昌礼等，2018）。郭檬楠等（2023）提出，国家审计信息化建设显著促进了国有企业高质量发展，这种功能主要体现在创新发展、开放发展和绿色发展等方面。国家审计信息化建设通过提高审计效率和质量，增强了对国有企业经营活动的监管，为企业提供了更加准确的决策支持，促进了企业的创新发展。国家审计信息化建设使国有企业能够适应市场变化，并通过优化内部管理流程和提升管理效率，增强了企业的市场竞争力，推动了企业的开放发展。国家审计信息化建设有助于国有企业在环保、节能减排等方面达到更高标准的要求，通过有效的监督和管理，促进企业朝绿色、低碳方向发展。国家审计信息化的模式创新与能力发展，如审计管理系统部署模式创新、在线实时联网审计模式创新等，大幅提升了工作方式、组织模式的创新性和审计效能。这些创新不仅提高了审计效率和效益，还提高了审计业务、管理决策、信息共享和业务协同的支持程度。

第三，国家审计与数字化转型之间存在着协同效应，二者相结合，能够更有效地促进国有企业的高质量发展。郭檬楠等（2021）认为国家审计能够通过加大监督力度促进国有企业创新，而数字化转型则能够通过提高政府补贴力度、缓解融资约束间接提高国有企业创新能力。Wu 等（2023）认为数字化转型能够通过提高信息透明度、创新能力和财务稳定性，有效提升企业的总体生产率（TFP）。数字技术的应用不仅加快了国有企业信息化发展的进程，还对现代审计工作提出了新要求、产生了新影响。Fahmi 等（2023）认为数字技术的应用不仅可以提高企业的组织效能和效率，还可以解决成本高、数据安全性低和保密性差等问题。另外，数字化转型还有助于提高内部审计的效率和质量，克服传统企业内部审计系统存在的问题（Du，2021）。这些变化有助于提高内部审计工作的效率与质量，从而支持国有企业的长期稳定发展。

四　文献述评

尽管国内外的相关研究与实践经验值得借鉴，但仍存在以下四个方面值得进一步研究。

第一，有关企业数字化转型测度的研究仍不充分。数字经济的定义以及与其他类型经济之间的边界比较模糊，企业数字化转型的测度指标之间有重合的现象，可能导致对企业数字化转型程度的判断不足或过度判断。此外，在企业年报研究中选取的关键词指标可能含有预期性，并非表示企业已经实现了数字化，难以准确衡量企业数字化转型的进展程度，同时也缺乏制造业企业微观层面的详细统计数据。

第二，目前对数字化转型赋能制造业企业高质量发展的研究相对较少，尤其是聚焦国家审计治理视域和制造业特定应用场景的研究有待增加。由于不同研究存在数字化转型测度、企业高质量发展衡量等指标构建以及样本选择方面的差异，学术界对于数字化转型能否促进制造业企业高质量发展这一问题并未得出一致结论。数字化转型对制造业企业的经济效应的影响研究缺乏微观层面的证据。

第三，现有文献对数字化转型赋能制造业企业高质量发展的影响机制研究较少。技术创新和效率变革是企业高质量发展的关键路径，立足于制造业行业特征对其影响机制的相关研究还有待深入。大多数文献是根据宏观层面的数字技术创新机制、绩效提升效应对其影响机制进行分析和解释的，或是根据微观层面的数字化转型对企业的影响机制进行研究，较少有文献考虑到国家审计等其他外部因素的作用。

第四，制度环境在数字化转型赋能制造业企业高质量发展过程中发挥的作用尚不清晰。相关文献较少考虑到企业经营环境的变迁、数字化转型等因素会对不同区域、行业以及企业的高质量发展产生怎样的差异化影响，相关微观证据较为缺乏。

第二节　研究内容与结构安排

一　研究内容

本书基于国家审计治理视域，考察数字化转型对我国分区域、分行业和分类型的制造业企业高质量发展的影响，分析国家审计对数字化转型和高质量发展二者关系的调节效应，进一步探究制度环境的门槛效应，以及分析数字化转型赋能制造业企业高质量发展带来的是"数字鸿沟"还是普惠性的"数字红利"，从而打开数字化转型影响制造业企业高质量发展的"黑箱"，对新时代如何解决发展不平衡不充分问题提供一定的启示。

二　结构安排

本书主要是研究国家审计治理视域下数字化转型赋能制造业企业高质量发展的影响机制，各章研究内容如下。

第一章为国家审计治理、数字化转型与制造业企业高质量发展的基础研究。该章对数字化转型、企业高质量发展以及国家审计治理的内涵与特征、测度、经济效应和影响因素等方面进行了文献回顾和评述，提出本书的研究内容与结构安排，并对本书的研究思路与方法、研究创新点以及研究价值等内容进行了介绍和说明。

第二章为国家审计治理视域下数字化转型赋能中国制造业企业高质量发展的理论分析框架。基于技术—经济范式理论、新质生产力理论和公共受托经济责任理论，结合国家对制造业企业高质量发展大方向的政策支持，提出数字化转型促进中国制造业企业高质量发展的影响机理以及制度环境和国家审计的作用机制。

第三章为国家审计治理视域下数字化转型赋能中国制造业企业高质量发展的现状分析。首先构建制造业企业数字化转型及高质量发展指标体系并进行测算，从企业、行业、地区三个层面分析制造业企业数字化转型及高质量发展的阶段性特征，并在此基础上具体探究国家审计治理视域下数字化转型赋能中国制造业企业高质量发展的成效和挑战。

第四章为国家审计治理视域下数字化转型赋能中国制造业企业高质量发展的效果检验。基于中国沪深 A 股制造业上市企业，使用双向固定效应模型、调节效应模型等对数字化转型提升制造业企业高质量发展的影响效应和传导机制进行实证检验，并对实证结果进行一系列稳健性检验。

第五章为国家审计治理视域下数字化转型赋能中国制造业企业高质量发展的机制与影响检验。首先，对数字化转型赋能中国制造业企业高质量发展的资源配置效率机制和创新能力机制进行检验。其次，分析数字化转型赋能中国制造业企业高质量发展提升带来的是"数字鸿沟"还是普惠性的"数字红利"，进一步探究制度环境的门槛效应，并探究制度环境的门槛效应。再次，对国家审计治理的作用机制进行检验。最后，进一步分析企业数字化转型对产业结构升级、制造业与服务业融合以及新质生产力的宏观影响。

第六章为国家审计治理、数字化转型与中国制造业企业高质量发展的政策建议。基于本书主要研究结论，从充分发挥国家审计治理作用、政府引领加速数字化转型建设、差异化推进数字化转型、改善制度环境、提高资源配置效率和进一步提升创新能力等方面提出具体路径，为国家审计治理、数字化转型与中国制造业企业高质量发展提供政策建议。

第三节　研究思路与方法

一　研究思路

第一步，从数字化转型赋能制造业企业发展现状以及制造业企业高质量发展的现实背景出发，在充分讨论相关文献和已有认知的基础上，形成本书的研究视角和思路。

第二步，构建严谨的理论框架，厘清国家审计治理视域下数字化转型赋能中国制造业企业高质量发展的影响机制，提出可供验证的研究假说。

第三步，构建和测算数字化转型与制造业企业高质量发展的评价指标体系，利用描述性统计分析、对比等方法分析制造业企业数字化转型和高质量发展现状，为后续实证分析奠定基础。

第四步，对数字化转型赋能制造业企业高质量发展的影响效应进行检验，包括基准效应、国家审计的调节效应以及基于地区、行业、企业三个层面的异质性分析等，并从资源配置效率以及创新驱动方面分析数字化转型赋能制造业企业高质量发展的传导机制，同时进行实证检验。

第五步，对制度环境的调节效应、门槛效应以及国家审计治理的作用机制进行计量检验，并对数字化转型对制造业的影响进行宏观层面的探讨，包括数字化转型对制造业产业结构升级的影响、数字化转型对制造业与服务业融合的影响以及数字化转型对新质生产力的影响。

第六步，结合以上分析结果，从优化制造业企业数字化转型的赋能水平、促进制造业企业高质量发展等方面提出政策建议。

二　研究方法

第一，历史分析与逻辑推演相结合。分析制造业企业数字化转型与高质量发展的行业结构，并在此基础上对企业数字化转型和高质量发展之间的内生机理进行逻辑演绎。

第二，文献研究法。通过对数字化转型、制造业高质量发展、产业融合和产业结构升级等领域的文献进行系统性的搜集、筛选、分析和综合，了解数字化转型和制造业高质量发展的国内外研究现状，为本书深入研究相关领域、构建数字化转型促进制造业企业高质量发展的机制与效应提供重要的学术支撑。

第三，文本分析法。本书采用文本分析法测算企业数字化转型水平，基于 Python 软件的爬虫功能进行文本提取。

第四，理论研究和实证研究相结合。在理论研究方面，本书首先建立严格的理论模型，探讨数字化转型与制造业企业高质量发展之间的关系；其次对分析框架进行拓展，结合资源配置效率以及创新驱动理论探讨数字化转型对制造业企业高质量发展的影响机制；最后运用面板门槛效应分析法检验制度环境的门槛效应。

第四节　创新与价值

一　研究创新点

第一，从数字化转型视角系统分析中国制造业企业高质量发展的机制与路径，拓展数字化转型赋能效应的视角和思路。虽然已有文献对企业数字化转型与高质量发展的关系进行了一定讨论，但对制造业特定应用场景的研究仍然有待深入。本书基于国家审计治理视角，补充"数智化"的相关信息，突出"智能制造"的特征，构建新的数字化转型指标，分析制度环境的门槛效应并进行经验验证，拓展数字化转型影响企业高质量发展的边界条件，为从微观层面理解制造业企业数字化转型和企业高质量发展提供新的研究视角。

第二，立足于制造业特征，挖掘数字化转型赋能制造业企业高质量发展的作用机制。基于资源配置效率和创新驱动理论，从与制造业密切相关的库存成本、供应链话语权等方面较为深入地考察数字化转型影响企业高质量发展的路径，丰富当前数字化转型赋能制造业企业高质量发展的影响机制的研究，为深入理解企业高质量发展的驱动因素提供理论依据。

第三，从制度环境的门槛效应出发，检验不同地区的企业数字化转型与制造业企业高质量发展之间的关系。从微观视角出发，进一步挖掘数字化转型带来的"数字鸿沟"的形成机制与逻辑，对区域不平衡及其形成逻辑进行系统分析，考察企业数字化转型对制造业内部不同行业、不同规模企业的影响，进一步丰富"数字鸿沟"的相关研究。

二 研究价值

理论价值：①有助于促进数字化转型发挥经济效应，推动企业高质量发展的"新动能"。本书不仅可以为揭示数字化转型决策逻辑、增强制造业企业数字化转型动力提供参考，还能够为解决制造业企业数字化悖论问题以及经济发展中企业数字化转型与企业高质量发展不匹配问题提出建议。②为解决中国区域发展不平衡问题提供启示。数字化转型能否赋能制造业企业高质量发展直接关系到新时代发展不充分问题能否解决。相关研究较少挖掘数字化转型带来的"数字鸿沟"的形成机制与逻辑，本书从微观视角出发，进一步考察数字化转型赋能制造业企业高质量发展带来的是"数字鸿沟"还是普惠性的"数字红利"，对新时代如何解决发展不平衡不充分问题有一定的启示。

实践价值：①厘清数字化转型赋能中国制造业企业高质量发展的机制和路径并进行一定拓展。与已有研究侧重于数字经济的宏观视角不同，本书从企业的微观视角出发，基于优化资源配置效率目标和创新驱动理论，对数字化转型赋能制造业企业高质量发展进行机制和路径识别，厘清在国家审计治理视域下数字化转型、企业创新、传统要素资源配置与企业高质量发展之间的关系，并提供有力证据。②对企业数字化转型的情境研究作出重要补充。企业数字化转型能否取得实效以及在多大程度上取得实效，还受到制度环境的影响。本书弥补了已有研究较少考虑制度环境影响的不足，从企业经营环境变迁视角分析制度环境的门槛效应，不仅能拓展数字技术与实体经济融合发展的理论框架，还可以丰富数字化转型的情境研究。

第二章 🔍

国家审计治理视域下数字化转型赋能中国制造业企业高质量发展的理论分析框架

本章主要由国家审计治理、数字化转型与企业高质量发展的理论基础、政策支撑以及理论传导机制这三个部分构成。在理论基础部分，主要包括"技术—经济范式"理论、新质生产力理论和公共受托经济责任理论。在政策支撑部分，主要从数字化转型、制造业高质量发展以及国家治理与国家审计这三个方面展开对政策基础进行分析。在理论传导机制部分，主要从数字化转型赋能中国制造业企业高质量发展的作用机制、制度环境的门槛作用机制和国家审计在数字化转型赋能中国制造业企业高质量发展中的调节作用机制这三个维度展开阐述。

第一节　国家审计治理、数字化转型与企业高质量发展的理论基础

一　"技术—经济范式"理论

"技术—经济范式"理论阐明了技术进步与经济发展之间的密切关系。作为一种可以有效阐释"技术"与"经济"之间勾稽关系的理论，"技术—经济范式"无疑有着较强的逻辑自洽性和现实解释力（王姝楠和陈江生，2019）。技术革命是推动经济增长的关键因素。新的技术集群产生并与经济活动融合，

产生新的关键生产要素，这些生产要素具有迅速降低生产成本、长期无限供应、能够被广泛应用与扩散的特点，而且技术革命能够借助新的通用性能源、原材料创造新产品、新工艺和新的基础设施，从而推动经济增长。国际商业机器公司（IBM）于2012年提出了"数字化转型"这一概念。

"技术—经济范式"理论包括技术范式和经济范式两个方面。技术范式是指技术的发展和创新不是线性的，会受到特定历史时期和社会背景的影响（曲永义，2022）。随着科技的不断进步，人工智能、物联网、云计算、大数据等数字技术涌现，数字技术的发展为企业提供了诸多数字化解决方案。具体来说，数字化转型是指制造业企业利用先进的信息技术，对研发、生产、管理、服务等环节进行全面改造，实现数字化、网络化、智能化发展，提高生产效率、降低成本、提升产品品质和服务水平的过程。

经济范式则是指一种经济体系或者经济发展的模式，它包括经济的发展方向、经济的组织形式、经济的增长模式等。数字经济凭借技术创新推动"技术—经济范式"的深刻变革，其普遍适用性成为创新链和产业链升级的重要催化剂，从而抢占了高质量发展的先机（高岳林等，2023）。数字化转型通过引入新技术、新方法，改变传统的生产、经营和管理模式，推动经济结构的调整和升级。这种变革不仅提高了生产效率，还促进了产业链的升级和重构，为经济高质量发展提供了更加坚实的基础。

二　新质生产力理论

2023年9月，习近平总书记在考察黑龙江时首次提出"新质生产力"这一概念，强调要"加快形成新质生产力"，2024年1月31日，习近平总书记在主持中共中央政治局第十一次集体学习时强调"必须牢记高质量发展是新时代的硬道理"，并指出"发展新质生产力是推动高质量发展的内在要求和重要着力点"。新质生产力代表先进生产力的演进方向，是由技术革命性突破、生产要素创新性配置、产业深度转型升级催生的先进生产力质态。新质生产力以劳动者、劳动资料、劳动对象及其优化组合的跃升为基本内涵，具有强大的发展动能。

发展新质生产力是实现高质量发展的内在要求和基本着力点,新质生产力作为先进生产力的演进方向,对新时期高质量发展具有强劲推动力(丁任重和赵炫焯,2024)。新质生产力是以科技创新为主导、实现关键性颠覆性技术突破而产生的生产力,是对传统生产力的超越。发展新质生产力不仅有助于我们实现既定的发展目标、显著增强发展的内在动力、进一步改善和优化发展的结构,还能不断拓展发展的内涵与外延、丰富发展内容、使发展更加多元化和全面化,为高质量发展提供坚实的支撑和动力。对企业而言,新质生产力作为起主导作用的先进生产力质态,具有高科技、高效能、高质量等特征,是推动企业高质量发展的关键动力。新质生产力的形成和发展,意味着企业需要加快数字技术的创新和应用,加强数字技术的渗透,注重数字技术的自立自强(戴翔,2023)。因此,企业不仅要关注技术创新的引领作用,还要重视产业培育和人才红利的开发,通过这样的方式,企业可以在新质生产力的背景下,朝高效能、高质量的方向发展。

当前,高质量发展已成为经济社会发展的主旋律,并且新质生产力已经在实践中形成并展示出对高质量发展的强劲推动力、支撑力。

三 公共受托经济责任理论

公共受托经济责任理论源于委托—代理理论,本质在于权力的公共性和资源的公共性(张天丽,2020)。公共受托经济责任理论认为受托管理公共资源的机构或个人所持有的权力,来自公众的授权和委托,所以他们的行为必须体现公共利益,而不能私用公共权力。公共资源由社会公众共同所有并使用,因此受托管理这些资源的机构或个人需要承担向公众报告和解释的责任,确保资源的使用和管理情况公开透明,让公众能够了解和监督公共资源的使用情况。国家审计因公共受托经济责任而产生,并随着公共受托经济责任内涵的拓展而不断发展(靳思昌,2020)。

公共受托经济责任是国家审计产生和发展的前提和基础。政府接受社会公众的委托,管理公共经济资源,从而承担起相应的公共受托责任。为了确保政府能够履行这一责任并以最大的诚信按照法律法规管理和使用公共资产,全力提高公共经济资源的使用效率，国家审计应运而生。国家审计通过对政府公共受托经济责任履行情况进行审计，确保政府落实公共受托经济责任。因此，没有公共受托经济责任，也就没有国家审计；而没有国家审计，公共受托经济责任也难以维系。国家审计的产生以公共受托经济责任为基本前提，公共受托经济责任是国家审计的出发点和归宿。

国家审计是公共受托经济责任得以有效履行的保障。国家审计作为独立的第三方，对政府公共受托经济责任的履行情况进行独立、客观、公正的审计，可以揭示政府在经济资源管理、使用中存在的问题和漏洞，提出改进意见和建议，促进政府改进管理方式、提高管理效率。同时，国家审计还可以将审计结果向社会公众公开，增强政府工作的透明度和公信力，从而保障公共受托经济责任的有效履行。

随着公共受托经济责任理论的不断完善和发展，国家审计的范围和内容也在不断拓展和深化。国家审计不仅关注政府对公共经济资源的使用和管理情况，还关注政府在经济、政治、社会等领域受托责任的履行情况。同时，国家审计也在实践中不断总结经验、完善制度、提高能力，为公共受托经济责任的有效履行提供有力保障。

第二节　国家审计治理、数字化转型与企业高质量发展的政策支撑

政策对经济社会的发展具有基础支撑作用，能够为经济发展提供战略导向、资源保障和风险防控等方面的支持。因此，本节将从政策角度分析国家审计治理视域下数字化转型赋能中国制造业企业高质量发展的基础支撑。

一　数字化转型的政策基础

随着规模的不断扩大，中国制造业已经从高速扩张转向深入挖潜的关键

阶段，数字化转型已成为企业确定的方向。目前，中国制造业尚处于数字化转型的探索阶段，必然面临多重挑战。为加快制造业数字化转型的步伐，突破过程中的短板与瓶颈，中国政府已出台多项政策来支持制造业企业的数字化转型。

2016~2024 年，国家陆续出台多项政策，其中，2016~2017 年和 2020 年是两个小高潮。如表 2-1 所示，国家出台的有关政策主要围绕"突破关键共性技术"和"大中小企业联动"展开。

突破关键共性技术是推动制造业数字化转型的关键一环，对提高中国制造业的核心竞争力具有重要意义。中国关于制造业数字化转型颁布的一系列政策都强调了突破关键共性技术在制造业数字化转型中的重要作用，如《增强制造业核心竞争力三年行动计划（2018—2020 年）》《关于开展财政支持中小企业数字化转型试点工作的通知》等。这意味着中国政府致力于推动制造业企业利用先进技术实现生产过程的数字化、智能化和网络化，以提高生产效率、降低成本、提升产品质量和服务水平。随着人工智能、大数据等技术的快速发展和应用，制造业企业面临着巨大的变革和机遇，只有突破关键共性技术，制造业企业才能实现生产自动化和智能化，提高生产效率，降低生产成本，从而实现数字化转型。

与此同时，在制造业企业数字化转型的过程中，大中小企业联动也发挥着重要作用。国家出台多项政策鼓励大中小企业联动，如《"十四五"数字经济发展规划》强调打造区域产业数字化创新综合体；《十一部门关于开展"携手行动"促进大中小企业融通创新（2022—2025 年）的通知》提出"促进大中小企业创新链、产业链、供应链、数据链、资金链、服务链、人才链全面融通"。在此政策背景下，大企业可以通过提供资源来支持中小企业发展，中小企业也可以通过加入大企业的供应链来获得更多的机会，这种联动模式将促进产业链的整合和提升，推动制造业的数字化转型。这一系列政策的实施，可以有效推动制造业的数字化转型，促进制造业的高质量发展，进一步提升中国制造业在全球竞争中的地位。

表 2-1 制造业数字化转型政策

颁布时间	颁布文件	颁布机构	关于制造业数字化转型的要点
2016 年 5 月 13 日	《国务院关于深化制造业与互联网融合发展的指导意见》	国务院	强化制造业自动化、数字化、智能化基础技术和产业支撑能力
2016 年 5 月 13 日	《国务院关于深化制造业与互联网融合发展的指导意见》	国务院	以建设制造业与互联网融合"双创"平台为抓手
2016 年 11 月 29 日	《"十三五"国家战略性新兴产业发展规划》	国务院	大力发展智能制造系统
2016 年 12 月 15 日	《"十三五"国家信息化规划》	国务院	深化制造业与互联网融合发展
2017 年 1 月 19 日	《国务院办公厅关于促进开发区改革和创新发展的若干意见》	国务院办公厅	支持传统制造业通过技术改造向中高端迈进，促进信息技术与制造业结合
2017 年 1 月 26 日	《"十三五"促进就业规划》	国务院	实施制造业重大技术改造升级工程，加快新一代信息技术与制造业的深度融合
2017 年 11 月 29 日	《增强制造业核心竞争力三年行动计划（2018—2020 年）》	国家发展和改革委员会	推动新一代信息技术与制造技术深度融合
2019 年 8 月 29 日	《工业和信息化部关于促进制造业产品和服务质量提升的实施意见》	工业和信息化部	推动新一代信息技术在质量管理中的应用
2020 年 6 月 30 日	《关于进一步促进服务型制造发展的指导意见》	工业和信息化部等十五部门	综合运用新一代信息技术
2021 年 11 月 30 日	《"十四五"大数据产业发展规划》	工业和信息化部	以制造业数字化转型为引领，面向全流程培育大数据解决方案
2021 年 11 月 17 日	《"十四五"信息化和工业化深度融合发展规划》	工业和信息化部	以实施智能制造为主攻方向
2021 年 6 月 1 日	《六部门关于加快培育发展制造业优质企业的指导意见》	工业和信息化部等六部门	实施智能制造工程、制造业数字化转型行动和 5G 应用创新行动
2021 年 12 月 12 日	《"十四五"数字经济发展规划》	国务院	实施中小企业数字化赋能专项行动
2022 年 12 月 14 日	《扩大内需战略规划纲要（2022—2035 年）》	中共中央、国务院	加快新一代信息技术与制造业深度融合

续表

颁布时间	颁布文件	颁布机构	关于制造业数字化转型的要点
2020 年 12 月 22 日	《工业互联网创新发展行动计划（2021—2023 年）》	工业互联网专项工作组	加强大中小企业融通发展
2022 年 5 月 12 日	《十一部门关于开展"携手行动"促进大中小企业融通创新（2022—2025 年）的通知》	工业和信息化部、国家发展和改革委员会等十一部门	促进大中小企业创新链、产业链、供应链、数据链、资金链、服务链、人才链全面融通
2022 年 8 月 15 日	《关于开展财政支持中小企业数字化转型试点工作的通知》	工业和信息化部办公厅、财政部办公厅	将制造业关键领域和产业链关键环节的中小企业作为数字化转型试点的重点方向
2024 年 12 月 17 日	《制造业企业数字化转型实施指南》	工业和信息化部、国务院国有资产监督管理委员会、中华全国工商业联合会	深化新一代信息技术融合应用，加快产业模式和企业组织形态变革

总之，这一系列的政策充分体现了中国对制造业数字化转型的肯定以及对数字化转型的迫切要求。在政府的引导下，中国制造业的数字化转型已取得一定成果，但依然存在着不少阻碍行业发展的挑战和难题。制造业企业应积极响应政策号召，提高重视程度、抓住机遇、加紧步伐，朝科技化、智能化、数字化方向发展。

二　制造业企业高质量发展的政策支撑

党的二十大报告强调，要把发展经济的着力点放在实体经济上，并推动制造业朝高端化、智能化、绿色化方向发展。制造业在国民经济中有着举足轻重的地位，促进其高质量发展对我国的经济发展具有重要意义。

"高质量发展"这一概念可以追溯到 2017 年。2017 年 10 月，党的十九大报告明确指出，中国的经济已由高速增长阶段转向高质量发展阶段。在这一背景下，高质量发展成为中国经济发展的核心要求，推进供给侧结构性改革被视为高质量发展的主线任务。在随后的几年中，中国政府相继出台多项政策，助力制造业企业高质量发展。表2-2展示了2019~2023年中国出台的有关制造业企业高质量发展的政策，主要体现在产业链优化、产业集群发展、数字化转型和绿色发展四个方面。

第一，推动制造业的高质量发展，要实现产业链优化。因此，国家出台了一系列的政策对制造业的产业链升级提出要求，如《关于加快培育发展制造业优质企业的指导意见》指出要提升产业链与供应链的现代化水平;《关于加快传统制造业转型升级的指导意见》指出要提升全产业链竞争优势。

第二，基于"区域协同发展"框架，以"链长制"发展路线驱动形成"产业集群"，最终带动制造业的产业链与供应链效率的大幅提升，而这也正是制造业高质量发展道路上的微观体现。《关于加快培育共享制造新模式新业态促进制造业高质量发展的指导意见》《关于推动轻工业高质量发展的指导意见》《扩大内需战略规划纲要（2022—2035年）》等政策均提出要推动先进制造业集群发展，其本质是通过区域协同发展和大中小企业联动，减小制造业产业链之间的差异，集聚产业链条，形成产业集群，从而实现制造业企业高质量发展。

第三，制造业企业高质量发展的方向是数字化。数字化转型是制造业企业转型升级的必经之路，是制造业企业提高生产效率、创新业务模式、增强竞争力的关键。近年来，中国出台的多项推动制造业企业高质量发展的政策中均提及数字技术和智能制造。《关于加快培育共享制造新模式新业态促进制造业高质量发展的指导意见》《国务院办公厅关于支持国家级新区深化改革创新加快推动高质量发展的指导意见》《扩大内需战略规划纲要（2022—2035年）》等都强调了数字化思维和数字化平台在促进制造业高质量发展过程中的重要作用，并明确了数字化转型和智能制造是制造业企业高质量发展的主要方向。

第四，在碳达峰与碳中和的背景下，减少碳排放已成为全球共识，而制造业是全球碳排放的主要来源之一。因此，走绿色发展之路是中国制造业发展的必然选择。中国已经充分认识到制造业绿色转型的紧迫性和重要性，因此出台了一系列相关政策，以鼓励和引导制造业企业实现绿色、低碳、循环发展，如《国家高新区绿色发展专项行动实施方案》《四部门关于加强产融合作推动工业绿色发展的指导意见》《中国银保监会办公厅关于进一步推动金融服务制造业高质量发展的通知》等。

表 2-2　2019~2023 年中国出台的有关制造业企业高质量发展的政策

颁布时间	颁布文件	颁布机构	关于制造业企业高质量发展的要点
2019 年 10 月 22 日	《关于加快培育共享制造新模式新业态促进制造业高质量发展的指导意见》	工业和信息化部	充分发挥共享制造平台的牵引作用，创新资源配置方式
2019 年 12 月 31 日	《国务院办公厅关于支持国家级新区深化改革创新加快推动高质量发展的指导意见》	国务院办公厅	加速向智能、绿色、服务型制造转型升级，推动制造业迈向中高端
2020 年 10 月 25 日	《国务院办公厅关于推进对外贸易创新发展的实施意见》	国务院办公厅	推动产业转型升级，创建一批国家制造业高质量发展试验区
2021 年 1 月 23 日	《关于支持"专精特新"中小企业高质量发展的通知》	财政部、工业和信息化部	推动提升专精特新"小巨人"企业数量和质量，助力制造业做实做强做优
2021 年 1 月 29 日	《国家高新区绿色发展专项行动实施方案》	科技部	加快传统制造业绿色技术改造升级；鼓励使用绿色低碳能源，从源头减少污染物产生
2021 年 6 月 1 日	《关于加快培育发展制造业优质企业的指导意见》	工业和信息化部等六部门	提升产业链与供应链的现代化水平
2021 年 9 月 3 日	《四部门关于加强产融合作推动工业绿色发展的指导意见》	工业和信息化部等四部门	加快绿色核心技术攻关，打造绿色制造领域的制造业创新中心
2021 年 12 月 8 日	《关于振作工业经济运行　推动工业高质量发展的实施方案的通知》	国家发展和改革委员会、工业和信息化部	培育发展先进制造业集群，构建各具特色、优势互补、结构合理的集群发展格局
2021 年 12 月 30 日	《制造业质量管理数字化实施指南（试行）》	工业和信息化部办公厅	持续深化数字技术在制造业质量管理中的应用，创新开展质量管理活动

续表

颁布时间	颁布文件	颁布机构	关于制造业企业高质量发展的要点
2022 年 6 月 8 日	《关于推动轻工业高质量发展的指导意见》	工业和信息化部等五部门	培育形成一批具有竞争力的企业和先进制造业集群
2022 年 7 月 4 日	《中国银保监会办公厅关于进一步推动金融服务制造业高质量发展的通知》	中国银保监会办公厅	银行机构要扩大制造业中长期贷款、信用贷款规模，加大对传统产业在技术改造、绿色转型发展等方面的中长期资金支持
2022 年 10 月 13 日	《关于以制造业为重点促进外资扩增量稳存量提质量的若干政策措施》	国家发展和改革委员会等六部门	稳定外商投资规模，提升利用外资质量
2022 年 12 月 14 日	《扩大内需战略规划纲要（2022—2035 年）》	中共中央、国务院	推进制造业高端化、智能化、绿色化；推动先进制造业集群发展
2023 年 8 月 15 日	《制造业技术创新体系建设和应用实施意见》	工业和信息化部	促进产业链上下游深度协作、创新资源优势互补
2023 年 12 月 28 日	《关于加快传统制造业转型升级的指导意见》	工业和信息化部等八部门	全面推动智能制造，持续优化产业结构，提升全产业链竞争优势

通过这四个方面的努力，中国战略性新兴产业、新业态、新模式、新动能不断涌现，创新能力稳步提升，综合实力不断增强，对制造业企业高质量发展的带动作用越来越大。然而，要实现制造业企业的高质量发展，不仅需要政策来引导产业转型，还需要技术来发挥强劲的推动作用，双轮驱动才能使制造业企业真正达到高质量发展的标准。

三 国家治理与国家审计的政策基础

国家治理是一个复杂而广泛的系统，涵盖了政治、经济、社会、法律等方面，旨在实现国家的长治久安和人民的安居乐业；而国家审计作为国家治理的重要组成部分，对国家治理的效能和效果具有重要影响。

在中国特色社会主义事业进入新时代后，党和国家在全面深化改革领域提出了"国家治理"这一核心理念。2013 年 11 月 12 日，中国共产党第十八届中央委员会第三次会议通过了《中共中央关于全面深化改革若干重大问题的决定》，提出"全面深化改革的总目标是完善和发展中国特色社会主义制度，推进国家治理体系和治理能力现代化"。自此，"国家治理"这一概念被正式提出。审计作为监督经济活动、维护经济秩序的重要手段，在国家治理政策中被多次提及。例如，《中共中央关于全面深化改革若干重大问题的决定》中提出要加强和改进对主要领导干部行使权力的制约和监督，对领导干部实行自然资源资产离任审计。2018 年印发的《深化党和国家机构改革方案》则强调要优化审计署职责，改革审计管理体制，保障依法独立行使审计监督权。

如表 2-3 所示，国家审计相关政策的发展历程充分体现了财政管理的进步和现代化水平的提高。中国审计体制主要有以下几个特点。一是双重领导体制。中国的审计机关在业务上以上级审计机关领导为主，从而保持审计工作的统一性，使全国审计工作形成一个有机整体。同时，在行政管理上则以地方政府领导为主，从而保持地方审计机关的针对性，能够根据地方经济建设的需要及时调整审计工作的方向，更好地服务于当地经济社会发展。二是独立性。审计机关在履行审计职责时，保持客观公正，自主决策，不受其他行政机关、社会团体和个人的干涉和影响的能力。这种独立性是国家审计制度的核心原则，对维护国家财政经济秩序、促进廉政建设、保障国民经济健康发展具有重要意义。三是质量管理。质量管理成为审计单位工作的重中之重。中国政府提升对质量管理的重视程度，制定并完善各项质量管理制度和流程，确保审计工作的规范性和准确性。四是内部审计发挥着越来越重要的作用。随着金融市场复杂性和风险性的增加，内部审计在监督和评估风险管理控制措施的有效性、改进组织治理、提高透明度和合规性等方面发挥着越来越重要的作用。内部审计不仅可以帮助组织预防潜在的风险，还可以为管理层提供关键的信息和建议，从而帮助组织制定决策。

表 2-3　国家审计相关政策

颁布时间	颁布文件	颁布机构	主要内容
2008 年 9 月 4 日	《关于进一步加强军队领导干部经济责任审计工作的意见》	中央军委	将领导干部经济责任审计范围拓展至军队审计
2010 年 2 月 11 日	《中华人民共和国审计法实施条例》	国务院	进一步具体规定了审计监督的基本原则、审计机关和审计人员、审计机关的职责和权限、审计程序、法律责任等
2010 年 9 月 1 日	《中华人民共和国国家审计准则》	审计署	健全审计监督机制，完善审计监督职责，优化审计监督手段，规范审计监督行为
2014 年 10 月 23 日	《中共中央关于全面推进依法治国若干重大问题的决定》	中国共产党第十八届中央委员会第四次全体会议	探索省以下地方审计机关人财物统一管理
2014 年 10 月 9 日	《国务院关于加强审计工作的意见》	国务院	紧紧围绕国家中心工作，服务改革发展，服务改善民生；发现国家政策措施执行中存在的主要问题和重大违法违纪案件线索，促进深化改革和创新体制机制
2015 年 12 月 8 日	《关于实行审计全覆盖的实施意见》	中共中央办公厅、国务院办公厅	对公共资金、国有资产、国有资源和领导干部履行经济责任情况实行审计全覆盖
2015 年 12 月 8 日	《关于完善审计制度若干重大问题的框架意见》	中共中央办公厅、国务院办公厅	实行审计全覆盖；选择江苏、山东、浙江、重庆、贵州、云南、广东等 7 省市开展省以下地方审计机关人财物管理改革试点
2017 年 9 月 19 日	《领导干部自然资源资产离任审计规定（试行）》	中共中央办公厅、国务院办公厅	领导干部贯彻执行中央生态文明建设方针政策和决策部署情况，遵守自然资源资产管理和生态环境保护法律法规情况等
2021 年 6 月 22 日	《"十四五"国家审计工作发展规划》	中央审计委员会办公室、审计署	以推动高质量发展为主题，依法全面履行审计监督职责，深化审计制度改革，加强全国审计工作统筹

　　随着国家治理体系和治理能力现代化的深入推进，审计监督作为党和国家监督体系的重要组成部分，其地位和作用日益凸显；然而，在地方审计机关的实际工作中，存在着一些影响效率的问题，如人财物管理受制于审计经费不足等。为解决这一问题，中共中央办公厅、国务院办公厅印发的《关于完善审计制度若干重大问题的框架意见》（以下简称《意见》）明确指出要实

现审计全覆盖，并选择江苏、山东、浙江、重庆、贵州、云南、广东等7省市开展省以下地方审计机关人财物管理改革试点，进行审计制度改革。在《意见》的推动下，7省市均相继颁布了人财物管理改革实施方案和配套文件，深入落实党中央的部署。通过改革，地方审计机关的审计效率和质量得到了提高，审计队伍建设得到了加强，审计监督职能得到了充分发挥。这些改革举措为地方审计机关的发展提供了有力保障，也为全国范围内的地方审计机关改革提供了有益的探索经验。

总体上来看，中国审计体制在保障国家经济安全、维护社会公共利益等方面发挥着重要作用。通过建立完善的国家审计制度，中国有效地防范和打击了腐败现象，促进了行政机关依法行政，推动了财政收支的合理化、规范化和公正化。同时，国家审计制度也为国际社会提供了一个了解中国财政状况和政府决策的重要窗口，为外商提供了良好的投资环境。

第三节　国家审计治理、数字化转型与企业高质量发展的理论传导机制

本节将阐述国家审计治理、数字化转型与企业高质量发展的理论传导机制，为后面的实证分析提供理论基础。首先，本节从区域、行业、企业这三个层面分析数字化转型赋能中国制造业企业高质量发展的作用机制。其次，本节对制度环境的门槛作用机制进行分析。最后，本节从完善企业内部控制和监督相关政策落实两个方面对国家审计在数字化转型赋能制造业企业高质量发展过程中的调节作用机制给予证明和分析。

一　数字化转型赋能中国制造业企业高质量发展的作用机制

从区域、行业、企业这三个层面分析数字化转型赋能中国制造业企业高质量发展的作用机制，是因为数字化转型在每个层面都对企业高质量发展有着不同程度的影响。区域作为数字化转型的宏观环境，具有独特的地理、经

济和社会特征，这些特征直接影响着区域内制造业企业的数字化转型策略和路径；不同行业因其独特的产品特性和生产流程以及多样化的市场需求，对数字化转型的需求及适应策略也呈现显著的差异；而企业作为数字化转型的核心参与者与主体，其数字化转型水平的高低无疑成为决定其能否成功实现高质量发展的关键因素。这种多层面的分析方法有助于全面理解和把握数字化转型对制造业企业高质量发展的促进作用。

（一）区域层面的作用机制

从区域层面来看，数字化转型既是经济体系现代化建设与经济可持续发展的重要新生力量，也是产业融合发展的重要驱动因素，更是推进我国制造业企业高质量发展的重要支撑。

首先，数字化转型赋能区域资源整合与配置优化。在数字化的背景下，区域性科技资源整合与共享面临新的机遇和挑战，这要求在推进数字化转型的同时，加强科技资源的整合与共享，避免资源浪费，以促进城市的创新发展和科技进步。在数字化转型的背景下，制造业能够构建高度智能的供应链管理系统，它既可以提高供应链的反应能力，也可以实时跟踪和监测供应链的运营状况。借助先进的大数据分析手段，企业可以预测供应链的发展方向，从而做出调整和优化。通过物联网技术，企业可以实时追踪物料、半成品和成品的状态，降低库存成本，提高库存周转率。同时，基于大数据的预测分析，企业可以准确预测市场需求，实现订单的快速响应和交付。在区域内，为了更有效地利用资源，制造业企业可以共建一个综合性的资源共享平台，从而实现资源的高效利用和配置优化，包括但不限于设备的共享使用以及研发资源的互通有无。这不仅可以降低企业的运营成本，还可以提高资源的利用效率。通过云计算技术，企业可以随时随地访问这些资源，实现跨地域的协同工作。

其次，数字化转型推动研发体系的开放共享和流程重构。数字化转型通过增加研发投入和提高研发效率促进企业创新，这一点在规模较大、资产专用性较低的企业中表现得更为明显（冀云阳等，2023）。数字化转型推动了智能制造在制造业企业的深入应用。企业通过引进自动化生产线、机器人等尖端智能设备，不仅显著提升了生产流程的自动化水平和智能化水平，还大幅增强了生产效率和产品质量的稳定性。此外，智能制造的引入还赋予了生产过程更高的灵活性，使得企业能够迅速响应市场的多样化需求，从而进一步巩固其在市场中的竞争优势。这种转型不仅提升了生产效率和产品质量，还为其适应快速变化的市场环境提供了有力支撑。数字化转型为制造业企业的研发创新提供了数字化支持。通过引入计算机辅助设计（CAD）、计算机辅助制造（CAM）等数字化工具，企业可以缩短产品研发周期、降低研发成本。同时，基于大数据和人工智能的技术分析，企业可以更加精准地把握市场需求和趋势，为产品研发提供更有力的支持。

再次，数字化转型使得制造业企业能够实现精准营销和客户关系管理。数字化转型使制造业企业能够更好地利用大数据等新兴技术，从而实现精准营销。大数据技术的发展为企业提供了海量的信息资源，使得企业能够基于这些数据进行精准的市场定位、客户分析和产品投放。与传统的营销手段相比，这种基于数据的决策方式可以帮助企业深入了解客户的购买习惯、偏好和需求，为客户提供个性化的产品和服务，更有效地满足消费者的个性化需求，提高营销效率和效果。同时，企业还可以建立客户关系管理系统，实现与客户的实时互动，从而提高客户的满意度。数字化转型也为制造业企业的品牌传播带来了革新性的渠道和方式，使企业能够以更高效、更精准的方式传递品牌价值、扩大品牌影响力。企业还可以通过社交媒体、短视频平台等数字化渠道进行品牌传播和推广，提高品牌知名度。

最后，数字化转型推动区域绿色发展与可持续发展。数字化转型通过促进技术创新和优化产业结构，为绿色发展提供了新的动力。有研究证据表明，数字化能够显著促进绿色技术创新（Xue et al.，2022），并且通过优化资本配置提升绿色全要素生产率（周晓辉等，2021）。这意味着数字化转型不仅能够提高企业的绩效，还能够通过技术创新和产业升级，推动整个区域的绿色发展。另外，数字化转型可以推动绿色制造技术在制造业企业的广泛应用。通过引入节能设备、环保材料等，企业可以降低能耗和减少排放，实现绿色生产。同时，基于大数据和人工智能的能源管理系统，企业可以优化能源使用效率，降低生产成本。数字化转型为循环经济的数字化管理提供了支持。企业可以通过建立数字化平台，实现废弃物的分类、回收和再利用。基于大数据和人工智能的分析技术，企业可以优化废弃物的处理流程，提高资源利用效率和减少环境污染。

（二）行业层面的作用机制

从行业层面来看，行业数字化发展能够促进数字经济和实体经济深度融合，赋能传统产业转型升级，推动实体经济质量变革、动力变革和效率变革。

首先，行业数字化发展通过优化生产流程、促进供应链管理智能化和协同制造，提升产业链运作效率。数字化转型能够显著促进产业链供应链结构的多元化发展，尤其是在高端智能制造和先进装备制造业（习明明等，2023）。这表明，数字化转型可以有效地提升产业链结构的现代化水平，进而提高整个产业链的运作效率。数字化转型使得制造业企业能够利用大数据、物联网等技术对生产流程进行实时监控和数据分析，找出生产过程中的瓶颈和低效环节，从而对其进行优化。这不仅可以提高生产效率，还能够降低生产成本。数字化转型允许制造业企业通过在生产线上安装传感器和物联网设备，实时收集生产数据。这些数据包括设备状态、生产进度、产品质量等，通过实时分析，企业能够迅速识别生产瓶颈，进行针对性调整，从而显著提升生产效率。数字化转型实现了供应链的智能化管理，通过预测分析、实时追踪等手段，企业可以更加精准地掌握原材料供应、库存情况、生产进度等信息，从而做出更合理的采购、生产和销售决策。这不仅提高了供应链的响应速度，还降低了库存成本。数字化转型促进了企业间的协同制造，通过构建数字化平台，企业可以实现跨地域、跨企业的资源共享和协同工作。这有助于企业快速响应市场需求，提高整体产业链的竞争力。

其次，行业数字化发展促进开放与协作，提升企业的研发效率，增强创新能力。行业数字化发展以数据、技术、产业融合为核心，促进了创新的开放协作与流程重构、知识技术的交流共享与跨界融合。利用数字化平台，可以加强客户协作、缩短开发时间、降低开发成本、提高开发质量、加快企业技术更新、提升企业创新能力、增强企业创新动能。

最后，行业数字化发展还可以促进信息互通。数字化转型使得产业链上下游企业之间的信息更加透明化，企业可以实时获取供应链中各个环节的数据和信息，从而做出更准确的决策。同时，通过数字化平台与供应商、客户等合作伙伴进行实时交流和沟通，提高协作效率。数字化转型使制造业企业能够更准确地预测市场需求，从而快速响应市场需求。通过大数据分析，企业可以了解消费者的购买习惯、偏好和需求，从而调整产品的研发、生产和销售策略。同时，企业也可以通过数字化平台与合作伙伴共享需求预测信息，实现供应链的协同响应。数字化转型有助于企业及时发现和应对供应链中的风险。通过实时监测和数据分析，企业可以预测和发现潜在的风险因素，并采取相应的措施进行应对，这有助于企业提高供应链的稳定性。

（三）企业层面的作用机制

从企业层面来看，数字化转型通过精细化的数字化管理以及稳固的数字基础设施，为企业提供了强大的优化和支撑作用。这一转型过程不仅加强了企业信息的深度整合和知识的广泛溢出，还进一步优化了内部的控制管理，为企业的经济效益提升提供了坚实基础。更重要的是，数字化转型能够驱动传统制造业企业朝高端化、绿色化、智能化的方向发展，最终实现高质量发展。

首先，数字化转型通过强化制造业企业的信息整合能力促进企业高质量发展。大数据、物联网等智能制造技术的应用大幅提升了企业对非标准化、非结构化信息的处理能力，有效加速了信息的传输与反馈，帮助企业进一步识别和筛选发展中所需要的信息和知识。一方面，数字化转型促进了企业内部各部门之间的信息共享和协同。数字化转型能够有效地促进信息的实时共享，能打破空间的阻碍，有效提高传统制造业企业的生产灵活性和市场适应能力，这使得企业能够更快速地响应市场需求，提高生产效率，并减少资源浪费，提升企业的财务稳健水平（吴非等，2021）。另一方面，数字化转型还可以提高企业对外部信息的获取能力。企业可以更便捷地与供应商、客户等合作伙伴进行信息共享和交流，及时感知消费者的消费偏好和消费偏好变化趋势，发现新的市场机会和创新点，增强企业对市场变化的敏锐度，从而提高企业自身的创新能力。

其次，数字化转型通过加速企业间知识溢出促进企业高质量发展。一方面，数字化转型加速了由企业研发合作所产生的知识溢出。由于研发具有高风险、高成本和高复杂性，一些企业会选择进行研发合作，这需要双方分享各自的知识，从而可能产生知识溢出效应。数字化转型加强了企业之间的联系，通过即时通信、视频会议、云平台等手段，知识、数据、思想得以更顺畅地共享。这加强了企业的协同组织能力，也加速了企业间合作研发所带来的知识溢出（涂心语和严晓玲，2022）。另一方面，数字化转型加速了由模仿学习所产生的知识溢出。一般而言，落后企业在技术知识获取上，可通过观察与模仿的方式，学习领先企业的经验，进而享受到外界知识溢出效应所带来的益处。在当前的数字化转型浪潮中，模仿学习的范围得到了极大拓展，效率也得到了显著提升。通过产业链内不同环节主体间的跨企业、跨地区、跨行业的网络化研发协同、制造协同、供应协同，不同企业的研发项目、管理理念、营销策略以及售后服务等都能产生强烈的示范效应。这种示范效应不仅加速了知识的溢出，还推动了传统制造业企业的转型升级，实现了高质量发展。

最后，数字化转型通过提升内部控制管理能力促进企业高质量发展。当企业将云计算、大数据、物联网、人工智能等先进的数字技术运用于内部控制时，能够发现运营管理中存在的问题，提前预警潜在的运营管理风险，进而不断完善企业抵御风险冲击的机制。一方面，数字化转型有利于规范企业运行和交易过程，克服因管理者的主观随意性而引发的问题，提高运营及交易过程中的信息价值和交易效率。另一方面，数字化转型有助于降低企业在内部管理中的监督成本，强化内部控制质量和优化管理模式，并解决因内部控制管理不足带来的委托代理问题和风险识别问题（邓郴宜和万勇，2023）。另外，依托数字技术的数字化转型有利于实现企业内部管理过程、研发过程、生产流程、财务控制等重要活动的实时化和透明化，促进企业生产过程的专业化分工，最终提升企业的全要素生产率（袁淳等，2021）。由此可见，在传统制造业企业数字化转型的过程中，企业通过强化自身内部控制管理能力，优化整体运营管理模式，提高自身产出投入比，最终实现高质量发展。

接下来，针对资源配置效率和企业创新效应两方面对企业层面数字化转型赋能制造业企业高质量发展的传导机制进行具体分析。

数字化转型赋能制造业企业高质量发展的核心在于提高生产、管理效率以及优化资源配置。其中，优化资源配置是关键，它涵盖了资金、人力、技术等方面。数字化转型为企业提供了数据驱动的决策手段，使资源配置更加科学、精准。

第一，数字化转型通过加快信息流通，提升了决策的速度和准确性，使企业能够更灵活地配置资源。信息的实时共享使企业能够精准地把握市场变化，迅速调整资源配置，从而适应市场需求的变化，提高整体竞争力。在进行数字化转型之前，企业内各部门之间的信息传递往往存在延迟和误差，信息流通不畅。数字化转型通过引入先进的信息技术和管理系统，如 ERP（企业资源规划）、CRM（客户关系管理）等，实现了信息的实时共享和快速流通。这些技术和系统能够将企业内的各个部门紧密连接起来，形成一个高效的网络。在这个网络中，信息可以迅速传递和共享，减少了延迟和误差，提高了流通效率。随着信息流通效率的提升，企业决策者能够更快速地获取所需的信息和数据，从而更快速地做出决策。快速的决策响应能力使企业能够抓住市场机遇，避免潜在风险。例如，当某个部门出现资源短缺时，企业可以迅速从其他部门调配资源来支持该部门的工作。这种灵活的资源配置方式不仅提高了资源的利用效率，还使企业能够更好地应对市场变化。通过数字化转型，不仅能够提升信息流通效率、决策速度和准确性，还能够更灵活地配置资源以及更精准地把握市场变化并迅速调整资源配置，企业的整体竞争力得到了显著提升。数字化转型还能够推动企业不断创新和进步，提高自身的可持续发展能力。

第二，数字化转型通过提高生产过程的自动化和智能化水平，优化了人力资源的利用效率。自动化生产系统的引入，使企业可以在减少人力投入的同时提高生产效率，从而释放出更多的人力资源用于其他关键领域，如创新和研发。自动化生产系统能够自动执行重复性高、劳动强度大的工作任务。通过减少人工干预，生产过程变得更加高效、精确和可靠。在自动化生产系统的基础上，智能化技术如人工智能（AI）、机器学习（ML）和物联网（IoT）等的应用，使生产过程具备了更高的灵活性和适应性。这些技术能够实时收集和分析生产数据，自动调整生产参数，优化生产流程，提高生产效率和产品质量，降低对人力的依赖。自动化和智能化技术能够在减少人力投入的同时，确保生产过程的连续性和稳定性，提高生产效率。企业能够在同等时间内生产更多的产品，满足市场需求。另外，创新和研发领域对企业的长期发展十分重要，需要高素质、高技能的人才来推动。技术创新和产业升级能够提升企业的核心竞争力，使企业在市场上更具优势。

总体而言，数字化转型通过改善信息流通和提高生产自动化水平，提升了传统制造业企业的资源配置效率，从而推动了其高质量发展。优化的资源配置使企业更具竞争优势，更适应市场需求，实现了数字化转型对高质量发展的赋能。

数字化转型还可以促进企业总体创新能力和绿色创新能力的提升，通过"创新资源获取"效应和"交易成本降低"效应两条路径来提高企业协同创新水平（黄宏斌等，2023）。因此，企业创新效应在数字化转型赋能企业高质量发展过程中起着至关重要的作用。

首先，研发投入作为企业创新效应的重要元素，在推动传统制造业企业数字化转型和创新发展中具有至关重要的作用。增加研发投入可以推动企业的全方位创新，优化生产流程和管理模式，提高自身的核心竞争力。研发投入的增加为企业提供了更多的资源和机会，包括产品创新、技术创新、管理创新等方面。在产品创新方面，增加研发投入可以帮助企业开发新产品、优化现有产品功能、提高产品质量，从而满足市场需求并提升竞争力；在技术创新方面，增加研发投入可以促进企业引进新技术、研发新技术、改进生产工艺，从而提高生产效率和产品质量；在管理创新方面，增加研发投入可以推动企业优化生产流程、改进管理模式、提高运营效率，从而降低成本并提升企业的整体竞争力。通过引入先进的生产管理系统、研发项目管理软件等，企业可以实现生产过程的精细化管理、研发项目的协同管理等，提高生产效率和研发效率。同时，增加研发投入还可以促进企业内各部门之间的协作和沟通，实现资源共享和优势互补。增加研发投入还可以加强企业与供应商、客户等主体的合作，形成开放的创新生态系统，推动产业链上下游的共同发展。通过与供应商合作，企业可以获取更优质的原材料和零部件；通过与客户沟通，企业可以更准确地了解市场需求并开发出更符合市场需求的产品。这种开放的创新生态系统有助于推动产业链上下游的共同发展，实现产业的整体升级和转型。

其次，企业竞争力也是企业创新效应的关键方面。通过技术创新和研发，企业能够更好地适应市场变化，提前洞察行业趋势，从而在激烈的市场竞争中脱颖而出。技术创新和研发使企业能够灵活调整其产品和服务，从容地应对市场变化。当消费者偏好或技术环境发生变化时，企业能够迅速响应，通过研发新产品或改进现有产品来满足市场需求。技术创新还使企业能够提供定制化服务，这不仅提高了消费者满意度，还增强了企业与消费者之间的连接，提升了企业的竞争优势。技术创新和研发过程中产生的数据为企业提供了宝贵的洞察样本。通过分析这些数据，企业能够预测行业趋势，发现新的市场机会，从而提前布局。随着研发投入的持续增加，企业能够在技术积累、知识产权保护和人才储备等方面形成一定优势，从而在竞争中保持领先地位。技术创新和研发使企业能够开发出具有独特功能和优势的产品，实现产品差异化。这种差异化使企业在市场上更具吸引力，吸引更多的消费者，提高市场份额；而持续的技术创新和研发则有助于塑造企业的品牌形象。消费者往往将技术创新视为企业实力和品质的象征，因此，具有强大研发能力的企业更容易获得消费者的信任和认可。技术创新和研发还有助于企业降低生产成本。通过优化生产流程、提高生产效率、减少浪费等方式，企业可以降低生产成本，这种成本控制能力使企业更具竞争优势。

另外，提升企业创新效应还可以改变企业的组织架构和培育企业的文化。扁平化的组织架构更加注重跨部门协同合作，能够推动创新。传统的组织架构往往层级繁多，决策流程冗长；而扁平化的组织架构减少了中间层级，使信息能够更快速、更直接地传达决策者。这不仅提高了决策效率，也使基层员工的声音更容易被听到，从而促进了创新思想的产生和传播。扁平化的组织架构还打破了部门之间的壁垒，促进了跨部门的协同合作。这种合作方式打破了传统的职能界限，使不同部门之间的信息和资源能够得到更充分的共享和利用。这种跨部门的协同合作对创新来说至关重要，因为它能够汇聚不同领域的知识和技能，从而产生更多的创意和解决方案。在注重学习和适应的企业中，员工被鼓励不断学习新知识、掌握新技能，并勇于尝试新的方法和思路。这种文化氛围使员工对创新保持开放和积极的态度，也愿意承担创新带来的风险。随着市场环境的不断变化，企业需要不断适应和变革以保持竞争力。在注重学习和适应的企业文化中，员工被鼓励关注外部环境的变化，及时调整自己的思维和行为方式，以适应新的市场环境和竞争态势。因此，对于传统制造业企业的数字化转型来说，提升企业创新效应是实现高质量发展的坚实基础。基于以上分析，提出以下研究假设。

H1：数字化转型能够显著促进中国制造业企业高质量发展。

二 制度环境的门槛作用机制

制度环境作为一种"外在约束"或"激励条款"，会通过改变企业交易成本、融资约束、调整成本等路径影响企业发展，而对于企业而言，良好的制度环境是决定其获得市场竞争力的重要因素（吴飞飞和谢众，2019）。同时，制度环境通过发挥其激励和约束功能，会对数字化转型程度和企业高质量发展产生重要影响。因此，制造业企业的高质量发展不仅与企业数字化转型程度息息相关，还与其所处区域的制度环境密切相关（陶长琪和彭永樟，2018）。

第一，从政府与市场的关系来看，有为政府可以通过运用数据要素和数字技术，将现代化和数字化的理念融入对市场和宏观经济的治理手段，同时适度超前建设必要的数字基础设施并降低其运营成本，为研发和科技创新创造条件（周国富和林一鸣，2023），促进企业的数字化转型程度，从而促进企业高质量发展。此外，在理想的制度环境下，政府可以扮演"引导者"和"服务者"的角色，通过制定政策和提供监管来推动市场的公平竞争和健康发展。政府通过制定相关政策和规划，为数字化转型提供方向和支持。例如，政府可以加大对数字经济基础设施建设的投入力度，提高数字化服务的普及率，为企业数字化转型创造有利条件。政府还可以通过优化营商环境、降低市场准入门槛等措施，激发市场活力和企业创新动力，促进非国有经济的发展，形成多元化的市场竞争格局，推动企业在竞争中不断提升自身实力和产品质量。所以，政府职能的转换、营商环境的优化等措施都有利于数字化转型和企业高质量发展。

第二，自改革开放以来，中国非国有经济的占比不断提高，在一定程度上减轻了企业的社会性负担，使企业能够将更多的资源用于激励员工与技术创新等方面，这在客观上有利于加快企业的数字化转型，进而推动企业高质量发展。一方面，非国有经济通常具有更加灵活的经营机制和更强的创新能力，能够更快地适应市场变化，这有助于企业在数字化转型过程中实现技术创新和商业模式创新，提升企业的核心竞争力。另一方面，非国有经济的发展还能够促进市场竞争和产业升级。在市场竞争中，非国有企业需要不断提升自身实力和产品质量，以应对来自其他企业的挑战，这有助于推动整个产业朝高质量、高效率、高附加值的方向发展。

第三，随着中国特色社会主义市场经济体制的不断完善，劳动、资本、技术等要素市场的发育度也在不断提高。一个发育完善的要素市场能够为企业提供丰富的生产资源，包括技术、资本、劳动力、数据等，这些资源是企业实现数字化转型所必需的。例如，在数字化转型过程中，企业需要不断更新和升级自身的技术体系，以适应新的市场需求和技术趋势。随着数据要素市场的发育，各行各业与数据融合的进程将进一步加快，新产品的研发、设计及生产流程将发生巨大变化，不断完善的数据要素市场能够为企业提供丰富的数据资源和高效的数据处理工具，帮助企业更好地利用数据进行业务创新和发展。此外，发育完善的要素市场能够为企业提供更加公平、透明、稳定的经营环境，降低企业经营的风险和不确定性，推动企业实现高质量发展。

第四，完善的法律体系是健康制度环境不可缺少的一部分，随着数字法治建设的推进，现代科技手段与司法体制改革实现更加有效的结合，通过网络技术实时获取社会舆情动态和有价值的信息，进而保障和提高市场的规范程度，保护市场参与者的合法权益，维护公平的竞争秩序。一方面，市场法律规范能够保护企业的合法权益。在数字化转型过程中，企业需要投入大量的研发资金和技术力量来开发新产品、新技术和新模式，这些创新成果需要得到法律的保护和认可。一个健全的市场法律规范体系能够为企业提供有效的知识产权保护机制，保护企业的创新成果。另一方面，市场法律规范还能够规范企业的经营行为。在市场竞争中，企业需要遵守相关的法律法规和行业规范，保持公平竞争和诚信经营。一个健全的市场法律规范体系能够为企业提供明确的法律指引和监管要求，促进企业依法经营、规范发展。因此，健康的制度环境也是推动企业数字化转型、促进企业高质量发展的关键因素。基于以上分析，提出以下研究假设。

H2：在制度环境越好的地区，数字化转型促进制造业企业高质量发展的效果越明显。

制度环境对数字化转型和企业高质量发展的正向影响并非一成不变。在数字化转型的初期，良好的制度环境对企业而言具有基础性意义。制度环境通过提供稳定的市场预期、保障企业合法权益、降低交易成本等方式，为企业数字化转型创造良好的外部条件。随着制度环境的不断完善，企业在数字化转型过程中能够更好地利用创新溢出红利，如通过降低交易成本、激励创新性投入、促进科技成果转化等手段，推动自身及整个区域创新效率的提升，从而促进企业高质量发展。

随着政策、法律、监管等方面的不断完善，制度环境对经济活动的影响会逐渐累积。当累积到一定程度时，就会产生阈值效应，使制度环境对数字化转型和企业高质量发展的促进作用显著提升。此时，得益于前期积累的良好创新环境，企业能够更加有效地利用数字化技术，推动社会资源配置和产业结构进一步优化。在这一过程中，企业突破技术壁垒的能力将得到进一步增强，进而对企业高质量发展产生更大的促进作用。因此，数字化转型对企业高质量发展的正向影响在制度环境的优化过程中呈现"边际效应递增"的非线性特征。基于以上分析，提出以下研究假设。

H3：随着制度环境的优化，数字化转型对企业高质量发展的正向影响呈现"边际效应递增"的非线性特征。

三　国家审计在数字化转型赋能中国制造业企业高质量发展中的调节作用机制

在探讨数字化转型与制造业企业高质量发展之间的关系时，国家审计扮演着举足轻重的角色。国家审计作为一种常态化的经济监督机制，能够通过完善企业内部控制和监督相关政策落实这两个方面，显著加强数字化转型对制造业企业高质量发展的积极影响。

国家审计通过完善企业内部控制来强化数字化转型对制造业企业高质量发展的影响。作为国家监督体系中不可或缺的一环，国家审计在推动企业内部控制机制的完善方面发挥着非常重要的作用。国家审计能够精准地识别企业内部控制存在的短板与不足，进而提供具有针对性的改进建议。这些建议旨在帮助企业建立健全、高效的内部控制体系，确保企业在日常运营中能够遵循规范，实现管理的精细化与高效化。一个完善且运行有效的内部控制体系，对企业的长远发展至关重要；而在数字化转型过程中，企业内部控制的重要性更加凸显。数字化转型需要企业具备更高的灵活性和创新能力，一个完善的内部控制体系能够为企业提供稳定的内部环境，支持数字化转型的顺利进行，具体分析如下。

首先，国家审计通过完善企业内部控制，确保数字化转型的合规性和稳健性。在数字化转型过程中，企业需要遵循一系列法规和标准。完善的内部控制体系可以帮助企业遵守这些法规和标准，从而减少因违规操作而带来的风险。国家审计通过检查和完善企业内部控制，可以确保企业在数字化转型过程中保持合规性和稳健性，为企业高质量发展提供坚实的基础。其次，国家审计通过完善企业内部控制，提高数据质量和准确性。数字化转型依赖大量的数据，一个健全有效的内部控制体系可以确保数据的完整性、准确性和可靠性，从而为数字化转型提供有力的数据支持。国家审计通过完善企业内部控制，提高数据的质量和准确性，使企业在数字化转型过程中能够更准确地把握市场动态、客户需求和竞争态势，制定更有效的战略和决策，从而促进自身高质量发展。再次，国家审计通过完善企业内部控制，优化资源配置和降低成本。完善的内部控制体系可以帮助企业优化资源配置，降低成本。在数字化转型过程中，企业需要投入大量的资金和资源。通过优化资源配置和降低成本，企业可以将更多的资源用于数字化转型的关键领域，从而提高数字化转型的效益和效率。国家审计通过完善企业内部控制，实现资源的优化配置，进一步增强数字化转型对制造业企业高质量发展的影响效应。最后，国家审计通过完善企业内部控制，促进企业管理创新和持续改进。完善的内部控制体系不仅关注当前的业务操作，还关注未来的发展和改进。通过定期审查和评估内部控制的有效性，企业可以发现内部制度存在的问题和不足，并及时采取相应的措施。国家审计通过完善企业内部控制，促进企业的管理创新和持续改进，使企业在数字化转型过程中不断适应市场变化和客户需求变化，在市场中保持竞争优势和持续发展，从而促进企业高质量发展。

国家审计通过监督相关政策的落实来促进企业数字化转型，从而强化数字化转型对制造业企业高质量发展的影响效应。审计署发布了多份关于政策措施贯彻落实情况的审计结果公告和相关解读，反映了政府部门通过政策执行效果审计，既能实现对政策实施全程的追踪，又能促进政策发挥其应有的作用和价值。近年来，我国出台了《中小企业数字化赋能专项行动方案（2025—2027年）》《中小企业数字化转型指南》等一系列专项政策，旨在加速中小企业的数字化转型进程。同时，为了确保这些政策有效落地，各省份也积极响应，纷纷制定了配套政策，形成了全面支持中小企业数字化转型的政策体系。这些政策不仅为中小企业提供了清晰的转型方向和路径，还为其提供了必要的资金、技术和人才支持，有力地推动了中小企业数字化转型的深入发展。《制造业数字化转型行动方案》等政策的颁布也影响了各地区对制造业数字化转型的扶持程度，从而影响了制造业企业的高质量发展。国家审计机构通过对上述政策执行情况进行审计，确保数字化转型相关政策能够迅速、有效地在制造业企业中得到实施。国家审计机构会对政策的执行情况进行定期或不定期的检查，从而及时发现并纠正政策执行中的偏差和问题。

这种监督作用有助于政策的高效执行，使制造业企业能够迅速响应政策号召，加快数字化转型步伐。在监督政策落实的过程中，国家审计机构还会对政策效果进行评估。通过评估，审计机构可以发现政策执行中存在的问题和不足，进而为政策的调整和优化提供科学的依据。这种评估机制有助于发挥政策效果，使数字化转型相关政策能够更加符合制造业企业的实际需求，更好地推动企业的高质量发展。具体而言，国家审计会关注政策是否促进了企业的数字化转型，是否提高了企业的生产效率、降低了成本、优化了供应链等。如果发现政策效果不理想，审计机构会提出改进建议，推动政策不断完善。这种持续改进的机制有助于确保数字化转型政策能够持续、稳定地发挥作用，为制造业企业的高质量发展提供有力保障。另外，《关于开展财政支持中小企业数字化转型试点工作的通知》《关于推进工业数字化转型的九条措施》等文件表明，为激励企业进行数字化转型，政府部门对企业进行数字化转型提供了一定的资金补贴，并对企业进行数字化转型的资金补贴作出了一系列规定，政府资金补贴作为一种重要工具，对制造业企业的数字化转型具有积极的激励作用（Zhao et al.，2023），国家审计具有强大的威慑力，能够通过较强的独立性、权威性以及监管力度，有效降低政府资金补贴的错配程度，最大限度地保障政府资金补贴的合规使用，提高企业数字化转型程度，进而实现制造业企业的高质量发展。基于以上分析，提出以下研究假设。

H4：国家审计能够正向调节数字化转型对制造业企业高质量发展的影响。

本章小结

本章是国家审计治理视域下数字化转型赋能中国制造业企业高质量发展的理论分析框架部分，主要以技术—经济范式理论、新质生产力理论和公共受托经济责任理论为理论基础；以数字化转型的政策基础、制造业高质量发展的政策基础以及国家治理与国家审计的政策基础为相关政策支撑；此外，从区域、行业和企业三个层面阐述数字化转型赋能中国制造业企业高质量发展的作用机制，并分析制度环境的门槛作用机制，以及分析国家审计对数字化转型赋能制造业企业高质量发展的调节机制，从而构成本书的理论分析框架。通过理论分析发现：①数字化转型能够显著促进中国制造业企业高质量发展；②在制度环境越好的地区，数字化转型促进制造业企业高质量发展的效果越明显；③随着制度环境的优化，数字化转型对企业高质量发展的正向影响呈现"边际效应递增"的非线性特征；④国家审计能够正向调节数字化转型对制造业企业高质量发展的影响。

第三章
国家审计治理视域下数字化转型赋能中国制造业企业高质量发展的现状分析

通过第二章的分析，我们已从理论层面充分认识了国家审计治理视域下数字化转型与高质量发展之间的关系。本章将对中国制造业企业数字化转型与高质量发展的现状进行分析，构建数字化转型和制造业企业高质量发展指标评价体系，通过指标测度结果对不同类型制造业企业的数字化转型和高质量发展进行分析，对数字化转型赋能中国制造业企业高质量发展过程中的成效和所面临的现实困境进行研究，为下文进行实证分析提供基础。

第一节　中国制造业企业数字化转型现状和指标测度分析

一　中国制造业企业数字化转型现状

随着中国制造业规模的不断扩大，中国制造业已经从高速扩张转向深入挖潜的关键阶段，推动制造业企业高质量发展是实现高质量发展的重中之重，数字化转型已成为制造业企业确定的方向。而明确数字化转型的现状不仅可以帮助政府和相关部门更好地制定支持政策，保障制造业数字化转型的顺利进行，推动产业升级，还有助于企业了解自身的优势和不足，及时调整发展战略，加速数字化转型的进程，实现高质量发展。

1. 工业软件

工业软件是将生产、工艺、组织、管理等技术知识进行高度凝练形成的基础工具。中国的软件和信息技术产业起步较早，经过几十年的发展，逐渐成长为一个超过 9 万亿元人民币市场规模的巨大产业。近年来，中国的软件和信息技术服务业呈现较好的发展势头，企业的收益与效益快速发展，就业规模不断扩大；产业高质量发展的速度越来越快，同时，产业结构也在不断地调整和优化，新的增长点不断出现，对"两个强国"建设有着明显的支持作用，它已经逐渐成为数字经济发展和智慧社会发展的主要推动力。

如图 3-1 所示，2013~2022 年，中国软件业的业务收入总体呈现增长趋势，说明数字化转型发展较好。

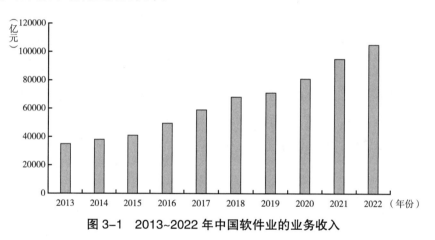

图 3-1 2013~2022 年中国软件业的业务收入

从技术革新与市场需求方面来看，软件业的发展主要得益于技术的快速进步。云计算、大数据、人工智能、物联网等技术的兴起，不仅推动了软件产品和服务的创新，也为企业和个人提供了更多高效、智能的解决方案。这些技术的应用范围不断扩大，从企业运营到个人生活，都越来越依赖软件。并且随着经济的发展和消费者需求的变化，软件业面临的机遇也在不断增加。企业和个人对提高效率、优化体验、保护数据安全等方面的需求，为软件业提供了广阔的市场空间。此外，移动设备的普及和移动互联网的快速发展，也极大地满足了市场对移动应用和相关服务的需求。

从政策支持与资本投入方面来看，政府认识到软件业在推动经济增长和创新中的重要作用，出台了一系列支持政策，包括税收减免、资金扶持、研发补贴等，旨在鼓励软件企业的发展和创新。政策支持为软件业的发展提供了良好的外部环境，风险资本在这一过程中扮演了重要角色。风险投资者为有潜力的软件初创企业提供资金支持，帮助它们快速成长。资本的注入不仅加速了创新，也促进了行业的整体发展。

从全球化与行业应用方面来看，全球化给软件业带来了新的发展机遇。软件产品和服务可以轻易跨越国界，使企业进入更广阔的国际市场。同时，国际合作和交流的增加，也给软件业带来了新的理念、技术和市场机会，进一步拓宽了软件业的发展空间。

2. 工业互联网平台

随着信息技术的发展，物理世界与信息世界逐渐交融。通信网络作为信息技术的基石，已经实现了从传统的人与人沟通到现代的人与机器、机器与机器间的高效互联。尽管中国的工业互联网平台在发展历程上稍晚于西方发达国家，但其展现出的增长势头和速度却是相当快的。回顾中国工业互联网平台的发展历程，大致可以分为三个阶段，分别是 2010 年以前的萌芽期、2010~2014 年的起步探索期，以及 2014 年之后的快速发展期。进入快速发展期后，2017 年 11 月，国务院出台《关于深化"互联网＋先进制造业"发展工业互联网的指导意见》，可以将其视为工业互联网发展的顶层架构，同时这也标志着发展工业互联网平台正式上升为国家战略。

图 3-2 展示了 2018~2022 年中国工业互联网核心产业经济规模及增长率。从总体上来看，2018~2022 年，中国工业互联网核心产业经济规模连续增长，说明数字化转型发展较好。

从政策与技术双重驱动方面来看，中国政府重视和支持工业互联网平台的发展，通过政策推动和资金投入，为产业提供了良好的发展环境。同时，物联网、云计算、大数据、人工智能等技术的进步也为工业互联网的快速发展提供了支撑。

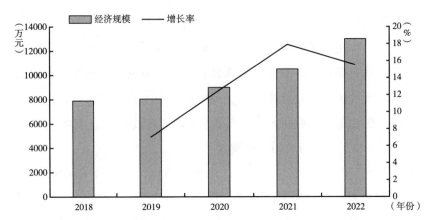

图 3-2　2018~2022 年中国工业互联网核心产业经济规模及增长率

从产业升级与市场需求方面来看，随着中国经济结构的转型升级，制造业等传统产业对智能化、自动化的需求不断增长，工业互联网的市场需求不断扩大，推动了产业规模的增长。

从基础设施与国际合作方面来看，网络基础设施的建设和完善，尤其是 5G 技术的推广，为工业互联网提供了坚实的发展基础。此外，国际合作的加强，包括技术交流和市场拓展等，也为工业互联网核心产业规模的增长提供了动力。

另外，2018~2022 年，中国工业互联网核心产业经济的增长率总体也是呈现增长趋势的，原因可能是技术进步带来的效率提升、政府政策的积极支持、市场需求的持续增长、行业整合带来的资源优化、基础设施的完善、国际合作与市场拓展带来的新机遇、创新商业模式的推动作用以及人才培养与引进对企业竞争力的增强等因素共同作用，促进了工业互联网核心产业的快速发展。

同时，工业互联网对三次产业的带动作用十分显著。2022 年，工业互联网带动三次产业增加值规模稳步提升，工业互联网带动第一产业、第二产业、第三产业的增加值规模分别达到 0.06 万亿元、2.28 万亿元、2.12 万亿元，工业互联网在支撑工业经济数字化转型的同时，有效助力农业现代化和服务业高端化发展。

当前，根据中国工业互联网研究院披露的信息，2022 年，中国工业互联网对第二产业的带动规模达互联网带动的产业总规模的 49.21%，已成为工业互联网融合应用的主场。工业互联网已经在石化、钢铁、电子信息、家电、服装、能源、机械、汽车、装备、航空航天等领域都得到了广泛应用。网络协同、服务制造、规模化定制等新模式和新业态正在蓬勃发展，在提高企业质量和效率的同时，也带来了新的增长点。一是工业互联网对制造业企业的数字化转型起到了巨大的推动作用。在此基础上，对以工业互联网为基础的离散制造业企业和流程制造业企业进行数字化转型探索，探索更加丰富、更加全面的发展路径。企业从解决现实问题入手，实现从内向外的协同，从单一的应用向整体的优化转变，不断推进企业的数字化和服务化。二是 5G 将促进工业互联网朝更高层次的应用的方向发展。5G 能支持机器视觉等高带宽服务，如产品质量检验等；其低延迟、高可靠性的特点能够很好地适应对网络延迟有很高需求的移动控制等业务；大连接的特点可以满足工业现场数据采集，远程操作等应用场合的要求。随着 5G 技术的日趋成熟，以 5G 为代表的各种无线技术将越来越多地被运用于厂际网络的重构。

图 3-3 展示了 2022 年中国工业互联网带动增加值规模超千亿元的 9 个行业。2022 年，工业互联网带动制造业增加值规模达到 1.9 万亿元；对信息传输、

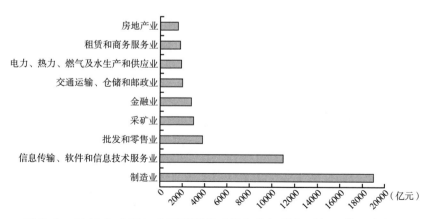

图 3-3 2022 年中国工业互联网带动增加值规模超千亿元的 9 个行业

软件和信息技术服务业的带动规模次之，为 1.1 万亿元。在第二产业中，工业互联网对制造业、采矿业的带动作用最为明显，在第三产业中，工业互联网对信息传输、软件和信息技术服务业、批发和零售业以及金融业的带动作用较为突出。

3. 智能制造

智能制造是基于先进制造技术与新一代信息技术深度融合背景，贯穿于设计、生产、管理、服务等产品全生命周期，具有自感知、自决策、自执行、自适应、自学习等特征，旨在提高制造业质量、效率效益和柔性的先进生产方式。

进入 21 世纪，各国提出制造业智能化发展战略，德国提出"工业 4.0"计划，将物联网及服务技术融入制造业；美国提出"先进制造业领导力战略""再工业化战略"等，发展传感、控制和平台系统、数字制造等领域的技术；日本发布《机器人新战略》，将机器人和 IT 技术、大数据、人工智能等深度融合。中国提出《"十四五"智能制造发展规划》等国家战略，积极推动制造业与新一代信息技术融合发展，中国智能制造业进入繁荣发展阶段，具有以下特征。

第一，大部分企业处于智能制造一级及以下水平。根据智能制造评估评价公共服务平台数据，2022 年，中国 69% 的制造业企业处于一级及以下水平，达到二级、三级的制造业企业分别占比 15%、7%，四级及以上制造业企业占比达 9%。多数企业仍处于智能化转型初期，龙头企业智能化成效显著，带动行业整体水平稳步提升。整体来看，2022 年，全国制造业智能制造能力成熟度与 2021 年相比有所提升，一级及以下的低成熟度企业占比下降了 6 个百分点，三级以上的高成熟度企业占比上升了 5 个百分点。

第二，生产制造业企业对数字化建设持乐观态度。近几年随着宏观经济增长放缓，各大制造业企业都面临着不同程度的市场波动风险，生存压力较大。越来越多的制造业企业开始通过数字化和智能化，来重构制造业的研发、生产、管理和服务，从而提高生产制造的整体效率，增强企业的抗风险能力和综合竞争力。根据 IDC 对 100 家生产主导型离散制造业企业的调研数据，

100%的企业愿意在数字工厂方面开展探索，90%以上的企业认为数字工厂将取得明显成效。

第三，国内智能制造试点示范项目越来越多。截至2022年底，中国已建成2100多个高水平的数字化车间和智能工厂，其中有209家示范标杆工厂；培育6000多家系统解决方案供应商，建成具有一定区域和行业影响力的工业互联网平台248家，重点平台工业设备连接数超过8000万台（套）；智能制造示范工厂的生产效率平均提升32%、资源综合利用率平均提升22%、产品研发周期平均缩短28%、运营成本平均下降19%、产品不良率平均下降24%。

二　数字化转型指标测度

企业数字化转型是指数字技术在企业某些业务环节中的应用及其带来的生产销售方式、经营决策、商业模式甚至价值链关系的变革，其定量测度在学术界和业界都是一个前沿问题。从理论界定上来看，尽管数据已经被广泛视为新时代、新阶段下重要的经济"新能源"，但企业数字化转型并非简单的企业资料数字化，而是借助前沿数字技术与硬件系统来推动企业生产资料与生产过程的数字化，从而达到提质增效的重要目标。在企业数字化转型过程中，企业会着重依靠"数字技术驱动"来改造、提升原有技术体系和生产系统的数字化程度，这种变革依赖于关键技术的布局和发展。人工智能（Artificial Intelligence）、区块链（Blockchain）、云计算（Cloud Computing）、大数据（Big Data）等"ABCD"技术构成了企业数字化转型的核心底层技术架构（戚聿东和肖旭，2020），这一层次的数字化转型更侧重于数字技术的嵌入，主要集中在企业内部生产经营、管理模式、支撑技术的数字化转换（Digitization）和数字化升级（Digitalization）上。企业数字化转型是为了在市场中形成有效的创新产出和应用，因此，在更深入的阶段中，这种创新转型将逐步触及企业的核心市场业务，从而将经济社会中所有生活、工作中的特定行为场景进行贯通融合，并形成全新业务增长极，这一层次的数字化转型更关注数字技术与复杂业务生态场景的融合创新，由第一层次的技术创新与嵌入升级至业务的深层变革，从企业后端的业务链条、技术赋能提升逐步外移至前端的市场场景应用。

本书认为，企业数字化转型作为新时代下企业高质量发展的重大战略，其特征信息更容易体现在企业具有总结和指导性质的年报中。年报中的词汇用法能够折射出企业的战略特征和未来展望，在很大程度上体现企业所推崇的经营理念以及在这种理念指引下的发展路径。因此，本书通过对上市公司年度报告中"数字化转型"这一关键词的词频进行分析，更好地反映企业的转型程度。在类似的研究中，韩永辉等（2017）通过关键词的配对、筛选，统计出各省份相应的产业政策文件累计数作为产业政策强度的刻画指标。对上市公司来说，其年度报告中披露了公司的主营业务信息、经营状况以及管理层对未来发展方向的判断（姚加权等，2020），对把握公司的经营战略和决策具有重要的参考价值。这为本书的研究提供了启发，因此，可以将上市企业公布的年度报告中的相关关键词的词频作为企业数字化转型程度的代理指标。

从变量设计的技术实现上来看，通过 Python 爬虫功能整理了上海证券交易所、深圳证券交易所全部 A 股上市企业的年度报告，并通过 Java-PDFbox 库提取了所有文本内容，并以此作为数据池。在企业数字化转型特征词的确定方面，本书对学术界和业界进行了分项讨论。在学术文献的借鉴方面，本书参考了一系列以数字化转型为主题的经典文献（李春涛等，2020；潘爱玲等，2021），归纳整理出有关数字化转型的特定关键词；在重要政策文件和研究报告的借鉴方面，以《中小企业数字化赋能专项行动方案》、《关于推进"上云用数赋智"行动　培育新经济发展实施方案》、《2020 年数字化转型趋势报告》以及近年《政府工作报告》为蓝本，进一步补充了数字化转型的特征词库，并依照前述分析展开结构化分类，形成了关键词图谱。

具体做法如下。第一步，生成数据池。通过 Python 爬虫技术从上海证券交易所和深圳证券交易所收集 2010~2022 年中国全部 A 股上市企业年度报告，并提取年报中的所有文本内容形成数据池，为后续特征词筛选做准备。第二步，确定关键词。本书选取数字技术应用、互联网商业模式、智能制造和现代信息系统四个维度（见表3-1）。第三步，统计关键词词频。将前期生成的相关数据池与表3-1中构建的关键词图谱进行对应和词频计数，最终加总词频，并对其进行对数化处理，以此作为衡量企业数字化转型的指标，值越大表明其数字化转型强度越大。

表3-1　关键词图谱

维度	分类词语	出现频率较高的文本组合	分词词典
数字技术应用	数据、数字、数字化	数据管理、数据挖掘、数据网络、数据平台、数据中心、数据科学、数字控制、数字技术、数字通信、数字网络、数字智能、数字终端、数字营销、数字化	移动互联网、工业互联网、移动互联、互联网医疗、电子商务、移动支付、第三方支付、NFC支付、智能能源、B2B、B2C、C2B、C2C、O2O、网联、智能穿戴、智慧农业、智能交通、智能医疗、智能客服、智能家居、智能投顾、智能文旅、智能环保、智能电网、智能营销、数字营销、无人零售、互联网金融、数字金融、Fintech、金融科技、量化金融、开放银行
互联网商业模式	互联网、电商	移动互联网、工业互联网、产业互联网、互联网解决方案、互联网技术、互联网思维、互联网行动、互联网业务、互联网移动、互联网应用、互联网营销、互联网战略、互联网平台、互联网模式、互联网商业模式、互联网生态、电商、电子商务	移动互联网、工业互联网、产业互联网、互联网解决方案、互联网技术、互联网思维、互联网行动、互联网业务、互联网移动、互联网应用、互联网营销、互联网战略、互联网平台、互联网模式、互联网商业模式、互联网生态、电商、电子商务、Internet、"互联网+"、线上线下、线上到线下、线上和线下
智能制造	智能、智能化、自动、数控、一体化、集成	人工智能、高端智能、工业智能、移动智能、智能控制、智能终端、智能移动、智能管理、智能工厂、智能物流、智能制造、智能仓储、智能技术、智能设备、智能生产、智能网联、智能系统、智能化、自动控制、自动监测、自动监控、自动检测、自动生产、数控、一体化、集成化、集成解决方案、集成控制、集成系统	人工智能、高端智能、工业智能、移动智能、智能控制、智能终端、智能移动、智能管理、智能工厂、智能物流、智能制造、智能仓储、智能技术、智能设备、智能生产、智能网联、智能系统、智能化、自动控制、自动监测、自动监控、自动检测、自动生产、数控、一体化、集成化、集成解决方案、集成控制、集成系统、工业云、未来工厂、智能故障诊断、生命周期管理、生产制造执行系统、虚拟化、虚拟制造

续表

维度	分类词语	出现频率较高的文本组合	分词词典
现代信息系统	现代信息系统	信息共享、信息管理、信息集成、信息软件、信息系统、信息网络、信息终端、信息中心、信息化、网络化	信息共享、信息管理、信息集成、信息软件、信息系统、信息网络、信息终端、信息中心、信息化、网络化、工业信息、工业通信

三 中国制造业企业数字化转型指标分析

（一）总体特征分析

随着中国制造业规模不断扩大，中国制造业已经从高速扩张转向深入挖潜的关键阶段，信息技术、大数据分析、人工智能等先进数字技术，能够帮助制造业实现在生产、管理、销售等方面的智能化变革，数字化转型已成为企业发展的方向。图3-4展示了2010~2022年全国制造业企业数字化转型程度。2010~2022年，全国的制造业企业数字化转型程度整体呈现上升趋势，2010年中国制造业企业数字化转型程度仅为1.11，2022年已经达到11.99，增长幅度为980.18%。这是因为制造业的产业结构具有多元化的特征，装备制造业、汽车制造业、专用设备制造业等都能很好地抓住数字化转型的机遇，

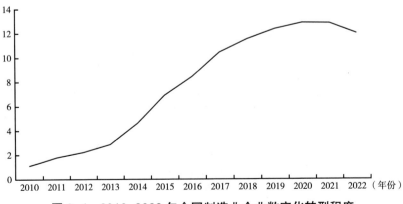

图3-4　2010~2022年全国制造业企业数字化转型程度

利用智能制造达到降本增效的目的。自 2013 年中国数字技术步入成熟阶段以来，全国制造业企业数字化转型程度以较快的速度增长。随后，政府颁布了一系列政策措施大力支持制造业企业的数字化转型，如《"十三五"国家信息化规划》《"十四五"数字经济发展规划》等，制造业企业数字化转型步入正轨。2020 年全国制造业企业数字化转型程度高达 12.85，但在 2021 年和 2022 年呈现下降的趋势，这可能是因为制造业企业在生产、销售、加工等环节都已经初步实现了数字化转型，基础设施的信息化水平达到相对饱和状态，而在更高技术领域的数字技术应用中仍有尚未突破的瓶颈。

（二）不同地区的企业数字化转型分析

1. 东部、中部、西部地区的数字化转型对比分析

为了更详细地了解中国制造业的发展水平，本部分从东部、中部、西部三个地区来分析制造业企业数字化转型程度。其中，东部地区包括北京市、福建省、广东省、海南省、河北省、江苏省、辽宁省、山东省、上海市、天津市、浙江省；中部地区包括安徽省、广西壮族自治区、河南省、黑龙江省、湖北省、湖南省、吉林省、江西省、内蒙古自治区、山西省；西部地区包括甘肃省、贵州省、宁夏回族自治区、青海省、陕西省、四川省、西藏自治区、新疆维吾尔自治区、云南省。

图 3-5 展示了 2010~2022 年东部、中部、西部地区制造业企业数字化转型程度。从总体层面来看，2010~2022 年，东部、西部和中部三个地区的企业数字化转型能力均呈现增长趋势。这表明在这一时间段内，中国各地区的企业都在积极推动数字化转型，以适应经济发展的新要求。东部、中部、西部地区的数字化转型程度均显著增长，但是原因各不相同。

在东部地区方面，该地区由于较早的经济开放和快速发展，积累了较多的资本，为数字化转型提供了充足的资金支持。该地区是高科技企业和研发机构的集聚地，促进了技术创新和数字化实践。另外，东部地区对外开放程度高，更容易接受和融合国际先进的数字化理念和技术。东部地区拥有众多高等教育机构和研究机构，能够为企业提供丰富的人才资源。而且，东部地区的交通、通信等基础设施较为完善，可以为数字化转型提供良好的物理条

件。同时，伴随着智慧城市建设的推进，东部地区的城市管理和服务数字化水平有所提升。

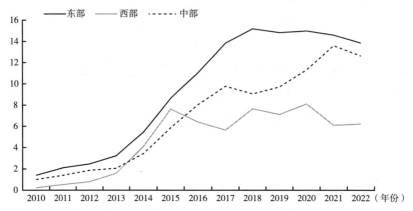

图 3-5 2010~2022 年东部、中部、西部地区制造业企业数字化转型程度

在中部地区方面，国家实施了"中部崛起"战略，旨在促进中部地区经济社会发展，缩小地区间的发展差距。中部地区连接东部地区与西部地区，具有良好的区位优势，便于技术和信息的交流。较多的人才可以从东部地区回流到中部地区，带回先进的技术和管理经验。中部地区多为农业大省，农业现代化的需求推动了相关企业的数字化转型；另外，东部地区产业向中西部地区转移的趋势也带动了中部地区的数字化转型。

在西部地区方面，国家加大了对西部大开发战略的支持力度，提供了包括财政、税收在内的多项优惠政策，吸引了投资和技术，推进了基础设施的建设，大力促进了当地企业的数字化转型。西部地区独特的自然资源和文化资源也成为数字化转型的重要基础，交通和通信基础设施的改善为数字化转型提供了基础。同时，西部地区的人才引进计划与教育投资，加强了与高校和研究机构的合作，促进了技术创新和人才培养。并且随着东部地区产业升级，部分产业转移到西部地区，促进了当地经济结构的调整。

2010~2022 年，东部地区的数字化转型程度最高且增长速度最快，这与其经济基础、人才优势和技术领先有关。随着时间的推移，西部和中部地区逐渐展现出追赶效应，特别是在国家政策的扶持下，这些地区的数字化转型程度得到了快速提升。三个地区的数字化转型程度增长反映了各自的区域特色和优势。东部地区的经济和技术优势、西部地区的资源和政策优势、中部地区的区位和成本优势，都在数字化转型过程中发挥了重要作用。预计未来东部地区将继续领跑，但西部和中部地区在国家政策的支持下，增长潜力巨大，有望进一步缩小与东部地区之间的差距。

西部地区的数字化转型能力在 2014 年和 2015 年有一个短暂的快速提升，超过了中部地区。这个时期，重庆开通了渝新欧铁路专线，宁夏举行了中阿博览会，云南对外开放桥头堡的地位不断突出，广西举办了东盟博览会，都推动了外贸的增长，从而加快了经济增长速度。

2. 审计体制改革省份与审计体制未改革省份制造业企业的数字化转型对比分析

为了更详细地分析中国制造业的改革状况，中共中央办公厅、国务院办公厅于 2015 年 12 月 8 日印发的《关于完善审计制度若干重大问题的框架意见》明确指出在实现审计全覆盖的同时，选择江苏、山东、浙江、重庆、贵州、云南、广东 7 个省份开展省以下地方审计机关人财物管理改革试点，进行审计体制改革，其余省份未进行审计体制改革。

图 3-6 展示了 2016~2022 年中国审计体制改革和未改革省份制造业企业数字化转型程度。从总体上来看，2016~2022 年，无论是在已经进行审计体制改革的省份还是未改革的省份，制造业企业的数字化转型能力均呈现增长趋势。同时，审计体制改革省份的制造业企业在数字化转型能力上持续高于未改革省份的制造业企业，可以归结为以下几点原因。首先，审计体制改革强化了企业内部管理和风险控制，为企业提供了更加稳健的运营基础，从而增强了在数字化转型过程中的决策质量和执行力。其次，改革带来的透明度提升和合规性加强，有助于构建利益相关者的信任，吸引更多的投资和资源，支持数字化项目。再次，改革优化了资源分配和提升了战略规划能力，使企业能更有效地集中资源于关键的数字化领域，实现持续创新和技术升级。同时，强化的内部治理结构和领导力为数字化转型提供了清晰的方向和强有力

的推动。最后，改革企业往往拥有较为开放的企业文化，能够更快地适应市场变化，把握数字化转型的机遇。这些原因共同促进了审计体制改革省份制造业企业数字化转型程度的提升。

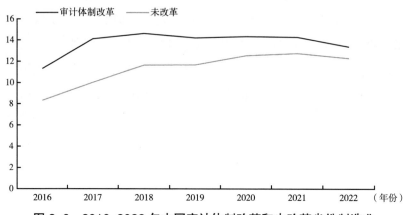

**图 3-6　2016~2022 年中国审计体制改革和未改革省份制造
业企业数字化转型程度**

　　审计体制改革省份制造业企业的数字化转型程度在初期快速增长后趋于平缓。审计体制改革初期通常会带来快速的正面影响，因为改革解决了一些迫切的问题，如流程优化和效率提升等，随着这些低挂果实摘取完毕，进一步的增长可能会放缓。在初期的快速增长后，面临投资回报递减的问题，即每增加一定量的投资，所带来的效益增长会越来越少。另外，在应用新技术的初期，效益增长迅速，但随着技术应用的普及和成熟，进一步的创新和效益提升可能会放缓。同时，企业也需要时间来适应改革带来的变化，如新的管理流程和风险控制措施，这种适应过程可能会暂时减缓增长速度。在初期取得初步成功后，企业可能会更关注风险规避，以保护已有成果，这可能导致创新和进一步改革的步伐放慢。

　　审计体制未改革省份制造业企业的数字化转型程度同样呈现总体增长趋势，且显示出更快的增长速度，表明这些企业可能在数字化转型上采取了更为积极或迫切的措施。激烈的市场竞争和技术的快速发展可能迫使这些企业加快采用新技术，以提升自身竞争力。客户需求的快速变化也促使这些企业加速数字化转型，以更快速地响应市场。这表明，尽管审计体制改革可以为数字化转型提供有利条件，但并不是推动数字化转型的唯一因素，企业也可以通过其他方式来加速其数字化进程。长期而言，一个健全的内部审计和风险管理体系对维持企业数字化转型的质量和可持续性至关重要。

（三）不同行业类型的制造业企业数字化转型对比分析

1. 传统制造业企业和现代制造业企业数字化转型的对比分析

图 3-7 展示了 2010~2022 年传统制造业企业和现代制造业企业数字化转型程度的具体指数和变化趋势。从总体上来看，2010~2022 年，传统制造业企业和现代制造业企业的数字化转型程度均呈现增长趋势。这表明无论是传统制造业企业还是现代制造业企业，都意识到了数字化转型的重要性，并积极采取行动以面对当今数字化时代的挑战和机遇。传统制造业企业的数字化转型程度一直低于现代制造业企业，这是传统制造业企业较为保守的企业文化、数字化转型需求相对较低等因素共同作用的结果。

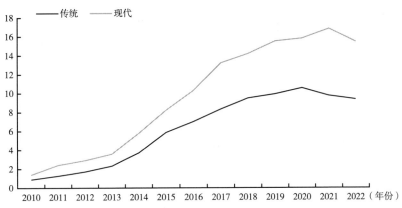

图 3-7　2010~2022 年传统制造业企业和现代制造业企业数字化转型指数

从组织文化角度来看，传统制造业企业的组织文化往往更加保守，强调稳定、效率和执行力。在这种文化背景下，员工和管理层可能对新技术的接受程度较低，对数字化转型带来的变革和不确定性存在一定抵触心理，他们更愿意坚守传统的生产和管理模式，不愿冒险尝试新的技术和方法。而现代制造业企业的组织氛围较为开放、包容，倾向于采用灵活、适应性强的管理风格；在这种管理模式下，现代制造业企业的员工往往以积极、理性的态度看待风险，因此他们会更积极主动地推进数字化转型。

从企业人才角度来看，大部分传统制造业企业在人才选拔时往往更注重传统制造技能和经验，并未考虑创新技能和数字化技能，这就导致传统制造业企业由于缺乏具有数字化技能和经验的人才，无法有效推动数字化转型的实施和落地。而大多数现代制造业企业拥有具备数字化技能和经验的团队，还会通过各种培训提升员工的数字化技能和知识水平，使其能够适应数字化转型的需求。因此，现代化制造业企业的数字化转型程度较高。

从创新角度来看，传统制造业企业在长期的发展过程中形成了相对固定的思维模式和业务流程，这在一定程度上限制了其员工创新思维的发展。同时，传统制造业企业对新技术、新趋势的敏感度不高，无法及时捕捉和把握数字化转型的机遇，这就从一定程度上限制了其数字化转型。而现代制造业企业更关注市场和技术动态，注重员工创新思维的培养，鼓励其提出新的想法和解决方案，以迅速调整战略和业务模式适应市场变化。

具体来看，传统制造业企业和现代制造业企业的数字化转型程度在2013~2017年增速最快。一方面，随着市场环境和消费者需求的不断变化，制造业企业利用新一代信息技术来提高企业的运营效率、创新能力和市场竞争力。另一方面，中国出台多项政策鼓励制造业企业数字化转型，而传统制造业企业和现代制造业企业借助国家的政策优惠和鼓励积极推进数字化转型，因此该时期制造业企业数字化转型程度增速较快。2021~2022年，传统制造业企业的数字转型程度呈现下降趋势，这是由于多数传统制造业企业内部尤其是高层管理者之间尚未达成数字化转型共识，只是注重生产端的数字化改进，没有从企业发展的战略高度进行全局谋划，导致传统制造业企业数字化转型程度逐渐下降。现代制造业企业的数字化转型程度也在2022年出现了急剧下降的情况，这是因为大多数现代制造业企业缺乏战略规划，不能很好地契合灵活多变的市场情况，导致数字化转型进度受阻。

2. 高新制造业企业与非高新制造业企业数字化转型的对比分析

为进一步了解中国制造业科技状况，本书将制造业企业按照 2012 版证监会行业分类指引及《国家重点支持的高新技术领域》分为高新制造业企业和非高新制造业企业。图 3-8 展示了 2010~2022 年高新制造业企业和非高新制造业企业数字化转型指数及变化趋势。

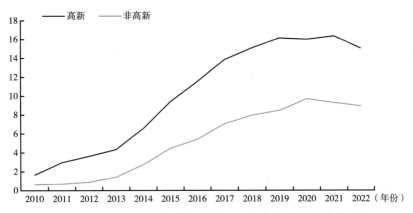

图 3-8　2010~2022 年高新制造业企业和非高新制造业企业数字化转型指数

从整体上来看，2010~2022 年，高新制造业企业和非高新制造业企业的数字化转型程度均呈现增长态势。这表明无论是高新制造业企业还是非高新制造业企业，都意识到了数字化技术对提高生产效率、优化业务流程、降低成本和改善产品质量的重要性，两类制造业企业都在努力推动数字化转型，以适应快速变化的市场环境并实现长期可持续发展。

2010~2022 年，高新制造业企业的数字化转型程度一直高于非高新制造业企业，这主要受到技术基础、研发投入和创新能力等因素的影响。

在技术基础方面，高新制造业企业通常具有较为良好的技术基础，更容易研发和应用数字化技术。同时，由于高新制造业企业将高新技术运用于产品设计、生产过程和供应链管理等方面，会更容易进行数字化转型。非高新技术制造业企业则由于传统的生产经营模式面临技术基础薄弱、研发能力有限的问题，缺乏高科技相关的人才，导致数字化转型程度低于高新制造业企业。

在投入研发方面，高新制造业企业通常会投入更多的资金用于研发，包括购买先进的技术设备、招聘高水平的人才等；非高新制造业企业可能由于缺乏资金、技术基础差、市场定位不清晰等原因导致投入强度较低，从而使其研发活动受到限制，难以进行高水平的研发和创新。因此，非高新制造业企业的数字化转型程度低于高新制造业企业。

在创新能力方面，高新制造业企业通常处于技术前沿，拥有强大的研发实力和创新能力。为了保持技术领先地位，高新制造业企业需要不断引入新技术、新工艺和新材料，提高产品质量，降低研发成本，数字化转型正是实现这一目标的重要手段，因此高新制造业企业往往更注重数字化转型。部分非高新制造业企业可能长期依赖传统的生产和管理模式，对创新的紧迫性和重要性认识不足，导致其缺乏数字化转型的动力。

具体来看，高新制造业企业数字化转型指数于2013~2019年增长速度最快，总增长率高达270.64%，非高新制造业企业的数字化转型指数则在2012~2020年稳步上升，总增长率高达579.1%。一方面，这是由于在这段时间内，云计算、物联网、大数据分析等新兴技术得到了迅猛发展，为高新制造业企业和非高新制造业企业数字化转型提供了强大的技术基础和支撑，推动了数字化转型的进程。另一方面，中国政府出台了一系列政策措施来鼓励和支持企业数字化转型，如《扩大内需战略规划纲要（2022—2035年）》等。这些政策涉及税收优惠、资金扶持、人才培养和基础设施建设等方面，为制造业企业数字化转型提供了良好的政策环境，加快了高新制造业企业和非高新制造业企业数字化转型的步伐。

3. 不同密集类型的制造业企业数字化转型对比分析

为了解中国制造业企业要素结构状况，本部分借鉴尹美群等（2018）的研究，将制造业企业按照生产要素聚类分为劳动密集型、资本密集型和技术密集型三个类别。图3-9展示了2010~2022年三类制造业企业数字化转型指数及变化趋势。

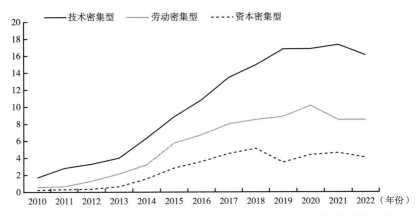

图 3-9　2010~2022 年劳动密集型制造业企业、资本密集型制造业企业和技术密集型制造业企业数字化转型指数

从整体上来看，无论是技术密集型制造业企业还是劳动、资本密集型制造业企业，其数字化转型指标均在 2010~2022 年呈现上升趋势。这表明中国不同行业的制造业企业都意识到了数字化转型的必要性，这是科技进步、市场竞争和政策推动等因素共同作用的结果，且这种趋势将对制造业企业的发展产生深远的影响。

2010~2022 年，每一年度三类制造业企业数字化转型指数都为技术密集型第一，劳动密集型次之，资本密集型最后。这主要是由于三类制造业企业在技术依赖程度、转型效益与成本以及市场需求与竞争压力等方面存在差异。

在技术依赖程度方面，技术密集型制造业企业高度依赖技术创新和研发，更容易接受和采用新的数字化技术。数字化转型可以帮助它们提高生产效率、优化产品设计、缩短产品开发周期，并增强其在市场上的竞争力。相比之下，劳动密集型制造业企业更依赖人力资源，对技术的依赖程度相对较低。虽然数字化转型也能给它们带来一定的效益，但在转型过程中可能需要更多的培训和人力资源投入。资本密集型制造业企业则主要依赖于资本投入，如大型设备、生产线等；面对数字化转型，这些企业需要更新或替换较多的设备和生产线，投入更多的成本，因此资本密集型制造业企业的数字化转型动力不足，转型程度较低。

在转型效益与成本方面，对技术密集型制造业企业来说，数字化转型的效益可能更加显著，因为此类制造业企业可以通过自动化、智能化等技术手段提高生产效率，降低人力成本，并在产品设计和研发方面实现更大的创新。而劳动密集型制造业企业在数字化转型过程中则面临着员工技能不足、设备更新换代成本较高等挑战；尽管如此，通过提高生产效率和优化管理流程，它们仍然可以从数字化转型中获得一定的效益。与前两者相比，资本密集型制造业企业在数字化转型过程中由于生产设备等的大量投入，无法立即将成本转化为显著的效益，导致其数字化转型的积极性相对较低。

在市场需求与竞争压力方面，随着科技的不断进步和消费者需求的日益多样化，技术密集型制造业企业通过创新和升级产品不断满足消费者的需求，从而更好地应对市场变化。劳动密集型制造业企业往往对劳动成本和产品质量较为敏感，而通过数字化转型，可以提高此类制造业企业的生产效率和产品质量，从而增强自身的竞争力。资本密集型制造业企业则更注重稳定生产和降低成本，虽然数字化转型也能给它们带来一定的效益，但在市场竞争中可能不是决定性因素。

具体来看，2010~2022 年，技术密集型制造业企业数字化转型程度整体呈现急剧增长趋势，但在 2022 年出现小幅度的下降。其中，该类企业在 2013~2019 年数字化转型程度飞速增长，总增长率高达 320.61%，物联网、大数据分析、人工智能等新技术在这一时期不断成熟和普及，技术性密集制造业企业为顺应新技术的发展，往往会更加重视技术创新和数字化转型，以提高生产效率和竞争力，因此技术性密集制造业企业数字化转型程度在这一时期增速较快。

相对来说，劳动密集型制造业企业的数字化转型程度增速略低于技术密集型制造业企业，甚至在 2020~2021 年呈现下降趋势。一方面，这是由于劳动密集型制造业企业更依赖传统的人力和生产方式，对数字化转型的响应速度较慢；另一方面，劳动密集型制造业企业缺乏必要的技术支持和人才储备来推动数字化转型，使企业在数字化转型过程中遇到困难，导致数字化转型进程受阻。2020~2021 年，数字化转型程度下降的趋势则是由于全球范围内暴发了新冠疫情，给制造业带来了前所未有的冲击，导致企业面临生产中断、供应链断裂、市场需求下降等问题，这给依赖人工的劳动密集型制造业企业造成了严重的影响，进而影响了其数字化转型进程。

资本密集型制造业企业数字化转型程度增速较低，且在 2018~2022 年出现小幅度的波动。此类企业具有固定资产占比高的特征，一方面是资产折旧周期较长，使得数字化转型的投资回报周期较长；另一方面是固定资产比重较高，部门之间的信息孤岛现象较为严重，整合难度较大，从而导致资本密集型制造业企业数字化转型进程较慢。

（四）不同产权性质的数字化转型对比分析

本部分内容按照产权性质的不同，对比分析了国有制造业企业和非国有制造业企业数字化转型的现状。如图 3-10 所示，2010~2022 年，国有制造业企业和非国有制造业企业的数字化转型程度均呈现增长趋势，表明在这段时间内，两种类型的企业在数字化转型方面都取得了积极进展。

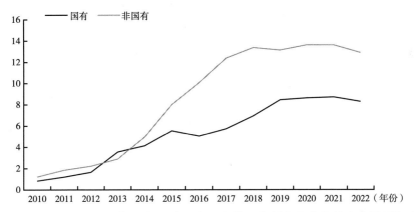

图 3-10　2010~2022 年国有制造业企业和非国有制造业企业数字化转型程度

在政策与投资支持方面，国家出台了鼓励数字化转型的政策，为国有制造业企业和非国有制造业企业提供了政策支持和方向指引。风险投资和私募股权等资本市场可能更为活跃，为数字化创新项目提供了资金支持。

在技术革新和市场需求方面，2014 年以后，云计算、大数据、人工智能、物联网等技术快速发展，为数字化转型提供了强大的技术支撑。随着技术的成熟和规模化应用，相关硬件和软件的成本大幅下降，使更多企业实施数字化转型项目。企业也加大了对研发的投入，通过技术创新来提升产品和服务的竞争力，推动了数字化转型的深入。随着消费者对便捷、高效、个性化服务需求的日益增长，企业为了满足市场需求，开始加速数字化转型。社会对数字化转型的认知提高，形成了支持数字化转型的公众舆论环境，这给企业的数字化转型营造了良好的社会氛围。新兴市场的出现和现有市场的快速变化要求企业快速响应，数字化转型成为企业适应市场变化的重要手段。

在国际合作与交流方面，企业通过国际合作获得先进的技术和管理经验，加速自身的数字化进程，尤其是在全球化背景下，引进国外先进技术，能够加速数字化产品的开发和市场推广，提升企业的国际竞争力。以上这些因素共同作用，推动了国有制造业企业和非国有制造业企业的数字化转型，这一转型不仅提升了企业的竞争力，也促进了社会的经济发展和技术创新。

在市场竞争方面，非国有制造业企业面临的市场竞争压力通常更大，这迫使它们通过数字化转型来提升自身的竞争力。在高度竞争的市场中，非国有制造业企业需要不断创新和优化业务流程，以保持其市场地位，它们往往更加注重客户体验和服务，数字化转型能够帮助它们更好地满足客户需求。而国有制造业企业数字化转型的紧迫性较低，它们更依赖传统的业务模式和收入来源，也更关注政策导向和稳定性，而不是市场竞争力和创新。

在创新文化方面，非国有制造业企业往往拥有更加开放的企业文化，鼓励员工尝试新事物。这种文化吸引了大量具有创新精神和数字化技能的人才，为数字化转型提供了人才保障。在激励机制和职业发展路径上通常更加灵活，能够更好地激发员工的潜力和创造力。而国有制造业企业的企业文化可能更加保守和稳定，对创新和变革的接受度相对较低，在人才吸引和激励机制上可能存在局限，难以吸引和留住顶尖的数字化人才。

在资源投入与配置方面，非国有制造业企业在资金投入上可能更加灵活和更有针对性，能够根据市场需求和业务发展重点进行投资，它们能够通过风险投资、私募股权等渠道获得资金，开展数字化项目和进行创新性尝试。在资源配置方面，非国有制造业企业更加注重效率和效益，能够将有限的资源投入关键领域。而国有制造业企业的资金投入可能受到更多的政策和行政限制，难以快速响应市场变化。国有制造业企业在资源配置上可能存在浪费和低效的问题，难以将资源集中用于数字化转型的关键领域。它们的投资决策可能更加谨慎和保守，对高风险但高回报的数字化项目可能持观望态度。

在合作方面，非国有制造业企业可能更倾向于与技术供应商和创新企业建立合作关系，以加速其数字化进程。通过合作，它们能够快速获取新技术、新知识和新市场信息，提升自身的竞争力。国有制造业企业在合作和生态系统建设上可能更加保守，更倾向于独立开发和建设数字化系统，这可能导致资源分散和效率低下。

另外，国有制造业企业数字化转型程度在 2013 年超过了非国有制造业企业，这可能是由国家战略、政策导向、国有企业的内在动力和外在条件等方面因素共同作用的结果。

（五）国家审计治理前后现状对比分析

对制造业企业是否经过国家审计进行分析，可以在一定水平上反映出国家审计是否影响制造业企业的数字化转型，从而为制造业企业数字化转型提供更多的理论指导。

图 3-11 展示了 2010~2022 年全国经过国家审计和未经过国家审计的制造业企业数字化转型程度。可以明显看到，2010~2021 年，经过国家审计的制造业企业数字化转型程度迅速提升，基本与全部制造业企业数字化转型程度相一致。而未经过国家审计的制造业企业数字化转型程度总体呈现缓慢上升趋势，并且自 2015 年以来两者差距逐渐扩大，其中 2017 年经过国家审计的制造业企业数字化转型程度为 10.80，未经过国家审计的仅为 5.74。自从互联网行业进入移动端新时代，中国数字经济便迈入了发展的成熟期，国家审计能够对制造业企业信息化建设和数字化转型进展进行监督和检查，并提出相关的建议和要求，这种督促作用促使企业更加重视数字经济的相关政策，加快数字化转型的步伐。而未经国家审计的制造业企业缺少外部的监督和指

导，在进行数字化转型过程中可能存在未发现的问题和障碍，因此数字化转型发展缓慢。同时，2022 年，经过国家审计和未经过国家审计的制造业企业数字化转型程度均有所下降，分别为 12.27 和 8.47，与全国总体制造业企业数字化转型趋势相符，但是 2022 年全国总体制造业企业数字化转型程度为11.99，说明国家审计在促进企业数字化转型过程中起到了一定的拉动作用，但这种作用并不明显。

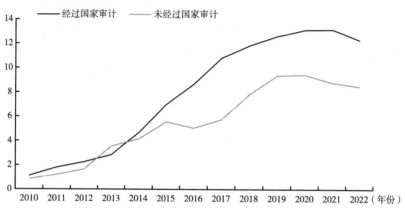

图 3-11　2010~2022 年全国经过国家审计和未经过国家审计的
制造业企业数字化转型程度

第二节　中国制造业企业高质量发展指标体系
构建和现状分析

一　制造业企业高质量发展指标体系构建

企业高质量发展的核心是提高企业的整体质量和竞争力，不仅限于制造业，还包括服务业、科技企业等。与制造业企业高质量发展相比，企业高质量发展更注重企业的整体发展和综合实力，而不是局限于生产方面。然而，智能制造在企业高质量发展中同样扮演着重要角色，尤其是在数字化转型和智能化生产方面。

制造业企业高质量发展的核心是提高自身的竞争力和综合实力，包括但不限于生产效率、产品质量、管理水平、创新能力等方面。在这个层面上，企业需要通过优化生产流程、提高技术水平、加强人才培养等手段来实现其高质量发展目标。在这个过程中，智能制造是一个关键战略，企业可以利用智能化技术来提高生产效率、降低成本、优化资源配置，从而提升自身的竞争力。

制造业企业的高质量发展是中国经济实现高质量发展的重要途径之一。对制造业企业高质量发展程度进行准确衡量，能够帮助企业认清发展现状，便于管理者制订下一阶段计划，也有助于投资者了解市场环境，从而做出最优选择。基于对"质"与"量"的不同理解以及对制造业企业长远发展需要的考量，不同学者对制造业企业高质量发展有着不同的测度方法。不管采用哪种方式，都应该从整体上把握制造业发展的全局，建立多维度、全方位的评价体系。本书以制造业企业高质量发展的内涵、国家出台的制造业企业发展政策计划和该领域的研究成果为基础，在指标选择的科学性、全面性、可比性等原则和数据可获取性的指引下，对经济效益、发展能力、研发创新、开放合作、绿色发展 5 项一级指标和 15 项二级指标进行综合考量（见表 3-2）。

表 3-2　制造业企业高质量发展评价指标体系

一级指标	二级指标	指标属性
经济效益	净资产收益率（%）	正
	收入利润率（%）	正
	人均营业收入（万元）	正
发展能力	员工增长率（%）	正
	营业收入增长率（%）	正
	资产增长率（%）	正
研发创新	研发费用（百万元）	正
	研发强度（%）	正
	有效专利数（个）	正
开放合作	海外营业收入占比（%）	正
	海外员工占比（%）	正
	海外资产占比（%）	正

续表

一级指标	二级指标	指标属性
绿色发展	环境认证	正
	环境数据披露	正
	环境处罚	逆

第一，经济效益维度。制造业企业的经济效益提高是实现制造业企业高质量发展的基础。企业提升自身的活力、动力、创新力、竞争力都是为了提高投入产出效率，从而实现高水平、高层次、高效率的经济价值创造，只有具备了经济效益才能为研发创新、绿色发展等提供物质和经济基础。因此，本书用净资产收益率、收入利润率和人均营业收入这三项指标对制造业企业经济效益进行衡量。净资产收益率是企业净利润与平均净资产的比值，它反映了公司利用资产净值产生纯利的能力，体现了股东权益的收益水平，比值越高，说明公司为股东创造的收益越高。收入利润率是企业总利润与销售收入净额的比值，反映每单位销售收入能带来多少利润，比值越高，说明企业销售获利能力越强。人均营业收入是指企业在一定时期内的营业收入总额与平均员工人数的比值，用来衡量企业员工平均创造的营业收入，比值越高，说明员工创造收入的效率越高。这三项指标均为正向指标，数值越高表明企业的经济效益发展能力越强。

第二，发展能力维度。强大的成长力是企业可持续成长并创造价值的关键。在当今世界经济瞬息万变的环境下，制造业企业只有不断提高自己的竞争力，才能获得持续的发展。因此，本书用员工增长率、营业收入增长率、资产增长率这三项指标对制造业企业发展能力进行评价。其中，资产增长率体现了企业的资金积累和发展能力，营业收入增长率体现了企业的运营情况和市场占有情况，而员工增长率则体现了企业的人力资本积累能力。这三项指标都是正向指标，数值越高表明企业的发展能力越强、成长性越高。

第三，研发创新维度。创新是引领发展的第一动力，制造业企业的创新能力表现为将知识转化为新产品、新工艺和新服务的能力，是制造业企业保持竞争优势和持续发展的动力源泉。因此，本书用研发费用、研发强度和有效专利数这三项指标来衡量制造业企业的创新能力。在指标选取上，主要从研发投入和创新产出两个角度来评价制造业企业的创新发展质量，研发投入主要通过研发费用和研发强度两项指标来表示，创新产出则通过有效专利数来表示。这三项指标均为正向指标，数值越高表明企业的研发创新能力越强。

第四，开放合作维度。高质量的开放合作能够推动制造业企业的高质量发展，制造业企业通过"走出去"，可以出口产品或服务，从而缓解产能过剩，创造更大价值；通过"引进来"，可以学习、引进国外的先进技术和设备以提高效益水平。因此，本书用海外营业收入占比、海外员工占比、海外资产占比这三项指标来衡量制造业企业的开放合作程度。这三项指标均为正向指标，数值越高表明企业的开放合作发展能力越强。

第五，绿色发展维度。绿色是永续发展的必要条件和人民对美好生活追求的重要体现，制造业企业高质量发展必须坚持节约资源和保护环境的基本国策。制造业企业亟须走绿色发展之路，要实现绿色发展就需要有效控制污染排放，减少制造业企业发展对环境的负外部性。因此，本书用环境认证、环境数据披露和环境处罚这三项指标对制造业企业绿色发展水平进行衡量。其中，环境认证表示企业的环境管理系统是否通过 ISO14001 环境管理体系认证，环境数据披露表示企业是否披露环境数据以及可持续发展相关信息等，环境处罚表示企业近 3 年是否有因环境问题受到行政处罚的情况，这三项指标中环境处罚为逆向指标，其余两项指标为正向指标。

在指标权重的设定上，首先，使用无量纲化方法对原始数据进行处理，得出各项指标的标准值；其次，采用熵值法对各二级指标进行赋权，并将其与标准值相加，得到一级指标的分值；最后，对各一级指标进行加权，得出综合得分。熵的赋权法在兼顾高质量发展各个维度重要性的同时，能使各项指标的客观信息得到充分利用，具有一定的科学性，具体做法如下。

设有 n 个评价对象，m 个评价指标，原始数据为 X_{ij}，$i = 1，2，\cdots，n$；$j = 1，2，\cdots，m$，对其进行无量纲化处理：

$$X'_{ij} = \frac{X_{ij} - X_{\min}}{X_{\max} - X_{\min}} \qquad (3-1)$$

$$X'_{ij} = \frac{X_{\max} - X_{ij}}{X_{\max} - X_{\min}} \qquad (3-2)$$

其中 $X_{\max}$ 和 $X_{\min}$ 分别为第 j 项指标的最大值和最小值；X'_{ij} 为处理后数据。计算第 i 个被评价对象在第 j 个评价指标上的指标值比值：

$$P_{ij} = \frac{X'_{ij}}{\sum_{i=1}^{n} X'_{ij}} \qquad (3-3)$$

评价第 j 个评价指标的熵值：

$$e_j = -\frac{1}{\mathrm{Ln}} \sum_{i=1}^{n} P_{ij} \mathrm{Ln}(P_{ij}) \qquad (3-4)$$

其中，$0 \leq e_j \leq 1$，计算评价指标 X_j 的差异性系数：$g_j = 1 - e_j$。
计算第 j 项指标的权重：

$$W_j = \frac{g_j}{\sum_{j=1}^{m} g_j} \qquad (3-5)$$

此处，W_j 为各指标最终的权重系数。计算一级指标得分：

$$Quality_i = \sum_{j=1}^{m} W_j \times P_{ij} \qquad (3-6)$$

二 中国制造业企业高质量发展现状分析

（一）总体特征分析

图 3-12 展示了 2010~2022 年全国制造业企业高质量发展水平。从图中可

以看出，2010 年中国制造业企业高质量发展水平为 4.92，2022 年达到 7.03，总体呈现增长趋势。其中，在 2010~2013 年增速最快，增长率高达 30.49%。自数字技术广泛应用以来，中国一直致力于优化制造业产业结构，积极发展新技术产业、战略性新兴产业等高端制造业。同时，中国不断提升传统制造业整体水平，推动制造业朝更加高端化、智能化、绿色化的方向发展。因此，凭借数字化转型的优势，制造业企业高质量发展水平迅速提升。数据表明，2018~2022 年，中国制造业企业全要素生产率水平基本趋于平稳，特别是 2021~2022 年，制造业企业的高质量发展水平几乎没有增长。这表明中国制造业企业在工业销售、劳动力水平等方面存在发展乏力等问题，技术、人才等资源有待丰富，制造业企业实现高质量发展的动力不足，亟须加快升级产业结构，形成更加先进的制造业企业集群。

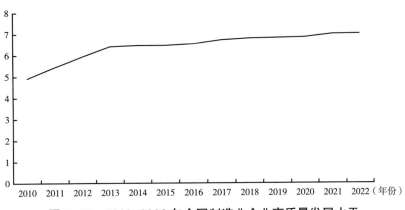

图 3-12　2010~2022 年全国制造业企业高质量发展水平

（二）具体指标分析

企业高质量发展是制造业在面临竞争压力与发展困境下主动转型的策略。基于对"质"与"量"的不同理解和对制造业企业长远发展需要的考量，不同学者从不同维度对制造业企业高质量发展现状进行分析，结合现有研究（刘鑫鑫和惠宁，2024；马永伟，2019），本书认为经济效益是制造业企业高质量发展的基础，发展能力是制造业企业高质量发展的关键，研发创新是制造业企业高质量发展的动力，开放合作是制造业企业高质量发展的法宝，绿色发展是制造业企业高质量发展的原则。因此，本书用经济效益、发展能力、研发创新、开放合作以及绿色发展这五项一级指标具体分析全国制造业企业高质量发展现状。

在经济效益方面，制造业企业经济效益提高是实现制造业高质量发展的基础。提升企业的活力、动力、创新力、竞争力都是为了不断提高投入产出效率从而提高经济效益，也只有具备了经济效益才能为科技创新、环境保护、结构调整提供物质和经济基础。基于此，本节用净资产收益率二级指标对全国制造业企业经济效益现状进行分析。图3-13展示了2010~2022年全国制造业企业净资产收益率，总体变化幅度较大且呈现下降趋势，表明全国制造业企业存在资产利用效率不高等问题。如果制造业企业在进行数字化转型的进程中，没有合理地安排利用资源，导致资产配置不合理或者资产闲置，可能会影响企业的净资产收益率，从而不利于提高企业的经济效益。

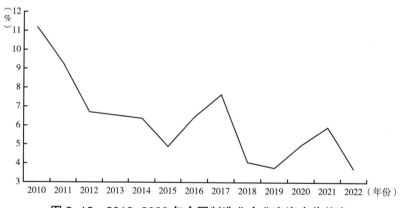

图3-13　2010~2022年全国制造业企业净资产收益率

在发展能力方面，制造业企业的发展能力反映了企业在一定时间内的经营成果，也可以在一定程度上反映出企业是否具备高质量发展的能力。营业收入增长率可以反映企业的生产能力和产能利用率，如果企业的营业收入增长率较高，说明企业能够有效地利用生产资源，提高产量和销售额。同时，营业收入增长率还关乎企业发展的资金支持。因此，本书选用营业收入增长率来衡量制造业企业的发展能力。图 3–14 展示了 2010~2022 年全国制造业企业营业收入增长率，虽然波动幅度较大，但该指标一直为正，表明制造业企业发展能力水平逐年升高，能够积极运用数字化转型进行技术创新、更新产品，保持市场竞争力。

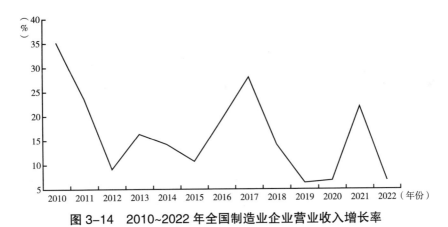

图 3–14　2010~2022 年全国制造业企业营业收入增长率

在研发创新方面，企业创新能力的提升能促进制造业企业引入新的生产技术、工艺和材料，提高产品的质量水平，是推动全国制造业企业高质量发展、提升竞争力以及实现可持续发展的关键驱动力。因此，本书从企业创新能力层面分析全国制造业企业高质量发展的现状，并借鉴已有研究（董松柯等，2023），选择 R&D 经费占比来对全国制造业企业的创新能力进行衡量。从整体来看，2010~2022 年全国制造业企业 R&D 经费占比呈现上升趋势（见图 3–15）。随着信息技术的变革和数字经济的高速发展，越来越多的制造业企业重视起自身的研发创新能力。2017 年全国制造业企业的 R&D 经费占比为 2.13%，到 2022 年上升为 2.71%。2017 年，"数字经济"的概念首次被写入政府工作报告。《2017 中国数字经济发展报告》指出，中国数字经济正步入快速发展的新阶段，进一步巩固了全球第二大数字经济大国的地位，处于从量变到质变的关键节点，中国制造业企业抓住了数字经济发展的新政策机遇，进一步加大了研发投入。

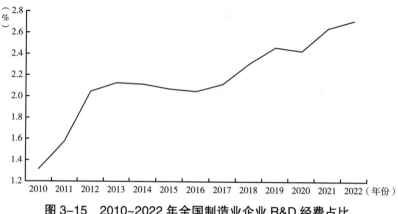

图 3-15 2010~2022 年全国制造业企业 R&D 经费占比

　　在开放合作方面，对外开放能够帮助制造业企业提升创新能力，降低生产、运营以及研发的成本，开拓更加广阔的市场，建立更加稳固的产业链和价值链，实现经济、社会和环境等方面的可持续发展。因此，本书借鉴金智等（2017）的研究方法，对全国制造业企业对外开放程度进行衡量。如图3-16 所示，2010~2022 年，全国制造业企业对外开放程度基本稳定。其中，2010 年对外开放的制造业企业数量占总体的 25.4%，2022 年的占比为 25.2%，非但没有增长，反而还略有下降。可见，目前中国制造业企业对外开放程度不高，没有充分利用外部资源优势实现自身的高质量发展。

　　在绿色发展方面，绿色环保应该是制造业企业高质量发展的底色。制造业一直是中国环境污染控制的重点产业，在资源环境约束趋紧下，亟须走绿色发展之路。同时，实现绿色发展也是制造业企业履行社会责任、维护企业形象的重要一环。因此，本书采用绿色全要素生产率指标来衡量全国制造业企业的绿色发展水平。如图 3-17 所示，2010~2022 年全国制造业企业绿色全要素生产率水平虽然较低，但总体呈现上升趋势。随着关于生态保护的法律法规和绿色发展理念的提出，全国制造业企业积极响应"美丽中国"建设，通过减少废物排放、节约能源资源、推动循环经济等举措，持续增强绿色发展能力。此外，进行数字化转型更有利于企业在生产过程中对环境指标进行实时监测和控制，从而有效地管理空气质量、水资源利用等绿色发展指标，

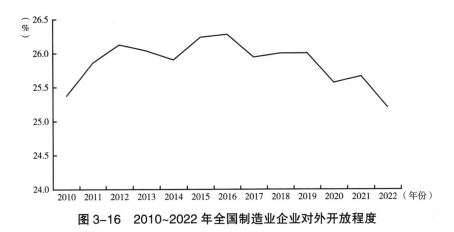

图 3-16　2010~2022 年全国制造业企业对外开放程度

制定更加科学的环保战略和措施，实现自身经济效益、绿色效益和社会效益的多重提升。

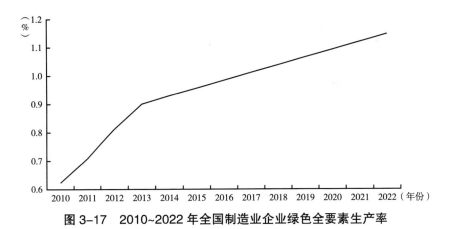

图 3-17　2010~2022 年全国制造业企业绿色全要素生产率

（三）不同地区的制造业企业高质量发展分析

1. 东部、中部和西部地区的制造业企业高质量发展对比分析

图 3-18 展示了 2010~2022 年中国东部、中部、西部地区制造业企业高质量发展水平。2010~2022 年，东部、中部和西部三个地区的制造业企业高质量发展水平指标总体呈现增长趋势，表明在这一时间段内，中国各地区的制

造业企业高质量发展水平都在提升，反映了全国范围内对高质量发展的普遍重视。

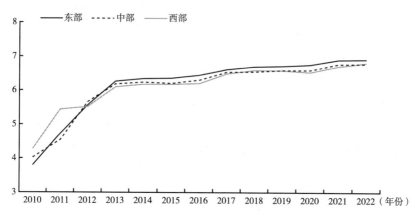

图 3-18　2010~2022 年中国东部、中部、西部地区制造业企业高质量发展水平

2010 年，西部地区起点较高，表明西部地区在制造业企业高质量发展上拥有一定的初始优势。西部地区拥有丰富的自然资源，为高质量发展提供了物质基础，国家对西部地区的扶持政策也使其具备了高质量发展的初期优势。然而，随着时间的推移，这些初始优势可能没有得到有效的转化和缺乏持续的增长动力。东部地区尽管起点较低，但其经济基础、开放程度、产业结构和创新能力可能更强，有助于东部地区实现制造业企业高质量发展。

东部、中部和西部三个地区在 2010~2013 年制造业企业高质量发展水平快速增长。在这一时期，中国实施了一系列国家战略，如西部大开发、中部崛起和东部率先发展等战略，这些战略为各地区的发展提供了强有力的政策支持。随着居民收入的提高，市场需求的迅速扩大，相关产业得到了快速发展。移动互联网、电子商务等新技术在这一时期快速发展，促进了各地区的经济增长。快速的城镇化进程和区域协调发展战略的实施，为中部、西部地区带来了新的发展机遇，促进了经济增长。

增长平缓期在 2013 年之后，随着中国经济进入新常态，增速放缓成为全国性的趋势，这可能导致各地区制造业企业高质量发展水平的增长也趋于平缓。一些行业可能出现了产能过剩的问题，需要进行结构调整和去产能，这在一定程度上抑制了增长速度。另外，随着对可持续发展认识的提高，对资源利用变得更加严格，从而限制了一些高污染、高耗能产业的发展。全球经济环境的变化，包括贸易保护主义的抬头和国际市场的不确定性，可能对外向型经济较为发达的东部地区产生影响。随着经济的发展，各地区可能面临转型升级的压力，需要从劳动密集型和资源密集型产业转向技术密集型和知识密集型产业。

2010~2022 年三个地区制造业企业高质量发展水平曲线呈现几乎重合的趋势，表明全国范围内的区域协同发展策略正在推动不同地区实现更加均衡的发展。为了实现更加全面和均衡的高质量发展，需要继续推动区域协调发展，加强中西部地区的基础设施建设，改善市场机制，促进人才流动和教育均衡，激发企业创新活力。

2. 审计体制改革省份和审计体制未改革省份制造业企业高质量发展水平的对比分析

图 3-19 展示了 2016~2022 年审计体制改革省份和未改革省份制造业企业高质量发展水平的具体指数和变化趋势。从总体上来看，2016~2022 年，审计体制改革省份和未改革省份制造业企业的高质量发展水平均呈现上升趋势，表明在这一时间段内，两者都在一定程度上实现了高质量发展。

审计体制改革省份制造业企业的高质量发展水平一直高于未改革省份制造业企业的高质量发展水平，表明改革对提升高质量发展水平有正面影响。在内部控制与风险管理方面，审计体制改革通常会要求企业建立更加健全的内部控制机制和风险管理体系，以确保企业运营和财务活动的合规性和稳健性。这种内部管理的强化可以提高企业的运营效率和质量，为企业的稳定和高质量发展提供坚实的保障。在决策效率与市场适应性方面，审计体制改革会促进决策过程更加透明和高效，使企业能够快速响应市场变化，做出灵活的策略调整，从而在竞争中保持领先。在合规性与市场信任方面，通过参与审计体制改革，企业履行了其对财务透明度和合规性的承诺，从而增强了其在投资者、客户和合作伙伴眼中的信誉和声誉。这种正面形象可以吸引更多的投资和业务，进而促进企业的发展。在创新驱动与企业优化方面，审计体制改革鼓励了创新文化的发展，促进了新技术的应用和业务流程的优化，同时优化了资源的分配，确保关键领域和项目能够得到有效的资金和人力支持，参与审计体制改革的企业通常会积极应对改革带来的挑战，不断优化自身的管理和运营模式，以适应更加严格的审计和监管要求。这种持续改进的态势有助于提升企业的质量水平，并保持竞争优势。

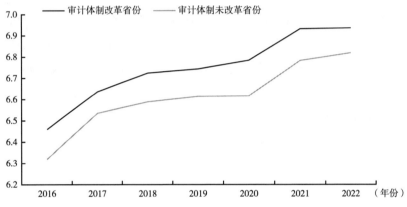

**图 3-19　2016~2022 年审计体制改革省份和未改革省份
制造业企业高质量发展水平**

　　审计体制未改革省份制造业企业虽然起点较低，但通过市场适应性改进、技术创新和行业发展，同样提升了高质量发展水平。从内部因素来看，首先，一些企业可能意识到良好的内部管理可以提高效率、降低成本，并带来更好的业务成果，所以在未经审计体制改革的情况下，自发地加强了内部管理和控制机制。其次，企业的领导可能对质量管理和业务运营的重要性有着清晰认识，他们可能在未经审计体制改革的情况下，主动进行质量提升和管理优化的工作，推动企业高质量水平的提升。最后，这些企业的员工可能积极参与质量管理和创新活动，不断提出改进建议并实施创新措施，从而提升产品或服务的质量水平。从外部因素来看，未经审计体制改革的企业可能面临激烈的行业竞争，这迫使它们不断提升产品质量、服务水平和管理效率，从而保持竞争力。并且，所在行业的整体发展趋势可能也对审计体制未改革企业的高质量发展水平产生了积极影响。这表明审计体制改革是提升企业高质量发展水平的有效途径之一，但企业的自我改进和行业发展趋势也同样重要。未来，为了实现更广泛的高质量发展，需要继续深化审计体制改革，并鼓励企业进行持续的自我改进和创新。

（四）不同行业类型的制造业企业高质量发展分析

1. 传统制造业企业和现代制造业企业高质量发展对比分析

图 3-20 展示了 2010~2022 年全国传统制造业企业和现代制造业企业高质量发展水平的具体指标和变化趋势。从整体上来看，传统制造业企业和现代制造业企业高质量发展水平均呈现上升趋势。这表明传统制造业企业和现代制造业企业都在不断提升自身竞争力、优化生产流程、提高产品质量和服务水平，以适应市场变化和满足消费者需求。同时，两类企业通过不断引入新技术、新设备、新工艺，加强人才培养和管理创新，提高了生产效率，降低了生产成本，从而实现了高质量发展。

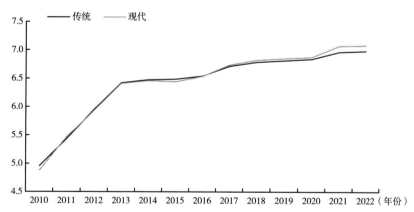

图 3-20　2010~2022 年全国传统制造业企业和现代制造业企业高质量发展水平

具体来看，2010~2022 年，传统制造业企业的高质量发展水平与现代制造业企业之间无明显差距；其中，2017~2022 年，现代制造业企业的高质量发展水平略高于传统制造业企业的高质量发展水平。2010~2016 年，大部分现代制造业企业还处于起步阶段，技术成熟度和应用程度相对较低；而传统制造业企业凭借长期积累的生产经验、成熟的生产工艺和稳定的市场需求以及劳动力成本优势，能够保持较高的生产效率和产品质量。而随着时间的推移，2017~2022 年，现代制造业企业逐渐解决了技术成熟度和市场接受度的问题，其技术创新能力得到了显著提升。同时，通过引入自动化、数字化、网络化等先进技术，实现了生产过程的智能化，提高了生产效率和产品质量。而传统制造业企业的改革进程较慢，在一定程度上阻碍了其高质量发展。因此该时期传统制造业企业的高质量发展水平略低于现代制造业企业。

2. 高新制造业企业和非高新制造业企业高质量发展的对比分析

图 3-21 展示了 2010~2022 年全国高新制造业企业和非高新制造业企业高质量发展水平的具体指标和变化趋势。从整体上来看，高新制造业企业和非高新制造业企业高质量发展水平均呈现增长趋势。这表明无论是高新制造业企业还是非高新制造业企业，都在积极提升产品质量、技术创新水平、生产效率和市场竞争力，标志着整个制造业正在从传统的数量扩张向高质量、高效益的发展模式转变。

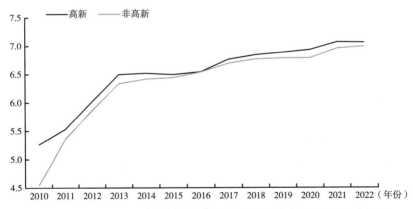

图 3-21　2010~2022 年全国高新制造业企业和非高新制造业企业
高质量发展水平

2010~2022 年，高新制造业企业高质量发展水平一直高于非高新制造业企业，这主要是由于二者在产业链、成熟度等方面存在差异。具体来看，高新制造业企业以科技创新为核心，注重技术研发，能够不断推陈出新，提高技术含量和附加值。此类制造业企业通常拥有强大的研发团队和充足的研发资金，能够持续研发新技术、新工艺和新产品，从而拥有较高的高质量发展水平。然而非高新制造业企业可能缺乏先进的技术和创新能力，导致产品更新换代速度较慢，难以适应市场快速变化的需求，在一定程度上限制了其高质量发展。

从资源整合能力的角度来看，一方面，高新制造业企业具有强大的技术资源整合能力，能够迅速吸收、整合和应用新技术、新工艺，它们通常与高校、科研机构之间建立了紧密的合作关系，通过产学研结合，将最新的科研成果转化为实际生产力。相比之下，非高新制造业企业的技术资源整合能力可能较为薄弱，缺乏与科研机构的深度合作，难以迅速掌握和应用新技术。另一方面，高新制造业企业注重供应链的优化和整合，通过建立高效的供应链管理体系，实现了原材料采购、生产、销售等环节的紧密衔接和协同配合，这有助于降低生产成本、提高生产效率、缩短交货周期等。部分非高新制造业企业在供应链整合方面存在不足，导致生产成本高、效率低、交货周期长等问题，在一定程度上限制了其高质量发展。

从管理创新的角度来看，随着市场和技术的不断变化，高新制造业企业通常引入并应用先进的管理理念和方法，如精益管理、敏捷开发、项目管理等，这些管理方法能够提升企业的运营效率、降低成本，并加快产品开发和上市的速度。同时，高新制造业企业能够快速响应并调整组织结构和运营流程，它们通过持续的组织变革来适应新的市场环境和客户需求，保持竞争优势。非高新制造业企业则沿用传统的管理方法，缺乏组织的灵活性和变革能力，从而导致其高质量发展受阻。

具体来看，高新制造业企业和非高新制造业企业的高质量发展水平均于2010~2013 年出现大幅度的增长，高新制造业企业的增长幅度为 23.43%，非高新制造业企业的增长幅度则为 39.45%。该时期处于数字技术的成长期，数字化的快速发展和应用提升了高新制造业企业和非高新制造业企业的生产效率和产品质量，推动了制造业企业的高质量发展，因此该时期高新制造业企业和非高新制造业企业的高质量发展增速较快。

3. 不同密集类型制造业企业高质量发展的对比分析

图 3-22 展示了 2010~2022 年劳动密集型制造业企业、资本密集型制造业企业和技术密集型制造业企业高质量发展水平的具体指标和变化趋势。从总体上来看，三类企业的高质量发展水平都呈现增长趋势。不同类型的制造业企业都在高质量发展上取得了进步，说明整个制造业正在进行符合市场变化的产业升级和转型，也意味着制造业正逐步摆脱低附加值、高能耗的发展模式，转向更加注重技术创新、效率提升和环保可持续的发展路径。这种增长趋势不仅为制造业企业创新发展和市场竞争提供了更多的机会，也给制造业企业产业链的发展带来了积极的影响。

2010~2022 年，资本密集型制造业企业高质量发展水平高于劳动密集型制造业企业和技术密集型制造业企业。这是资本投入、规模效应和产业链等多种因素综合作用的结果。

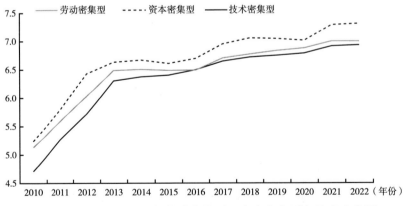

图 3-22 2010~2022 年劳动密集型、资本密集型和技术密集型
制造业企业高质量发展水平

从资本投入的角度来看，资本密集型制造业企业通常会用大量的资金用于购买先进的设备、技术和生产线，从而提高生产效率和产品质量。由于有足够

的资本支持，它们能够更频繁地进行技术更新和设备升级，以适应市场需求的变化，从而实现高质量发展。劳动密集型制造业企业则更多地依赖廉价的人力资源，而不是大规模的资本投入。虽然人力资源成本较低，但与技术密集型制造业企业和资本密集型制造业企业相比，劳动密集型制造业企业在生产效率和产品质量上可能会受到一定限制。虽然技术密集型制造业企业侧重于技术创新和研发，但由于技术更新和研发需要大量的研发投入且回报周期较长，技术密集型制造业企业会在生产效率和产品质量上落后于资本密集型制造业企业和劳动密集型制造业企业。

从规模效应的角度来看，资本密集型制造业企业通常需要大量的资本投入，如机器设备、生产线等，从而形成规模效应。这种规模效应有助于企业降低成本、提高效率，并在一定程度上保证了产品质量。同时，资本密集型制造业企业能够更好地利用资源，通过优化资源配置来提高生产效率和质量，从而带动企业高质量发展。相比之下，劳动密集型制造业企业的生产更依赖劳动力成本，且劳动力成本通常是随着生产规模的扩大而递减的，但并不像资本密集型制造业企业一样具有固定成本的分摊效应。因此，劳动密集型制造业企业在规模扩大时成本优势减少，从而降低了自身的竞争力。而技术密集型制造业企业通常需要投入大量资金和人力资源用于研发和引进技术，以确保产品的高质量和技术含量，但它们生产的产品通常具有高度专业化和定制化的特点，无法实现规模效应。因此，技术密集型制造业企业高质量发展水平最低。

从供应链的角度来看，资本密集型制造业企业具有更强的垂直整合能力和更高的供应链管理水平，能够更好地控制整个供应链的运作和质量管理，且资本密集型制造业企业往往与稳定可靠的供应链合作商建立了长期合作关系，供应链具有稳定性和可靠性。而劳动密集型制造业企业的供应链更容易受到劳动力成本、劳动力稳定性和劳动力技能等因素的影响，增加生产风险，产品质量不稳定。技术密集型制造业企业虽然拥有核心的专利技术和知识产权，但为了保持自身的技术优势，大多数技术密集型制造业企业都限制了供应链中的信息共享和技术转移。这就导致供应链上的合作伙伴无法充分了解产品需求和技术要求，影响了产品质量和创新能力。因此，资本密集型制造业企业的高质量发展水平优于劳动密集型制造业企业和技术密集型制造业企业。

具体来看，三类制造业企业的高质量发展水平呈现相同的变化趋势，均于 2010~2013 年呈现大幅度增长，于 2014~2022 年呈现波动式增长。这是由于 2010~2013 年是中国经济持续增长的时期，内需市场扩大，出口市场需求也较为旺盛，为技术密集型、劳动密集型和资本密集型制造业企业提供了良好的发展机遇，从而推动了企业高质量发展水平的快速提升。2014 年后，虽然中国的市场竞争格局和市场需求趋于稳定，但受到劳动力成本上升、环保要求提高等因素的制约，劳动密集型和资本技术密集型制造业企业的发展面临更大的挑战。因此，三类制造业企业于 2014 年后高质量发展水平增速较为缓慢。

（五）不同企业类型的高质量发展对比分析

图 3-23 展示了 2010~2022 年国有制造业企业和非国有制造业企业高质量发展水平的具体指标和变化趋势。从总体上来看，2010~2022 年，国有企业和非国有企业的高质量发展水平指标均呈现增长趋势，表明在这一时间段内，国有制造业企业和非国有制造业企业都在积极推动高质量发展，取得了一定的成效。

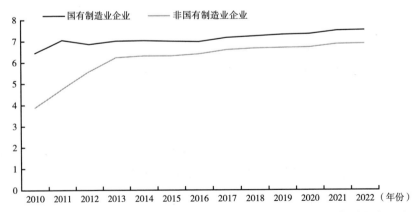

图 3-23　2010~2022 年国有制造业企业和非国有制造业企业高质量发展水平

首先，国有制造业企业的高质量发展水平起点相对较高。在政策与资源优势方面，国有企业作为国家经济的重要支柱，普遍享有政府的政策倾斜和资源配置优先权，包括资金支持、税收优惠和市场准入等，这些优势为其高质量发展提供了坚实的基础。在规模效应与市场方面，国有制造业企业往往规模庞大，能够在多个行业中发挥领导作用，实现规模经济，降低成本，提高市场竞争力，从而在高质量发展上占据先机。在研发与技术创新方面，国有制造业企业在研发上的持续投入和对技术创新的重视，使其在关键技术领域保持领先，并将这些技术优势转化为企业的核心竞争力，推动了高质量发展。在社会责任与风险管理方面，国有制造业企业承担的社会责任和较强的风险管理能力，促使它们在追求经济效益的同时，更注重可持续发展和社会影响，这有助于构建长期稳定的高质量发展模式。

另外，虽然国有制造业企业的高质量发展水平在2010~2022年有所增长，但增长速度相对较慢。因为在体制与改革难度方面，国有企业往往具有较为固定的体制机制，这可能在一定程度上限制了企业的灵活性和适应市场变化的能力。同时，改革过程可能涉及深层次的结构调整和利益重组，这些复杂的改革往往需要更多时间来实施，从而导致增长速度放缓。在风险与决策偏好方面，国有制造业企业在经营决策上可能更倾向于风险规避，这种谨慎的态度限制了其在新兴领域和创新技术上的投资。此外，国有制造业企业的决策需要多层审批，这可能导致错失市场机遇。在历史负担与资产配置方面，国有制造业企业可能承担着较重的历史负担，如过剩产能、老旧设备和人员安置等问题，这些都可能消耗大量资源，影响其高质量发展的投入。同时，可能存在资产配置效率不高的问题，限制了资金向高效率和高技术含量领域流动。在创新动力与市场竞争方面，国有制造业企业的创新动力和激励机制可能不如非国有制造业企业强，这影响了它们通过技术创新来推动高质量发展的能力。同时，面对激烈的市场竞争，国有制造业企业可能需要更多的时间来调整战略和提升竞争力。

其次，非国有制造业企业起点略低于国有制造业企业，但非国有制造业企业的高质量发展水平呈现更快的增长速度。非国有制造业企业在创立初期通常面临较为有限的资本和资源，这限制了它们在技术投资、研发创新以及基础设施建设等方面的能力，从而影响了其高质量发展的起点。另外，国有制造业企业往往能获得政府更多的政策倾斜和市场准入优先权；非国有制造业企业可能在获取关键资源、市场准入和政策支持方面面临更多挑战，从而影响了它们高质量发展的初期水平。国有制造业企业凭借长期的市场存在和政府背景，通常拥有较高的品牌信誉和市场影响力。相比之下，非国有制造业企业需要更多的时间来建立品牌和赢得市场信任，这一过程可能会影响其高质量发展的起步速度。国有制造业企业由于长期运作，可能拥有成熟的管理和运营模式；非国有制造业企业则需要时间来积累管理知识、优化运营流程和提高效率，这些因素共同作用于其高质量发展水平的起点。

同时，非国有制造业企业通常对市场变化有更快的响应能力，能够灵活调整经营策略以适应市场需求。这种市场适应性和灵活性促使非国有制造业企业在高质量发展的道路上能够迅速采取行动，从而实现快速增长。并且，非国有制造业企业具有更强的创新动力和更高的风险承担意愿，它们更倾向于投资新技术和新业务模式，这种创新精神有助于推动企业的高质量发展。非国有制造业企业也拥有更多元的融资渠道和更强的市场融资能力，这为它们的高质量发展提供了资金支持。同时，非国有制造业企业往往能够提供更有吸引力的激励机制，激发员工的创造力和工作热情，推动企业快速成长。因此，非国有制造业企业的高质量发展水平指标呈现更快的增长速度。

最后，随着时间的推移，非国有制造业企业可以通过积极的战略调整和市场定位，逐步缩小与国有制造业企业在高质量发展上的差距。非国有制造业企业有可能通过提升灵活性、创新能力和市场适应性，在高质量发展上快速追赶甚至超越国有制造业企业。

（六）国家审计治理前后现状对比分析

国家审计作为国家治理中具有预防、揭示、抵御功能的"免疫系统"和外部监督机制，能够凭借其权威性、独立性、专业性，提升国有制造业企业的治理水平，对促进国有制造业企业高质量发展有重要意义。为探索目前国家审计在中国制造业企业高质量发展中的作用，图3-24展示了2010~2022

年经过国家审计和未经国家审计制造业企业高质量发展水平的具体指标和变化趋势。经过国家审计的制造业企业高质量发展水平在 2010 年和 2022 年分别为 6.44 和 7.50，在基本保持稳定的情况下略有增长；未经国家审计的制造业企业高质量发展水平在 2010 年和 2022 年分别为 4.88 和 6.99，在经历了 2010~2013 年的快速增长后，2013~2023 年在保持基本稳定的情况下略有增长，两者都比较符合全国制造业企业总体高质量发展水平的情况。

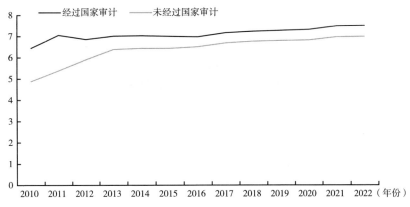

图 3-24　2010~2022 年经过国家审计和未经过国家审计制造业企业
高质量发展水平

　　此外，可以明显发现，经过国家审计的制造业企业高质量发展水平一直高于未经过国家审计的制造业企业，且两者之间还有一定差距。一方面，在国家审计的监督之下，制造业企业在财务管理和经营活动等方面更加注重合规性要求，能够相对减少违规行为，并及时发现和纠正企业内部的问题，确保企业能够实现稳定的运营和可持续发展。另一方面，经过国家审计的制造业企业往往建立了较为完善的内部控制制度，提高了企业的管理效率和风险防范能力，各种数字技术创新资源也能够得到有效的利用，从而提升了制造业企业的生产效率和产品质量。因此，经过国家审计的制造业企业高质量发展水平要高于未经过国家审计的制造业企业。

　　自 2013 年以来，经过国家审计与未经过国家审计的制造业企业高质量发展水平之间的差距呈现缩小的趋势，截至 2022 年，经过国家审计的制造业企业高质量发展水平仅仅比未经过国家审计的制造业企业高出 0.51，说明国家审计并未在促进中国制造业企业高质量发展方面发挥充分的推动作用。这可能是因为审计部门并不能直接解决企业的问题，需要企业自身积极配合和改进，也可能是因为审计监管的力度不足，无法对审计结果进行进一步的跟踪和评估。这些原因都可能导致国家审计在提升制造业企业高质量发展水平时动力不足。

第三节　国家审计治理视域下数字化转型赋能中国制造业企业高质量发展的成效和挑战

一　数字化转型赋能中国制造业企业高质量发展的成效

随着中国制造业规模的不断扩大，中国制造业已经从高速扩张转向深入挖潜的关键阶段，数字化转型升级已成为制造业企业发展的方向。数字化转型和制造业企业的高质量发展已经取得了不错的成效，显著提高了制造业企业的数字技术水平、生产效率以及市场竞争能力，具体表现为以下几个方面。

1. 制造业企业数字化转型进展明显

随着新一代信息技术的交叉融合发展，制造业企业数字化转型已经取得了明显的进展。2010~2020 年，制造业企业的数字化转型程度快速增长，国务院或相关部委陆续出台总计不下 20 项的政策支持，助力制造业企业的数字化转型。另外，2021 年国务院颁布《"十四五"数字经济发展规划》又为强化大数据技术在制造业企业中的应用提供了指引；习近平总书记在全国新型工业化推进大会上也指出："把建设制造强国同发展数字经济、产业信息化等有机结合"。在这一系列政策的支持下，制造业企业积极进行数字化转型，2023 年中国制造业企业数字化转型程度达到 12.83，已经基本在生产、销售等环节实现基础设施的数字化。其中，表现较为明显的是中国电子信息制造业的发展，2012~2021 年，电子信息制造业营业收入从 7.0 万亿元增长至 14.1 万亿元，在工业中的营业收入稳居第一，增加值年均增速在 11.6%[①]，位居国民经济各行业前列。

2. 基础设施不断完善

在基础设施建设方面，制造业企业取得了显著进展。技术的快速革新，尤其是云计算、大数据、人工智能和物联网等领域的突破，为中国制造业企业提供了强大的技术支撑。高新制造业企业凭借其技术优势，通过数字化转型实现了研发、生产、销售等全链条的智能化升级，提升了产品质量和创新能力，增强了市场竞争力；非高新制造业企业则通过引入先进的信息技术和智能制造解决方案，优化了基础生产流程，提高了生产效率，降低了成本，同时也提升了企业管理和运营的现代化水平。可见，运用这些数字技术，制造业企业实现了生产数据的实时采集和分析、生产流程的优化和维护、生产环境的故障预测和产品改进等，降低了企业的人工劳动成本，提高了基础生产线的灵活性和效率。此外，随着 5G 智能技术的普遍应用，制造业企业实现了基础设备之间的高速通信和实时的数据处理，优化了企业的供应链管理，实现了更高层次的供需匹配，从而提高了自身的发展水平和行业整体的可持续发展。

3. 企业经济效益提高

近年来，中国制造业企业在基础设施建设环节已经基本实现了全方位的数字化，在提高企业生产效率和创新能力的同时，帮助企业降低了成本，提升了赢利能力，从而实现了经济效益的持续增长。技术密集型制造业企业通过数字化转型加速了新产品的研发和迭代，并凭借先进的研发能力和技术创新，提升了产品技术含量和附加值，从而促进了经济效益的提高。对于资本密集型制造业企业来说，通过优化资源配置和降低运营成本，数字化转型提高了企业的资产效率和赢利能力。劳动密集型制造业企业则借助自动化和智能化技术，提高了生产效率，降低了人工消耗，实现了劳动力资源的优化配置。此外，数字化转型还带来了区域经济发展的均衡增长，东部、中部和西

[①] 《工信部：十年来我国电子信息制造业营业收入从 7 万亿元增长至 14.1 万亿元》，"每日经济新闻"百家号，2022 年 9 月 20 日，https://baijiahao.baidu.com/s?id=1744468769051399940&wfr=spider&for=pc。

部地区的企业数字化转型能力均呈现增长趋势，这反映了全国范围内对高质量发展的普遍重视。通过这些举措，数字化转型不仅提升了企业的竞争力，也促进了整个社会的经济发展和技术创新。

4. 产业集群趋势明显

在数字经济的时代背景下，中国制造业在产业集群方面取得了一定成效。从地域上来看，中国目前制造业产业集群在东南部地区表现较为明显，如珠三角地区的信息产业集群，通过产业链上下游企业集聚，形成了完整高端的产业链，促进了各个企业之间的资源、技术、市场的共享，提高了行业整体的竞争力。从行业上来看，制造业产业集聚主要表现在纺织、汽车零配件、小型电器等领域，通过企业之间的合作实现了资源的共享，加速了传统制造业企业的技术进步和创新能力的提升。

此外，随着新型工业化的发展，数字技术强化和提高了制造业企业之间、产学研之间的联系程度和质量，完善了现代化的产业链体系，也加强和提高了产业集群内的动态协助能力和资源共享效率，从而使产业集群的持续发展成为可能。

总的来说，数字化转型可以给制造业企业带来诸多积极影响，包括提高生产效率、降低成本、提高产品质量、加速创新和拓展市场等；但不同类型的制造业企业可能在数字化转型中面临不同的挑战和机遇，因此需要根据自身情况制定相应的策略和规划。

二　数字化转型赋能中国制造业企业高质量发展的挑战

1. 政策扶持力度有待加大

尽管中国政府为支持制造业的转型升级颁布了一系列的政策文件，但仍然存在着一些政策方面的问题。

首先，政策覆盖范围有限。由于大型企业和国有企业具有更强的资金支撑和更高的技术水平，中国出台的数字化转型和高质量发展的政策往往更偏向于大型企业或国有企业。然而，中小企业作为制造业的重要组成部分，其数字化转型同样重要。但中小企业由于受到资金、技术、人才等方面的限制，在数字化转型过程中面临的困难和挑战更多。政府需要更加关注中小企业的数字化转型需求，制定针对性的支持政策，助力中小企业的高质量发展。

其次，政策执行和监管不到位。在政策执行过程中，缺乏有效的评估与反馈机制，导致无法及时了解制造业企业实施政策的效果，以及在数字化转型过程中遇到的问题和困难。同时，在数字化转型过程中，数据的收集、存储、使用等方面的监管同样重要。然而，中国当前的监管机制不够完善，无法全面覆盖数字化转型的各个环节，不能适应数字化转型的快速发展，从而影响企业的数字化转型进程。

最后，缺乏统一的数字化标准。在数字化转型与制造业企业发展的同时，中国制造业企业由于种类繁多，无法统一数字化标准，因此其发展具有高度的不确定性。这就需要政府设置统一的数字化标准以保障其可持续发展，为制造业企业高质量发展创造良好的空间。

2. 创新能力不足

随着世界制造业竞争的加剧，中国制造业虽然在规模与产出方面都取得了令人瞩目的成绩，但是仍然存在自主创新能力不足等问题，这在某种程度上限制了中国在全球产业链中的竞争力与可持续发展。

在专利方面，中国制造业在核心技术研发方面仍与专利领先国家之间存在一定差距。这种差距不仅体现在专利的数量上，还体现在专利的质量和技术前沿性上。一方面，中国制造业企业的专利申请主要集中于计算机、通信和其他电子设备制造业、专用设备制造业等技术密集型制造业企业，而劳动密集型制造业企业和资本密集型制造业企业的技术专利则相对较少。另一方面，虽然中国制造业领域近年来科技成果不断涌现，专利等知识产权积累较快，但质量有待提高，中国制造业企业普遍存在缺少进行中试的条件和方法，产品的生产技术和设备开发能力不足，工艺参数有待优化、仪器设备调试周期较长等问题，这就导致制造业企业科技成果转化的成熟度低，难以顺利实现商业化应用。

在数字化人才方面，中国多数制造业企业内部员工结构单一、技术水平较低的人才困境阻碍了其高质量发展。与发达国家相比，中国大多数制造业企业并未形成梯队化的人才管理队伍。以传统制造业企业为例，一方面，企业的员工多为一线生产操作的简单劳动者，专业技能要求低；同时，多为企业所有者管理行政职务，垂直领导一线员工，大多数企业并未设置专业管理部门。另一方面，有效的激励机制能够提升和激发人才的积极性和创造力，但许多制造业企业在高技术人才激励方面存在不足。例如，薪资待遇不合理、晋升机会有限、培训和发展机会不足等问题都会导致人才流失。

3. 区域发展差异化较大

中国制造业企业在数字化转型过程中面临区域发展差异化较大这一挑战，主要表现在经济发展水平、基础设施建设、人才资源分布、产业集聚效应、政策与资金支持、市场需求及文化认知等方面。东部地区由于较早进行经济开放和拥有较为完善的基础设施，经济发展水平较高和人才优势较强，而中西部地区则在这些方面存在一定的滞后性。此外，东部地区较强的产业集聚效应和较好的创新氛围为其数字化转型提供了有力支持，相比之下，中西部地区则缺乏相应的产业生态和创新动力。政策和资金投入的差异也导致了不同地区在数字化转型进程中的不均衡。为应对这一挑战，政府需要在政策制定和资源配置上更加注重区域均衡，企业也需要根据自身所在地区的特点，制定合适的数字化转型策略，以促进全国范围内的协调发展。

4. 数字化转型和高质量发展融合不充分

制造业企业数字化转型与高质量发展融合不充分体现在多个方面。首先，技术应用不足是一个关键问题，尽管数字化技术有所进步，但许多企业未能在生产流程、供应链管理和产品质量控制等关键领域充分利用数字化技术，这可能导致生产效率低下和产品质量波动等问题。其次，数据管理不完善也是一个挑战，包括数据收集不全、数据质量低下等问题，影响了企业对产品质量和生产过程的有效管理和优化。再次，中国制造业企业还面临人才短缺和技能不足的问题，数字化转型需要具备相关技能和知识的人才，但企业在数字化技术领域的人才供给仍然不足，而且缺乏对员工的培训。最后，管理体系滞后和资源投入不足也是制约因素，一些企业的管理体系可能滞后于数字化转型的要求，不能及时整合数字化技术和高质量发展理念，同时中小型制造业企业由于资金、人力和技术等方面的限制，难以有效推进数字化转型。因此，实现数字化转型和高质量发展的有效融合需要进行政策引导、加大资源投入、加强人才培养。

5. 监督力度不足

制造业企业通过数字化转型，在新时代下形成了显著优势，"中国制造"正在朝着更高层次的"中国智造"迈进。然而，数字技术的涌现一时无法形成完备的监督机制，致使在目前的数字化转型进程下，制造业企业的高质量发展还面临一定挑战。在企业方面，数字化转型需要制造业企业遵守相关法律法规和行业规范，如果监督机制不完善可能导致企业存在合规风险，相关违规操作可能使企业面临处罚或者法律诉讼，影响制造业企业的高质量发展。在技术方面，制造业企业进行数字化转型涉及大量的数据信息处理，包括数据的收集、储存、分析等环节。如果监督力度和对企业数据的保护力度不足，可能存在数据泄露、信息不安全等风险，影响企业的信誉和经济利益。

此外，国家审计作为国家治理和监督企业的重要途径，经过国家审计的制造业企业能够更好地落实数字化转型，但是国家审计对制造业企业高质量发展的促进作用并不明显，2013~2022 年，全国制造业企业高质量发展水平基本保持不变，可见国家审计并未充分发挥其治理职能，主要表现为对政策执行效果的审计力度不足。一方面，制造业企业通常包含了庞大复杂的生产流程数据，国家审计在全面获取、整理和分析数据时存在一定困难，限制了审计对企业经营状况的全面了解。另一方面，政府部门与企业之间可能存在信息不对称的问题，导致政府无法全面地了解企业关于数字化转型等政策的执行情况，制造业企业也无法及时反馈政策的执行效果。

本章小结

通过本章的分析，得出以下结论。

第一，2010~2020 年，中国制造业企业的数字化转型程度稳步增长，但目前中国制造业企业数字技术的应用还存在瓶颈,这也是 2022 年中国制造业企业数字化转型程度有所下降的关键原因。从不同地区来看,2010~2022 年,东部地区凭借其较强的经济基础和丰富的科技资源,一直保持着数字化转型的领跑地位,并带动中部地区和西部地区的共同发展。从不同行业类型来看,2010~2022 年,各种类型的制造业企业数字化转型程度都有所提升。传统制造业企业的数字化转型程度与现代制造业企业之间无明显差距。受制于技术基础、转型投入和创新能力等因素,非高新制造业企业的数字化转型程度一直低于高新制造业企业。另外,技术密集型制造业企业数字化转型程度高于劳动密集型和资本密集型制造业企业,这主要是因为三类企业在技术依赖程度、转型效益与成本以及市场需求与竞争压力等方面存在差异。从不同产权性质企业类型来看,随着时间的推移,非国有制造业企业在数字化转型上逐渐展现出更大的潜力和优势。在国家审计的监督治理职能下,制造业企业能够更好地落实国家关于推进企业进行数字化转型的政策,提升企业在数字化转型过程中的管理水平。

第二,中国制造业企业高质量发展水平于 2010~2022 年保持稳定增长,在经济效益、研发创新和绿色发展等方面仍有进步空间,需要数字化转型的支持,从而推动制造业企业实现价值链提升和高质量发展。从不同地区来看,东部、中部和西部三个地区在 2010~2013 年高质量发展水平快速增长,后期增长较为平缓。三个地区的高质量发展水平之间并未呈现明显的差别,表明中国的区域协调发展策略得到了有力落实。从不同行业类型来看,各种类型的制造业企业高质量发展水平在 2010~2022 年均呈现增长趋势。从不同企业类型来看,2010~2022 年,国有制造业企业的高质量发展水平基本高于非国有制造业企业,且国有制造业企业的高质量发展水平起点高于非国有制造业企业。

第三,从国家审计治理的角度来看,2010~2022 年,经过国家审计的制造业企业高质量发展水平一直高于未经过国家审计的制造业企业,这表明在推动制造业企业高质量发展的过程中,需要注重发挥国家审计的治理作用,同时加强企业自我管理和自我约束的能力。尽管国家审计治理视域下数字化转

型与高质量发展均取得了一定的成效，但对数字化转型和制造业企业高质量
发展的特征事实进行分析，发现数字化转型赋能制造业企业高质量发展的过
程中还存在着政策扶持力度有待加大、创新能力不足、区域发展差异化较大、
数字化转型和高质量发展融合不充分以及监督力度不足等问题。

第四章 🔍

国家审计治理视域下数字化转型赋能中国制造业企业高质量发展的效果检验

通过第二章和第三章对国家审计治理视域下数字化转型赋能制造业企业高质量发展的理论分析和现状分析，可以初步看出，在国家审计治理视域下数字化转型能够积极影响中国制造业企业的高质量发展。为了使研究结果更加客观，本章从实证层面检验数字化转型对制造业企业高质量发展的影响效应和国家审计的调节效应，从而得出更加科学、客观的结论。

第一节 数字化转型赋能中国制造业企业高质量发展的实证研究设计

一 数据来源

本书采用 2010~2022 年沪深两市 A 股中国制造业上市公司为初始研究样本，并按照所属证监会行业名称在其中筛选制造业企业。为保证研究结果的准确性及有效性，对初始数据进行如下处理：①剔除主要变量值存在缺失的样本企业；剔除上市不满一年的企业，以避免可能的 IPO 效应；剔除在财务计算逻辑方面有明显不合理的样本企业；②剔除 *ST、ST 类型的样本企业；③为避免异常值对研究结果产生干扰，影响研究样本的质量，对变量做 1% 和 99% 分位数的 Winsorize 处理；④对剔除前后的样本进行均值和中位数的差异检验。结果显示，大多数变量的均值和中位数在剔除前后并没有显著差异，这表明样本的剔除是随机的，不会使研究结果形成显著偏差。经过上述筛选和整理后，最终得到 15962 个有效观测值，共 1275 家企业。其中，变量数据源自 CSMAR 数据库、Wind 数据库，数据内容除了企业基本信息和一般经营指标之外，还选取了企业的治理信息、财务指标等，数据的相关处理使用 Stata17.0 软件。

二　变量界定

（一）被解释变量

企业高质量发展（*Quality*）。从制造业高质量发展的内涵出发，结合数据的可获得性以及当前制造业企业高质量发展面临的现实问题，从经济效益、发展能力、研发创新、开放合作、绿色发展 5 个维度和 15 项二级指标考虑，构建制造业企业高质量发展的评价指标体系，具体指标解释见本书第三章第二节。

（二）解释变量

数字化转型（*DT*）。本书从上海证券交易所和深圳证券交易所收集 2010~2020 年中国全部 A 股上市企业年度报告中的数字化转型关键词词频，并以其作为衡量企业数字化转型的指标，具体关键词选取以及测算步骤见本书第三章第一节。

（三）调节变量

国家审计（*PostAudit*）。本书整理了审计署 2008~2018 年发布的审计结果公告，筛选出国有制造业企业。设置 *Audit* 变量，将经过国家审计的制造业企业作为实验组，取值 1，其余未经过国家审计的制造业企业作为对照组，取值 0；另设置 *Post* 变量，在经过国家审计的制造业企业中，国家审计介入当年及之后的年份取值 1，否则为 0。最后生成变量 *PostAudit=Audit×Post*，即实验组被审计当年及之后的年份取值为 1，其余则为 0。

（四）控制变量

考虑到其他因素对企业高质量发展的影响，本书选取了 10 个控制变量，企业维度的控制变量包括企业规模（ln*Size*）、总资产净利润率（*Roa*）、固定资产占比（*Fixed*）、两职合一（*Dual*）、企业研发能力（*Incapacity*）、托宾 Q 值（*TobinQ*）；地区维度的控制变量包括交通设施建设（*Transport*）、人力资本（ln*human*）、产业结构（*Is*）和城市化水平（*Urb*）。控制变量的选择理由如下。

企业规模（ln*Size*）：企业规模越大，在资源、市场影响力和技术基础设施等方面越具有规模经济优势。大型企业拥有更丰富的资源，包括资金、人力资源和技术设备等，能够更容易地投入高质量发展。同时，大规模企业拥有更大的市场份额和更强的品牌影响力，能够更轻松地吸引客户和合作伙伴，并在市场竞争中占据优势地位（刘靖宇等，2023）。此外，大型企业通常已经建立了完善的技术基础设施和信息化系统，这也使它们能够更轻松地推动高质量发展和数字化转型，并在市场竞争中保持领先地位。因此，本书认为企业规模的扩大可以正向影响制造业企业高质量发展。

总资产净利润率（*Roa*）：总资产净利润率是衡量企业利用其总资产创造利润能力的指标。通常情况下，总资产净利润率越高，说明企业以更有效的方式利用其资源来获取利润，这可能表明企业拥有更高的质量发展水平。同时，大型企业通常可以更有效地分配资本，并利用规模经济优势降低生产成本，对制造业企业高质量发展具有正向影响效应。

固定资产占比（*Fixed*）：固定资产占比是企业资产中固定资产的比重，反映了企业在生产中所使用的资本性投资的占比。在高质量发展方面，固定资产占比的影响取决于行业和企业的特点。通常情况下，固定资产投资对生产效率提升和产能扩张至关重要，因此较高的固定资产占比可能有助于企业的高质量发展。大型企业往往拥有更多的固定资产，这可能反映了它们在技术和生产设施方面的投资力度。因此，固定资产占比可能与大型企业的高质量发展密切相关。

两职合一（*Dual*）：两职合一是指企业中员工的双重角色，即他们在生产过程中兼具管理和操作的职责。这种灵活性和多功能性可能对企业的高质量发展产生积极影响。大型企业的规模较大且组织结构较为复杂，其员工可能具有更多的机会参与不同职能的工作，从而发挥两职合一的优势（张广胜和孟茂源，2020）。这种整合了管理和操作的模式可能有助于提高生产效率和质量水平，推动企业的高质量发展。

企业研发能力（*Incapacity*）：企业研发能力的高低对企业实现高质量发展至关重要。优秀的研发能力意味着企业能够持续创新，推出具有竞争力的产品，从而在市场中立足并获得更多的市场份额。通过不断投入研发资源，企业可以开发出新技术、新产品，降低生产成本，提高效率，进而增强企业的市场竞争力。此外，强大的研发能力有助于企业快速应对市场变化和外部风险，降低经营风险。成功的研发项目不仅可以吸引更多的技术人才，提升企业的创新力和竞争力（方福前和马瑞光，2023），还能够树立企业在行业中的领导地位，增强品牌价值和优化企业形象。因此，通过持续投入和优化管理研发资源，制造业企业可以不断提升自身的研发能力，实现长期稳健的高质量发展。

托宾 Q 值（*TobinQ*）：托宾 Q 值是衡量企业市场价值与其实际资产价值之间关系的指标，高于 1 的托宾 Q 值通常被解释为企业具有高市场价值。大型企业通常会有更高的托宾 Q 值，因为它们往往拥有更多的资源和市场影响力，投资者更可能对其未来发展抱有信心，从而提高其市场价值（李雄平等，2018）。托宾 Q 值较高可能意味着企业有更多的资本来支持创新，这对推动企业的高质量发展至关重要。

交通设施建设（*Transport*）：交通设施建设对企业高质量发展至关重要。良好的交通网络提升了物流效率，降低了成本，拓展了市场，增加了销售渠道，同时吸引了优秀人才加入企业，提高了员工满意度。此外，交通设施的完善还促进了产业集聚，创造了合作机会，并为企业提供了政策支持和发展机遇。因此，交通设施建设直接影响了企业的竞争力、创新能力和市场地位，是企业高质量发展的重要保障。

人力资本（*lnhuman*）：人力资本是指特定地区内的劳动力资源，包括教育水平、技能水平、劳动力市场的灵活性等方面。地区人力资本的水平直接影响着制造业企业的高质量发展，具体体现在以下几个方面。第一，地区人力资本水平的高低直接关系到企业员工技能水平的高低。拥有高素质的员工通常能够更加高效地完成工作，从而促进企业的高质量发展。技能水平高的劳动力可以更好地适应新技术和生产方法，提高产品质量。第二，地区人力资本的丰富程度也会影响企业的创新能力。具有良好教育背景和专业技能的劳动力更有可能提出新的创意和解决方案，推动企业不断创新，进而提高产品质量和市场竞争力。第三，地区人力资本的灵活性和适应能力也是制造业企业高质量发展的重要因素。在制造业价值链攀升过程中，劳动要素的专业化程度逐渐提高，高素质劳动力和专业化知识有利于价值链各环节的整合，有助于改进业务流程，降低生产和交易成本（孙湘湘和周小亮，2018）。第四，吸引和留住人才也十分重要。拥有高水平人才的地区吸引了更多的企业前来投资和发展。制造业企业在这样的地区更容易吸引到高素质的员工，同时也能够更好地留住人才，建立稳定的生产队伍，有利于提高企业的生产质量和效率。

产业结构（Is）：产业结构指的是一个国家或地区的经济活动在不同产业之间的分布情况，包括第一产业（农业）、第二产业（工业）和第三产业（服务业）。产业结构的变化对企业高质量发展具有重要影响，企业需要根据产业结构的变化，不断调整自身战略，提升产品竞争力、技术创新能力和人才素质，以适应市场的变化，实现可持续发展。产业结构的变化直接影响着企业的高质量发展。随着第三产业的发展，市场需求和供给格局发生变化，企业要不断调整产品结构与服务模式以提升竞争力。产业升级带来技术创新，推动企业更新换代，增强核心竞争力。就业结构的变化要求企业调整人才培养和就业策略（王帆和钱瑞，2019），以适应市场需求，促进制造业企业高质量发展。

城市化水平（Urb）：城市化水平指的是一个地区城市化程度的高低，包括城市人口比重、城市规模和城市化发展水平等方面。地区城市化水平直接影响着企业的高质量发展。城市化水平较高的地区为企业提供了广阔的市场空间、丰富的人才资源和便利的交通物流条件，但同时也带来了更激烈的市场竞争和挑战，可能会对制造业高质量发展造成负面影响。

各变量的定义和度量方法如表4-1所示。

表 4-1　各变量的定义和度量方法

变量名称	变量符号	变量定义	度量方法
被解释变量	Quality	企业高质量发展	指标体系构建
解释变量	DT	企业数字化转型	文本分析法构建
调节变量	PostAudit	国家审计	若接受国家审计，则取值1，否则为0
控制变量	lnSize	企业规模	期末资产总和的自然对数
	Roa	总资产净利润率	净利润 / 期末资产总和
	Fixed	固定资产占比	固定资产净额与总资产比值
	Dual	两职合一	董事长与总经理是同一个人为1，否则为0
	Incapacity	企业研发能力	研发投入 / 营业收入
	TobinQ	托宾 Q 值	（流通股市值＋非流通股股份数 × 每股净资产＋负债账面值）/ 总资产
	Transport	交通设施建设	公路与铁路的里程之和 / 地方面积
	lnhuman	人力资本	地区 R&D 人员数量取自然对数
	Is	产业结构	第三产业产值占 GDP 的比重
	Urb	城市化水平	城镇人口占比

三　模型设计

通过构建双向固定效应模型对研究假设进行检验，主要是出于以下考虑。第一，双向固定效应模型可以控制个体固定效应和时间固定效应。个体固定效应可以消除个体间的固有差异，如个体的特定能力、偏好或未观测到的特征，而时间固定效应则可以控制所有个体在时间上共同受到的影响，如宏观经济周期或政策变化。通过控制这两种效应，模型可以更准确地估计变量之间的关系。第二，解决面板数据的固有问题。面板数据通常具有个体和时间的多层次结构，而双向固定效应模型可以很好地应对这种多层次结构（张东敏等，2021）。双向固定效应模型可以捕捉个体和时间的异质性，从而减少由于异质性而引起的估计偏差，提高模型的准确性和稳健性。第三，减少内生性和遗漏变量的影响。双向固定效应模型可以通过控制个体固定效应和时间固定效应来减少内生性和遗漏变量的影响。通过引入个体固定效应和时间固定效应，模型可以更有效地控制未观测到的因素对估计结果的影响，从而减少由内生性和遗漏变量引起的偏误。第四，增强因果推断的有效性。双向固定效应模型可以帮助增强因果推断的有效性。通过控制个体固定效应和时间固定效应，模型可以更好地消除外部因素对估计结果的干扰，从而更可靠地识别出因果关系。

模型（1）的具体模型设计为：

$$Quality_{i,t} = \alpha_0 + \alpha_1 DT_{i,t} + \sum \alpha_2 Control_{i,t} + \gamma_{i,t} + \mu_{i,t} + \varepsilon_{i,t} \qquad (4\text{--}1)$$

式（4-1）中，下角标 i 和 t 分别表示 i 企业和 t 年度。被解释变量 $DT_{i,t}$ 表示 i 企业在 t 年度的数字化转型程度；$Quality_{i,t}$ 为 i 企业在 t 年度的高质量发展水平；$Control$ 为控制变量，包括企业规模（$\ln Size$）、总资产净利润率（Roa）、固定资产占比（$Fixed$）、两职合一（$Dual$）、企业研发能力（$Incapacity$）、托宾 Q 值（$TobinQ$）、交通设施建设（$Transport$）、人力资本（$\ln human$）、产业结构（Is）、城市化水平（Urb）；$\gamma_{i,t}$ 为地区固定效应；$\mu_{i,t}$ 为年份固定效应；$\varepsilon_{i,t}$ 为随机误差项。

为进一步考察国家审计的调节效应，本书构建以下计量模型（2）检验国家审计对数字化转型赋能制造业企业高质量发展的调节作用：

$$Quality_{i,t} = \beta_0 + \beta_1 DT_{i,t} + \beta_2 DT_{i,t} \times PostAudit_{i,t} +$$
$$\sum \beta_3 Control_{i,t} + \gamma_{i,t} + \mu_{i,t} + \varepsilon_{i,t} \qquad (4\text{--}2)$$

式（4-2）中，$PostAudit_{i,t}$ 表示 i 企业在 t 年度是否经过国家审计，其余指标同上。

本书主要关注模型（1）中 $DT_{i,t}$ 的系数，若显著为正，则验证本书的假设 H1。若模型（2）中 $DT_{i,t} \times PostAudit_{i,t}$ 的系数显著为正，则验证本书假设 H2。

第二节 数字化转型赋能中国制造业企业高质量发展的实证结果分析

一 描述性统计分析

表4-2展示了变量描述性统计分析结果。企业数字化转型（*DT*）的标准差为22.090，最大值（467）与最小值（0）相差467，表明样本企业的数字化转型程度存在较大差异。企业高质量发展（*Quality*）的最大值为10.73，最小值为5.036，说明企业高质量发展水平相差较大，符合现实情况。国家审计（*PostAudit*）的平均值为0.059，说明接受国家审计的企业在样本年度内占总样本的5.9%，占比相对较低，符合现实情况。企业规模（ln*Size*）的平均值为22.250，中位数为22.090，相差较小。总资产净利润率（*Roa*）的最小值为-0.373，最大值为0.247，表明样本企业总资产净利润率相差较大。固定资产占比（*Fixed*）的最小值为0.002，最大值为0.736，相差较大，而且中位数为0.206，说明大部分样本企业固定资产占比较低。两职合一（*Dual*）为虚拟指标，平均值为0.263，说明样本内总经理与董事长是同一人的企业占总样本的26.3%。企业研发能力（*Incapacity*）的平均值（0.022）和中位数（0.019）相差较小，表明样本企业研发能力分布较为平均。高于1的托宾Q值通常被解释为企业具有高市场价值，托宾Q值（*TobinQ*）的平均数为2.003，表明样本内大部分企业具有高市场价值。交通设施建设（*Transport*）的最小值为9.963，最大值为12.910，表明样本企业所在地区的交通设施建设具有显著差异。从其他控制变量的统计结果可以看出样本分布平均，与以往相关研究基本一致。

表4-2 变量描述性统计分析结果

变量	*N*	平均值	标准差	最小值	中位数	最大值
DT	15962	7.841	22.090	0	1	467
Quality	15962	6.455	1.416	5.036	6.567	10.73
PostAudit	15962	0.059	0.236	0	0	1

119

续表

变量	N	平均值	标准差	最小值	中位数	最大值
ln*Size*	15962	22.250	1.219	19.590	22.090	26.450
Roa	15962	0.039	0.063	−0.373	0.035	0.247
Fixed	15962	0.234	0.139	0.002	0.206	0.736
Dual	15962	0.263	0.440	0	0	1
Incapacity	15962	0.022	0.017	0	0.019	0.230
TobinQ	15962	2.003	1.281	0	1.609	15.610
ln*human*	15962	0.016	0.008	0	0.017	0.034
Is	15962	0.942	0.537	0.494	0.780	5.297
Transport	15962	11.900	0.537	9.963	11.970	12.910
Urb	15962	0.595	0.096	0.338	0.606	0.748

二 相关性分析

多重共线性指的是自变量之间存在高度相关性，当自变量之间存在高度相关性时，会导致回归系数的估计不稳定，增加了模型的误差，降低了模型的准确性和解释力。例如，当两个自变量之间高度相关时，模型可能无法确定其中一个变量对因变量的独立贡献，导致估计系数的方差变大。在进行回归分析之前，进行方差膨胀因子（VIF）检验可以识别自变量之间的相关性程度，评估自变量之间的多重共线性问题。

VIF检验通过计算每个自变量的方差膨胀因子来评估自变量之间的相关性。方差膨胀因子是一个衡量自变量之间关系紧密程度的指标，计算了在其他自变量已知的情况下，每个自变量的方差相对于其在单独模型中的方差的倍数。一般来说，如果某个自变量的VIF值大于10，就可能存在严重的多重共线性问题。在这种情况下，需要对模型进行调整，可以删除相关性较高的自变量或者采取其他方法来解决多重共线性问题。在进行回归分析之前进行VIF检验，可以帮助识别和评估自变量之间的相关性问题，从而确保回归模型的准确性和稳健性。因此，本书采用方差膨胀因子（VIF）检验变量间的相关系数是否存在多重共线性，结果如表 4-3 所示，其中 Mean VIF=1.42<10，说明因子间不存在多重共线性。

表 4-3　相关性分析结果

变量	VIF	1/VIF
DT	1.15	0.868
ln*Size*	1.18	0.844
Roa	1.11	0.901
Fixed	1.11	0.900
Dual	1.05	0.956
Incapacity	1.12	0.893
TobinQ	1.20	0.835
ln*human*	2.88	0.348
Is	1.14	0.881
Transport	2.29	0.436
Urb	1.46	0.685
Mean VIF	1.42	

三　基准回归结果

表 4-4 展示了数字化转型赋能制造业企业高质量发展的回归结果。其中，列（1）报告了在未控制年份与地区的固定效应后，企业数字化转型对制造业企业高质量发展影响的基准回归结果。列（1）的回归结果显示，数字化转型（DT）的系数在 10% 的水平下显著为正；而列（2）在控制年份与地区的固定效应后，数字化转型（DT）的系数为 0.005，在 1% 的水平下显著为正。这表明企业数字化转型能够促进制造业企业高质量发展，验证假设 H1。同时，可以看出随着双向固定效应和控制变量的逐步控制，模型的拟合优度明显提高（由 0.007 提升至 0.500），表明基准模型的估计结果具有较强的解释力。

模型（2）的回归结果如表 4-4 的列（3）和列（4）所示。列（3）表明在未控制年份与地区的固定效应时，交乘项（DT × PostAudit）的回归系数并不显著；而列（4）显示，交乘项（*DT × PostAudit*）的回归系数为 0.023，在 1% 的水平下显著为正，表明国家审计对数字化转型促进制造业企业高质量发展具有正向效应，验证本书假设 H4。此外，控制变量的估计结果表明，企业规模（ln*Size*）、总资产净利润率（*Roa*）、企业研发能力（*Incapacity*）、托宾 Q 值（*TobinQ*）、产业结构（*Is*）、交通设施建设（*Transport*）均显著促进了制造业企业高质量发展，而固定资产占比（*Fixed*）、两职合一（*Dual*）、人力资本（ln*human*）、城市化水平（*Urb*）则显著抑制了制造业企业高质量发展。可见，数字化转型赋能制造业企业高质量发展离不开当地较好的经济发展基础和良好的企业内部环境。

表 4-4　数字化转型赋能制造业企业高质量发展的回归结果

变量	（1）*Quality*	（2）*Quality*	（3）*Quality*	（4）*Quality*
DT	0.000*（1.739）	0.005***（10.262）	0.000*（1.847）	0.005***（9.267）
DT × PostAudit			0.002（1.233）	0.023***（7.336）
ln*Size*		0.516***（96.167）		0.516***（95.856）
Roa		1.198***（12.880）		1.198***（12.876）
Fixed		−0.343***（−8.075）		−0.341***（−8.025）
Dual		−0.116***（−8.979）		−0.115***（−8.923）
Incapacity		3.774***（10.920）		3.767***（10.897）
TobinQ		0.011**（2.132）		0.011**（2.114）
ln*human*		−8.168（−1.443）		−8.236（−1.455）
Is		0.030**（1.988）		0.030**（1.978）

续表

变量	（1） *Quality*	（2） *Quality*	（3） *Quality*	（4） *Quality*
Transport		0.185 （1.269）		0.185 （1.273）
Urb		−0.245** （−2.756）		−0.235 （−0.725）
常数	6.414*** （540.780）	7.107*** （4.189）	6.409*** （540.338）	7.110*** （4.191）
年份/地区	未控制	控制	未控制	控制
N	15962	15962	15962	15962
R^2	0.007	0.500	0.010	0.500
F	105.313	287.176	79.742	281.896

注：小括号内为t值，*、**、*** 分别表示在10%、5%和1%的水平下显著；下同。

四 稳健性检验

在回归分析中，解释变量的内生性可能会导致估计量的非一致性。通俗来讲，回归分析中的内生性是指回归方程中解释变量与误差项相关，来自误差项的冲击会导致被解释变量发生变化。在估计参数时，估计量就可能把被解释变量的变化归因于与误差项相关的解释变量，从而解释变量的系数会被系统性地高估或低估，产生估计偏误。进行稳健性检验是为了评估回归模型在面对不同假设和数据特征时的稳健性，即模型估计结果对数据中的异常值、异方差性、自相关性等问题的抵抗能力，有助于验证回归模型的结果是否具有一致性和可靠性。因此，本书对回归结果进行以下稳健性检验。

1. 数字化转型指标替代

（1）更换数字化转型指标测算方式

由于目前针对企业数字化转型的研究大多是理论定性分析，相比之下，基于企业数字化转型的定量研究较少。要实证检验企业数字化转型的经济绩效，首先需要对"数字化转型"这个行为变量进行高度凝练。部分学者在定量分析上进行了有益尝试。例如，何帆和刘红霞（2019）采用"当年是否进

行数字化转型"的"0-1"虚拟变量来测度企业数字化转型。该方法具有一定
启示意义，但仍无法有效展现出企业数字化转型的"强度"，本书认为，企业
数字化转型作为新时代下企业高质量发展的重大战略，这类特征信息更容易
体现在企业具有总结和指导性质的年报中。年报中的词汇用法能够折射出企
业的战略特征和未来展望，在很大程度上体现了企业所推崇的经营理念及在
这种理念指引下的发展路径。因此，从上市企业年报中涉及"企业数字化转
型"的词频统计角度来刻画其转型程度，具有一定的可行性和科学性。因此，
本书参考吴非等（2021）的做法，采用文本挖掘法测算数字化转型，作为稳
健性检验的替代指标。基于 Python 对上市企业年报文本提取形成的数据池，
根据表 4-5 的关键词进行搜索、匹配和词频计数，进而分类归集关键技术方
向的词频并形成最终加总词频，从而构建企业数字化转型的指标体系。由于
这类数据具有典型的"右偏性"特征，本书将其进行对数化处理，从而得到
刻画企业数字化转型的整体指标。

表 4-5　数字化转型的指标构建

一级指标	二级指标	关键词
数字化转型	人工智能技术	人工智能、商业智能、图像理解、投资决策辅助系统、智能数据分析、智能机器人、机器学习、深度学习、语义搜索、生物识别技术、人脸识别、语音识别、身份验证、自动驾驶、自然语言处理
	大数据技术	大数据、数据挖掘、文本挖掘、数据可视化、异构数据、征信、增强现实、混合现实、虚拟现实
	云计算技术	云计算、流计算、图计算、内存计算、多方安全计算、类脑计算、绿色计算、认知计算、融合架构、亿级并发、EB 级存储、物联网、信息物理系统
	区块链技术	区块链、数字货币、分布式计算、差分隐私技术、智能金融合约
	数字技术运用	移动互联网、工业互联网、移动互联、互联网医疗、电子商务、移动支付、第三方支付、NFC 支付、智能能源、B2B、B2C、C2B、C2C、O2O、网联、智能穿戴、智慧农业、智能交通、智能医疗、智能客服、智能家居、智能投顾、智能文旅、智能环保、智能电网、智能营销、数字营销、无人零售、互联网金融、数字金融、Fintech、金融科技、量化金融、开放银行

本章用 *DT_A* 表示以上文本挖掘法的测算结果，并重新利用模型（1）和模型（2）进行回归，回归结果如表4-6所示。其中，列（1）报告了在未控制年份与地区的固定效应后的基准回归结果，数字化转型（*DT_A*）的系数不显著；而列（2）在控制年份与地区的固定效应后，数字化转型（*DT_A*）的系数为0.003，在1%的水平下显著为正；列（3）在未控制年份与地区的固定效应时，交乘项（*DT_A × PostAudit*）的回归系数为并不显著；而列（4）显示，交乘项（*DT_A × PostAudit*）的回归系数为0.005，在1%的水平下显著为正。同时，可以看出随着双向固定效应和控制变量的逐步控制，模型的拟合优度明显提高（由0.010提升至0.421），表明基准模型的估计结果明显具有较强的解释力。以上研究结论和前文一致，表明本书的研究结果具有稳健性。

表4-6 数字化转型指标替换的回归结果

变量	（1） Quality	（2） Quality	（3） Quality	（4） Quality
DT_A	0.000 （0.212）	0.003*** （12.989）	0.000 （0.336）	0.005*** （12.942）
DT_A×PostAudit			0.001 （1.391）	0.023*** （7.336）
常数	6.369*** （490.227）	6.882*** （2.615）	6.409*** （540.338）	6.904*** （2.624）
控制变量	未控制	控制	未控制	控制
年份／地区	未控制	控制	未控制	控制
N	15962	15962	15962	15962
R^2	0.010	0.421	0.010	0.421
F	168.716	218.394	79.742	214.398

（2）数字经济水平

数字经济水平与企业数字化转型之间存在密切的正向关系。数字经济的发展水平不仅反映了一个地区的科技水平和产业发展程度，还影响着企业数字化转型的速度和深度。第一，一个地区数字经济水平的提升通常伴随着数字基础设施的完善和普及，包括宽带网络、云计算、大数据中心等。这些基础设施为企业提供了数字化转型的基础支撑，使其能够更加便利地采用先进的数字化技术进行生产、管理和营销。第二，随着地区数字经济水平的提升，数字化技术在各个行业的应用也变得更加成熟。企业可以借助这些数字化技术，如人工智能、物联网、区块链等，实现生产流程优化、产品创新和服务升级，从而提升竞争力和市场份额。第三，数字经济的发展往往伴随着数字人才的培养和储备。一个数字经济水平较高的地区通常拥有更多的数字人才资源，这为企业数字化转型提供了人才支持和保障。企业可以更轻松地招募到具备数字化技能的员工，并通过开展培训，不断提升员工的数字化素养，推动企业数字化转型的顺利进行。第四，地区数字经济水平的提升通常也受益于政府的政策支持和良好的产业生态环境。政府制定的相关政策和法规为企业数字化转型提供了政策引导和支持，促进了数字经济和企业数字化转型的良性循环。

因此，本书借鉴赵涛等（2020）的研究，采用互联网普及率、相关从业人员比例、相关产出情况和移动电话普及率4项指标构建数字经济水平指标体系，将数字经济水平作为企业数字化转型的替代指标。以上4项指标的统计口径分别采用百人中互联网宽带接入用户数、计算机服务和软件业从业人员占城镇单位从业人员比重、人均电信业务总量和百人中移动电话用户数。对于数字金融发展，本书采用中国数字普惠金融指数，该指数由北京大学数字金融研究中心和蚂蚁金服集团共同编制。确定指标含义后，本书采用主成分分析的方法，将以上指标的数据标准化后降维处理，得到数字经济综合发展指数，记为 DIG。

表4-7展示了数字经济水平对企业高质量发展的回归结果。列（1）报告了在未控制年份与地区的固定效应后的基准回归结果。列（1）显示，数字经济水平（DIG）的系数在5%的水平下显著为正。列（2）在控制年份与地区的固定效应后，数字经济水平（DIG）的系数为0.360，在1%的水平下显著为正。在控制年份与地区的固定效应后，列（4）显示，交乘项

（ $DIG \times PostAudit$ ）的回归系数为 2.670，在 1% 的水平下显著为正。同时，随着双向固定效应和控制变量的逐步控制，模型的拟合优度明显提高，列（1）（2）由 0.001 提升至 0.421，列（3）（4）由 0.009 提升至 0.422，表明基准模型的估计结果明显具有较强的解释力。以上研究结论和前文一致，表明本书的研究结果具有稳健性。

表 4-7　数字经济水平对企业高质量发展的回归结果

变量	（1） Quality	（2） Quality	（3） Quality	（4） Quality
DIG	2.040** （2.189）	0.360*** （3.831）	0.445*** （4.734）	2.106** （2.260）
$DIG \times PostAudit$			0.461** （2.515）	2.670*** （11.446）
常数	6.533*** （282.254）	−8.086*** （−3.008）	6.527*** （283.083）	−7.981*** （−2.969）
控制变量	未控制	控制	未控制	控制
年份 / 地区	未控制	控制	未控制	控制
N	15962	15962	15962	15962
R²	0.001	0.421	0.009	0.422
F	14.675	218.549	72.901	214.690

2. 替代制造业企业高质量发展指标

全要素生产率是新发展理念的重要组成部分，提高全要素生产率是企业高质量发展的动力源泉，目前大部分学者对企业全要素生产率的测算主要采用 OP 法和 LP 法，LP 法相对更有优势。OP 法要求代理变量与总产出之间存在正相关关系，并且资本投资额容易出现 0 值，而 LP 法采用中间投入作为代理变量，样本中就不会出现大量的 0 值，因此本书采用 LP 法测算企业全要素生产率指标作为制造业企业高质量发展的替代指标。

数字化转型对企业全要素生产率的回归结果如表 4-8 所示。列（2）报告了在控制年份与地区的固定效应后的基准回归结果。列（2）回归结果显示，数字化转型（DT）的系数为 0.001，在 1% 的水平下显著为正。在控制年份与地区的固定效应后，列（4）回归结果显示，交乘项（$DT \times PostAudit$）的回归系数为 0.031，在 1% 的水平下显著为正。以上研究结论和前文一致，表明本书的研究结果具有稳健性。

表 4-8　数字化转型对企业全要素生产率的回归结果

变量	（1） TFP	（2） TFP	（3） TFP	（4） TFP
DT	0.007*** （11.218）	0.001*** （2.930）	0.006*** （10.138）	0.001*** （2.807）
$DT \times PostAudit$			0.003 （1.156）	0.031*** （7.990）
常数	8.005*** （545.106）	−9.406*** （−2.957）	7.998*** （544.797）	−9.415*** （−2.960）
控制变量	未控制	控制	未控制	控制
地区 / 年份	未控制	控制	未控制	控制
N	15962	15962	15962	15962
R^2	0.008	0.450	0.012	0.450
F	125.852	245.621	95.096	241.102

3. 倾向得分匹配

倾向得分匹配（Propensity Score Matching，PSM）主要用于控制观察性研究中的混杂变量，以估计解释变量的效应。在一定程度上，PSM 可以达到随机对照试验的随机性水平，减小选择偏差并增强因果推断的可信度，具体作用包括以下几点。第一，减小选择偏差。PSM 首先估计每个个体被分配到某一组的概率，即倾向得分（Propensity Score，PS），然后根据这些得分将不同组之间的个体进行匹配，以确保不同组之间的个体在倾向得分上更加相似，从而减小了选择偏差的影响。第二，增强因果推断。通过减小选择偏差，PSM 可以更可靠地评估某个处理或干预对研究结果的影响。这有助于研究者更接近于实验设计的随机对照试验的效果评估水平，因为 PSM 可以使得不同组之间的个体更加相似，更有利于因果推断。第三，提高内部有效性。PSM有助于确保研究中不同组之间的个体具有相似的特征，从而减少混杂变量对研究结果的干扰。这可以提高研究的内部有效性，使研究结果更加可信。

由于样本选择可能存在偏误，影响研究结论的准确性，因此本书采用倾向得分匹配，以数字化转型（DT）为解释变量，前文的控制变量为协变量，采用 1∶3 最近邻匹配法进行样本匹配，将匹配后的新样本放入模型（1）（2）中再次进行检验，结果如表 4-9 所示。从回归系数及其显著性来看，与前文实证结果基本保持一致，表明本书的研究结论具有稳健性。

表 4-9　数字化转型对企业高质量发展的倾向得分匹配结果

变量	（1） Quality	（2） Quality	（3） Quality	（4） Quality
DT	0.000 （0.378）	0.009*** （10.131）	0.000 （0.125）	0.008*** （8.533）
$DT \times PostAudit$			0.004 （1.412）	0.023*** （6.974）
常数	6.482*** （482.040）	−5.453* （−1.923）	6.482*** （482.856）	−5.461* （−1.926）
控制变量	未控制	控制	未控制	控制
年份 / 地区	未控制	控制	未控制	控制
N	12613	12613	12613	12613
R^2	0.008	0.442	0.012	0.442
F	102.644	188.012	75.837	184.582

4. 安慰剂检验

为排除企业高质量发展的变化趋势是由样本年度其他因素或随机因素造成的而不是由企业数字化转型决定的，本书生成随机数字化转型变量，并重复进行 1000 次安慰剂检验，相应得到 1000 个数字化转型的估计系数及对应的 p 值，结果如图 4-1 所示。结果显示，随机估计系数的均值相较于基础模型检验结果已经非常接近 0，基本服从正态分布，从而排除了存在遗漏变量或其他偶然因素对政策评价产生影响的可能，即本书基础模型检验所得结论是稳健的。

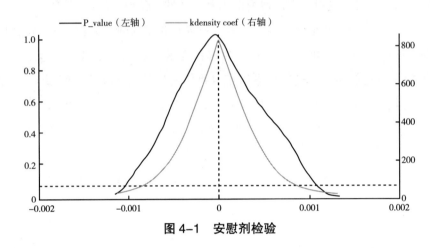

图 4-1　安慰剂检验

本章小结

本章以 2010~2022 年中国制造业上市公司为样本数据，运用双向固定效应面板数据模型来实证考察数字化转型对制造业企业高质量发展的影响，在基准模型中加入国家审计与数字化转型的交乘项考察国家审计的调节效应，结果显示数字化转型显著促进了制造业企业高质量发展，且国家审计的介入能够正向调节这一影响效应。在考虑内生性问题并进行替换解释变量、安慰剂检验以及倾向得分匹配等一系列稳健性检验后，这一结论仍然成立。

国家审计治理视域下数字化转型赋能中国制造业企业高质量发展的机制与影响检验

为了进一步考察数字化转型赋能中国制造业企业高质量发展的影响机制和作用路径,本章首先对数字化转型赋能中国制造业企业高质量发展的影响机制进行计量检验,并从地区、行业、企业三个层面对数字化转型赋能制造业企业高质量发展进行异质性分析;其次对制度环境的门槛效应以及国家审计治理的作用机制进行计量检验;最后对数字化转型对中国制造业的影响进行宏观层面的探讨,包括数字化转型赋能中国制造业产业结构升级的影响、数字化转型赋能中国制造业与服务业融合的影响以及数字化转型对新质生产力的影响。

第一节 数字化转型赋能中国制造业企业高质量发展的影响机制计量检验

资源配置在企业生产过程中占据重要的地位,资源配置结构优化和效率改善是制造业企业高质量发展的动力源泉。制造业企业的高质量发展需要重构企业整个生产和管理体系,对其生产要素资源结构进行必要调整和优化,结合企业数字化转型达成智能化、高效化生产,提高要素资源的供给质量,实现所有生产要素资源的协调一致发展,从而更有效地改善资源配置效率。此外,制造业企业创新能力的持续发展,对提升企业竞争力和效率来说是必要的。对制造业企业的生产、销售、运营和管理等环节进行创新,是提高制造业企业竞争力及效率的关键。企业高质量发展以数字技术为核心，数字技术不仅承载着知识与技术的溢出效应，更成为推动数字经济与技术创新深度融合的强大引擎。通过促进二者的交融，数字技术有效提升了企业的创新能力，最终助力企业实现高质量发展。具体来说，就是根据市场变化作出相应的调整，以确保企业在不断变化的市场环境中保持灵敏，适应变化从而保持竞争优势。同时，制造业企业高质量发展必须关注质量效益的提升，即通过数字技术手段的创新，不断优化产品性能和推动企业运营效率提升。

资源配置效率和创新能力是数字化转型赋能制造业企业高质量发展的两个重要渠道，因此，本部分将从这两个方面进行机制检验，科学地评估数字化转型对企业的影响，为中国制造业企业高质量发展提供有力支持。

一 资源配置效率的影响机制检验

通过上文对数字化转型赋能中国制造业企业高质量发展的影响机制分析，本书认为数字化转型可以通过提高企业资源配置效率促进企业高质量发展。借鉴已有研究（Richardson，2006），通过效率投资模型计算的残差得到以下模型：

$$
\begin{aligned}
Invest_{i,t} = {} & \alpha_0 + \alpha_1 \ln Size_{i,t-1} + \alpha_2 Lev_{i,t-1} + \alpha_3 Growth_{i,t-1} + \\
& \alpha_4 Roa_{i,t-1} + \alpha_5 Cash_{i,t-1} + \alpha_6 Age_{i,t-1} + \\
& \alpha_7 Invest_{i,t-1} + \sum Year + \sum Ind + \varepsilon_{i,t}
\end{aligned}
\tag{5-1}
$$

式（5-1）中，下角标 i 和 t 分别表示企业和年份，$Invest_{i,t}$=（购建固定资产、无形资产和其他长期资产支付的现金 – 处置固定资产、无形资产和其他长期资产收回的现金净额）/ 企业初期总资产，表示 i 企业第 t 年的投资规模；$\ln Size_{i,t}$ 表示 i 企业 $t-1$ 年度的资产总和取自然对数；$Lev_{i,t}$ 表示 i 企业 $t-1$ 年的资产负债率；$Growth_{i,t}$ 表示 i 企业 $t-1$ 年度的总资产增长率；$Roa_{i,t}$ 表示 i 企业 $t-1$ 年度的资产收益率；$Cash_{i,t}$ 表示 i 企业 $t-1$ 年度的现金流；$Age_{i,t}$ 表示 i 企业 $t-1$ 年度的企业年龄；$\varepsilon_{i,t}$ 表示残差项。控制年份和行业后，采用模型（4）对样本进行回归，回归后的残差项 $\varepsilon_{i,t}$ 即非效率投资，取绝对值后，用 Inv 表示，代表企业整体非效率投资程度，企业非效率投资程度越高表示企业资源配置效率水平越低，反之资源配置效率水平越高。基于此，构建模型（5-2）（5-3）：

$$Inv_{i,t} = \kappa_0 + \kappa_1 DT_{i,t} + \sum \kappa_2 Control_{i,t} + \gamma_{i,t} + \mu_{i,t} + \varepsilon_{i,t} \qquad (5-2)$$

$$Quality_{i,t} = \varphi_0 + \varphi_1 DT_{i,t} + \varphi_2 Inv_{i,t} + \sum \varphi_3 Control_{i,t} + \qquad (5-3)$$

$$\gamma_{i,t} + \mu_{i,t} + \varepsilon_{i,t}$$

资源配置效率机制检验的回归结果如表 5-1 所示，其中列（1）（2）为未控制年份和个体以及控制变量所得到的结果，列（3）（4）为控制年份和个体以及控制变量后的结果。列（3）中数字化转型的系数显著为负，表明企业数字化转型水平的提升能够降低非效率投资程度，提高企业资源配置效率。列（4）中，将 Inv 加入回归模型后，Inv 系数在 1% 的水平下显著为负，表明数字化转型可以通过提高企业资源配置效率促进企业高质量发展。同时，随着双向固定效应和控制变量的逐步控制，模型的拟合优度明显提高（由 0.542 提升至 0.857），表明基准模型的估计结果明显具有较强的解释力。

表 5-1　资源配置效率机制检验的回归结果

变量	（1） Inv	（2） Quality	（3） Inv	（4） Quality
DT	−1.370** （−2.206）	0.348 （0.812）	−0.004*** （−3.262）	0.002 （1.229）
Inv		−0.181*** （−7.500）		−0.388*** （−4.773）
常数	2.815*** （5.420）	−2.432*** （−5.006）	2.712*** （8.379）	−2.526*** （−4.965）
控制变量	未控制	未控制	控制	控制
年份/地区	未控制	未控制	控制	控制
N	15962	15962	15962	15962
R²	0.760	0.542	0.402	0.857
F	10.068	77.336	10.222	86.614

二 创新能力的影响机制检验

根据上文的分析，数字化转型可以通过提高企业创新水平来促进企业高质量发展，借鉴已有研究（于连超等，2022），本部分用企业研发投入的绝对金额来衡量企业创新水平（*Level*），其数值等于企业研发投入 +1 的自然对数。基于此，构建模型（5-4）（5-5）：

$$Level_{i,t} = \varsigma_0 + \varsigma_1 DT_{i,t} + \sum \varsigma_2 Control_{i,t} + \gamma_{i,t} + \mu_{i,t} + \varepsilon_{i,t} \tag{5-4}$$

$$Quality_{i,t} = \xi_0 + \xi_1 DT_{i,t} + \xi_2 Level_{i,t} + \sum \xi_3 Control_{i,t} + \\ \gamma_{i,t} + \mu_{i,t} + \varepsilon_{i,t} \tag{5-5}$$

创新能力机制的回归结果如表 5-2 所示。列（1）（2）为未控制年份和个体以及控制变量所得到的结果，列（3）（4）为控制年份和个体以及控制变量后的结果。列（3）中数字化转型的系数显著为正，表明企业数字化转型水平的提升能够提高企业创新水平。列（4）中，将 *Level* 加入回归模型后，*Level* 系数在 1% 的水平下显著为正，表明数字化转型可以通过提高企业创新水平促进企业高质量发展。同时，随着双向固定效应和控制变量的逐步控制，模型的拟合优度明显提高（系数由 0.257 提升至 0.267；由 0.019 提升至 0.023），表明基准模型的估计结果具有较强的解释力。

表 5-2　创新能力机制的回归结果

变量	（1） *Level*	（2） *Quality*	（3） *Level*	（4） *Quality*
DT	0.003* （1.741）	0.004 （1.445）	0.001*** （2.738）	0.001 （0.274）
Level		0.399** （2.402）		1.369*** （2.614）
常数	0.502 （0.446）	7.481*** （122.902）	0.444*** （3.660）	8.128*** （124.457）

续表

变量	（1） *Level*	（2） *Quality*	（3） *Level*	（4） *Quality*
控制变量	未控制	未控制	控制	控制
年份／地区	未控制	未控制	控制	控制
N	15962	15962	15962	15962
R^2	0.257	0.019	0.267	0.023
F	6.021	3.473	5.548	3.778

第二节　普惠性的"数字红利"还是"数字鸿沟"

世界银行在 2016 年将"数字红利"定义为由数字投资带来的增长、就业和服务收益，即通过数字技术手段，如互联网、物联网、人工智能等，将新兴技术与产业结合，创造出海量的商业价值，这些技术促进了社会、经济、生活的深远影响，推动全民受益。OECD 在 2001 年将"数字鸿沟"定义为不同社会经济水平的个人、家庭、企业和地理区域之间在获取信息通信技术机会以及各种活动中使用互联网的差距。在数字化转型背景下，"数字鸿沟"的本质是数字革命普及和应用方面的不平衡，表现为东西部、城乡、脑体劳动等数字化的差异（何枭吟，2013）。数字鸿沟既有微观视角下企业层面的数字鸿沟，也有宏观视角下行业、区域的数字鸿沟。

数字红利能够推动经济发展与收入提升，优化要素配置，并增加社会财富。一方面，数字化转型能够打破空间限制，促进信息、人才、资本等要素跨区流动，助力新商业模式和市场机会出现，带动区域内各产业协同发展，最终有助于缩小区域间的经济差距；另一方面，数字化转型的开源性特征可以促进经济欠发达地区以较低的成本获取前沿技术，并在学习模仿下实现劳动生产率的快速提升，为缩小区域间经济差距嵌入核心要素。由此可见，数字化转型能够发挥"数字红利"的作用。然而，"由数字技术的广泛应用而产生的发展效益"，却仍然"总量不足"且"分布不均"。在大数据、人工智能技术飞速发展的时代，数字鸿沟日益成为当前主要的社会问题之一，而不仅仅是技术问题（Ragnedda，2018）。数字化转型在区域间的不同表现也有可能扩大区域经济差距。例如，区域间经济发展不平衡导致数字基础设施接入和应用程度存在差异，特别是欠发达地区的数字化转型水平较低，数字化转型在区域之间发展失衡，区域之间出现"数字鸿沟"，可能扩大区域间经济差距。数字鸿沟的产生必然会对人们社会生活的各方面带来一定的冲击，不可避免地加剧经济层面的差异、技能领域的不均衡等问题。这些后果将如同一道隐形的障碍，阻碍经济社会的健康发展，对整体社会进步构成挑战，并由此产生一系列阻碍经济社会发展的影响。

在数字化转型赋能中国制造业企业高质量发展的研究中，数字化转型的"数字红利"或"数字鸿沟"的作用机制尚不清晰，因此，有必要从地区层面、行业层面以及企业层面异质性对数字化转型赋能制造业企业高质量发展进行分析，从理论和实证层面进行深入研究，并进一步分析应如何抓住"数字红利"助推企业高质量发展、弥合"数字鸿沟"解决发展不平衡问题。

一 地区层面异质性

（一）经济发展水平异质性

企业所在区域不同，面临的经济发展水平不同，而区域经济差异对数字化转型赋能制造业企业高质量发展的影响是多方面的。

第一，在技术基础和人才储备方面，发达地区通常具有更为完善的技术基础设施和人才储备，这为数字化转型提供了更广阔的空间和更丰富的资源。相比之下，欠发达地区可能面临技术基础薄弱、人才匮乏的情况，数字化转型可能更为艰难。

第二，在市场需求和竞争环境方面，发达地区的市场需求可能更加多样化和高端化，竞争也更加激烈，这促使企业更有动力进行数字化转型，以满足市场需求、提高竞争力。相比之下，欠发达地区可能市场需求相对单一，企业可能对数字化转型不太迫切。

第三，在政策支持和资源倾斜方面，政府在数字化转型方面的政策支持和资源倾斜也会对不同地区的影响产生差异。发达地区通常能够获得更多的政策支持和资源倾斜，如补贴、税收优惠、科研资金等，这进一步推动了数字化转型的发展。相比之下，欠发达地区可能面临政策支持不足、资源匮乏的情况，数字化转型可能面临更大的困难。

第四，在产业结构和企业规模方面，不同地区的产业结构和企业规模也会影响数字化转型的情况。在发达地区，通常有更多的大型企业和跨国公司，它们有更多的资金和资源可以投入数字化转型，推动产业链的升级和优化。相比之下，欠发达地区可能以中小型企业为主，它们可能缺乏足够的资金和资源进行数字化转型，这可能会限制整个产业链的升级和发展。

第五，在创新能力和企业文化方面，地区经济发展水平的不同也会影响企业的创新能力和企业文化。发达地区的企业通常更具创新意识和开放性，更愿意尝试新的技术和模式，从而更有可能在数字化转型中取得成功。相比之下，欠发达地区的企业可能更保守，这可能会限制数字化转型的速度和深度。

因此，本书选用各省份的人均GDP来衡量区域经济增长，按照人均GDP的平均数将样本划分为低经济水平地区与高经济水平地区两组并分别进行基准回归。经济发展水平异质性的回归结果如表5-3所示，从列（2）（4）中可以看出，在控制年份和地区固定效应以及控制变量后，数字化转型（DT）的系数均显著为正，表明企业数字化转型对低经济水平地区和高经济水平地区的企业高质量发展均有促进作用。采用费舍尔组合检验进行组间差异检验后，显示低经济水平地区组与高经济水平地区组的组间系数差异在10%的水平下显著，表明数字化转型赋能制造业企业高质量发展的促进作用在高经济水平地区组更为显著。

造成以上结果的原因可以概括为以下几点。第一，在资源丰富度方面，高经济水平地区的企业通常拥有更丰富的资金、技术和人才资源。这使得它们能够更容易地投入数字化转型，采用最新的技术和工具来提升生产效率、产品质量和创新能力。第二，在市场需求方面，高经济水平地区的市场需求变化通常更加迅速。因此，企业在数字化转型过程中需要适应市场需求的变化，提高产品的个性化程度，以满足消费者的需求，从而促进制造业的高质量发展。第三，在竞争压力方面，高经济水平地区的竞争压力通常更大，企业需要不断提升自身的竞争力以保持市场地位。数字化转型可以帮助企业降低成本、提高效率、加速产品研发和上市周期，从而更好地应对竞争挑战，保持市场领先地位（周国富和林一鸣，2023）。第四，在政策支持方面，高经济水平地区通常会更加重视数字化转型对制造业的促进作用，因此会提供更多的政策支持和激励措施，如税收优惠、资金补贴、技术培训等，这进一步提升了企业进行数字化转型的积极性（吴刚等，2023）。第五，在生态系统支持方面，高经济水平地区通常拥有更加完善的产业生态系统，包括供应链、创新网络、技术合作伙伴等，这可以帮助企业更加顺利地进行数字化转型，加速新技术的应用和商业模式的创新，从而促进制造业的高质量发展。

表 5-3　经济发展水平异质性的回归结果

变量	（1） 低经济水平地区 *Quality*	（2） 低经济水平地区 *Quality*	（3） 高经济水平地区 *Quality*	（4） 高经济水平地区 *Quality*
DT	0.001* （1.792）	0.006** （2.400）	0.000 （0.850）	0.005*** （8.850）
常数	−6.560 （−1.213）	6.429*** （339.501）	−6.559 （−1.169）	6.404*** （421.714）
组件系数差异	Chi=0.279*			
控制变量	未控制	控制	未控制	控制
年份 / 地区	未控制	控制	未控制	控制
N	6575	6575	9387	9387
R^2	0.005	0.442	0.008	0.418
F	30.120	107.540	78.314	181.303

（二）地理位置异质性

对东部、中部、西部地区来说，数字化转型赋能制造业企业高质量发展的影响也会有一些不同之处。第一，在地理位置和交通条件方面，东部地区通常交通便利、地理位置优越，这有利于吸引更多的资金、技术和人才，推动数字化转型的发展。相比之下，西部和中部地区可能地理位置偏远、交通条件较差，这可能会限制数字化转型的发展速度和范围。第二，在资源禀赋和产业特点方面，东部地区通常资源丰富、产业多样化，这为数字化转型提供了更广阔的空间和更丰富的资源。相比之下，西部和中部地区可能资源相对匮乏、产业结构相对单一，数字化转型的路径可能更为艰难。第三，在政策扶持和资源倾斜方面，政府在东部地区通常会加大对数字化转型的政策扶持和资源倾斜力度，以推动产业转型升级。相比之下，西部和中部地区可能面临政策支持不足、资源匮乏的情况，数字化转型可能面临更大的困难。

因此，为进一步检验不同地区数字化转型赋能中国制造业企业高质量发展的影响效应异质性，以《中共中央国务院关于促进中部地区崛起的若干意见》、《关于西部大开发若干政策措施的实施意见》和国家统计局的划分标准为依据，将我国的经济区域划分为东部、中部、西部三大地区，东部地区包括北京市、福建省、广东省、海南省、河北省、江苏省、辽宁省、山东省、上海市、天津市、浙江省；中部地区包括安徽省、广西壮族自治区、河南省、黑龙江省、湖北省、湖南省、吉林省、江西省、内蒙古自治区、山西省；西部地区包括甘肃省、贵州省、宁夏回族自治区、青海省、陕西省、四川省、西藏自治区、新疆维吾尔自治区、云南省。不同地区数字化转型赋能制造业企业高质量发展的回归结果如表5-4所示。列（1）东部地区组数字化转型的系数为0.006，在1%的水平下显著为正；列（2）西部地区组系数并不显著；列（3）中部地区组系数为0.001，在5%的水平下显著为正。采用费舍尔组合检验进行组间差异检验后，显示东部地区组与西部地区组的组间系数差异在5%的水平下显著。以上结果表明，数字化转型对制造业企业高质量发展的正向影响效应在东部地区最为显著，中部地区次之，西部地区的显著性最弱。

造成以上结果的原因可以概括为以下几点。第一，在经济发展水平和产业结构方面，东部地区通常是我国经济发展的核心地区，拥有更为发达的制造业和服务业，这些地区的企业往往拥有更多的资金、技术和人才资源，能够更快地进行数字化转型。相比之下，西部地区和中部地区的制造业较为落后，数字化转型的起点可能较低，需要更多的时间和资源来赶上东部地区。第二，在市场需求和竞争压力方面，东部地区的市场需求通常更加多样化和高端化，竞争压力也更大。为了满足市场需求和保持竞争优势，企业更有动力进行数字化转型，以提高产品质量、降低成本、加快交付速度等（杨成文等，2023）。相比之下，西部地区和中部地区的市场可能较为局限，企业数字化转型的紧迫性和动力可能较低。第三，在政策支持和投资环境方面，东部地区通常拥有更为完善的政策支持和良好的投资环境，政府会出台更多的扶持政策和激励措施，吸引企业进行数字化转型。这些政策措施可以降低企业的转型成本和风险，提升数字化转型的效率。相比之下，西部地区和中部地区的政策支持和投资环境可能较为薄弱，企业数字化转型的难度和风险可能较大。第四，在基础设施建设和科技创新方面，东部地区的基础设施建设和科技创新水平通常更高，网络覆盖更广、交通更便利、科研机构和高校更多。这些优势为企业提供了更好的数字化转型条件，如更稳定的网络环境、更便捷的数据传输、更丰富的人才资源等（湛军和刘英，2024），有利于推动制造业的高质量发展。综上所述，与西部和中部地区相比，东部地区在经济、市场、政策和基础设施等方面具有更多的优势，能够更好地支持企业进行数字化转型，从而促进制造业的高质量发展。

表5-4　不同地区数字化转型赋能制造业高质量发展的回归结果

变量	（1） 东部地区 *Quality*	（2） 西部地区 *Quality*	（3） 中部地区 *Quality*
DT	0.006*** （2.969）	0.001 （−0.882）	0.001** （2.134）
常数	−11.581** （−2.317）	−4.147 （−0.979）	−19.346** （−2.158）

变量	（1） 东部地区 *Quality*	（2） 西部地区 *Quality*	（3） 中部地区 *Quality*
组间系数差异	Chi=0.390**		
控制变量	控制	控制	控制
年份/地区	控制	控制	控制
N	10678	3000	2284
R^2	0.419	0.434	0.475
F	232.716	75.991	59.757

二　行业层面异质性

不同行业类型的企业在数字化转型中可能会面临不同的挑战和机遇，对制造业高质量发展的影响方面会有一些差异。例如，资本密集型企业通常在设备、技术和资金方面投入较多，数字化转型可能主要集中在提升生产效率、优化资源配置和降低生产成本等方面。通过数字化技术，资本密集型企业可以实现生产自动化、智能化，提高生产效率和质量稳定性，从而实现高质量发展；而劳动密集型企业的生产过程主要依赖人力，数字化转型可能主要集中在提升员工生产效率、降低人力成本、减少人为错误等方面。通过数字化技术，劳动密集型企业可以实现工序自动化、生产线智能化，提高生产效率、减少人为因素带来的质量波动，从而实现高质量发展。另外，技术密集型企业通常拥有先进的技术和研发实力，数字化转型可能主要集中在加强研发创新、优化产品设计、提升客户体验等方面。通过数字化技术，技术密集型企业可以加速产品开发周期、提高产品性能和品质、实现个性化定制等，从而实现高质量发展。

因此，本书按照证监会行业分类标准对所有样本行业按照生产要素的密集程度分为技术密集型、资产密集型和劳动密集型三种类型，并借鉴公司治理与技术创新时进行行业分类的方法，选取固定资产比例（固定资产净额/平

141

均总资产）和研发支出薪酬比（研发支出 / 应付职工薪酬）两个变量作为分类指标，利用聚类分析中的离差平方和方法对样本进行分类。该方法能够使分类后的组内样本差异达到最小，而组间样本差异达到最大，因而被广泛运用于类数固定的聚类分析研究（尹美群等，2018）。具体做法如下：首先，固定资产比例较大的行业为资本密集型行业，表明其资本重要性较高；其次，研发支出薪酬比较高者表明技术研发比劳动要素重要，因而属于技术密集型行业，其余则属于劳动密集型行业；最后，从分类结果来看，制造业上市公司样本中技术密集型行业最多。

生产要素密集度分类的回归结果如表 5-5 所示，列（1）技术密集度组的数字化转型（DT）系数为 0.001，在 5% 的水平下显著为正，列（2）数字化转型（DT）系数并不显著，列（3）数字化转型（DT）系数为 0.004，在 5% 的水平下显著为正。以上结果说明技术密集型行业和资本密集型行业的数字化转型对企业高质量发展的促进作用比劳动密集型行业的促进作用更为显著。采用费舍尔组合检验进行组间差异检验后，显示技术密集型行业与劳动密集型行业的组间系数差异在 5% 的水平下显著，劳动密集型行业与资本密集型行业的组件系数差异在 5% 的水平下显著。

造成以上结果的原因可以概括为以下几点。第一，在资源投入差异方面，技术密集型行业和资本密集型行业的企业通常在数字化转型过程中可以投入更多的资源，包括资金、技术、人力等。这些企业能够更容易地应用先进的数字化技术，实现生产过程的智能化、自动化和优化，从而更有效地提升产品质量和生产效率。第二，在技术应用优势方面，技术密集型行业的企业拥有更强的技术研发和创新能力，能够更快速地在生产过程中应用新兴的数字化技术，如物联网、人工智能、大数据分析等。这些技术的应用可以帮助企业更精准地监测生产过程、预测故障、优化生产计划，从而提高产品质量和生产效率（胡云飞和戴国强，2024）。第三，在市场竞争压力方面，技术密集型行业和资本密集型行业的企业通常处于激烈的市场竞争中，面临着更大的市场压力和客户需求。为了保持竞争优势，它们更倾向于进行数字化转型，以提高产品质量、降低生产成本、缩短交付周期等。相比之下，劳动密集型行业的企业可能在数字化转型方面的动力和压力相对较小。

尽管劳动密集型行业的企业在数字化转型方面可能面临一些挑战，如人力智能化转型的成本和管理问题，但它们仍然可以通过数字化技术来提升生产效率、降低人力成本、提高产品质量。然而，与技术密集型行业和资本密集型行业的企业相比，劳动密集型行业的企业在数字化转型方面的成效可能会相对较小，需要更多的支持和引导。

表 5-5　生产要素密集度分类的回归结果

变量	（1）技术密集型组 Quality	（2）劳动密集型组 Quality	（3）资本密集型组 Quality
DT	0.001** （2.301）	0.001 （0.867）	0.004** （2.077）
常数	−4.955 （−1.355）	−3.236 （−0.580）	−12.906** （−2.553）
组件系数差异	Chi=0.514**		
组件系数差异		Chi=0.771**	
控制变量	控制	控制	控制
年份 / 地区	控制	控制	控制
N	9151	3475	3323
R^2	0.429	0.393	0.455
F	128.914	41.780	52.590

三　企业层面异质性

1.企业规模异质性

企业规模不同预示着企业在环境、资源、技术创新等方面存在较大差异。小型企业拥有的资金和人力资源通常有限，可能难以承担数字化转型所需的投资成本和人才培养成本，缺乏自主研发能力和创新能力，对数字化技术的掌握和应用相对较差，需要外部技术的支持；而且，小型企业在数字化转型过程中会面对来自大型企业和互联网平台的竞争压力，需要通过提升产品质量和服务水平来保持自身竞争力。但是，小型企业通常具有较高的灵活性和较强的快速响应能力，可以更快速地调整自身以适应市场需求，通过数字化转型实现快速成长，并且可以通过与其他企业的合作与联盟，共享资源和技术，降低数字化转型的成本和风险。

与小型企业相比，中型企业拥有更多的资金和人力资源，可以承担数字化转型所需的投资和成本，通常具有一定的技术积累和研发能力，能够更好地掌握和应用数字化技术，推动生产过程的智能化和自动化。中型企业在数字化转型后可以通过拓展线上渠道和开发电子商务平台，实现市场的拓展和销售渠道的多样化。另外，中型企业还可以通过数字化转型来提升产品质量和服务水平，增强品牌竞争力，吸引更多客户和合作伙伴，与大型企业和科研机构合作，实现资源共享和技术协同，促进产业链的升级和优化。

大型企业则拥有更先进的技术设备和研发团队以及更强的竞争力，能够更快速地掌握和应用最新的数字化技术，推动生产过程的智能化和自动化，实现全球供应链的整合和优化，降低生产成本，提高产品质量。并且，大型企业通过数字化转型可以进一步提升品牌影响力和市场地位，推动产品创新和技术升级，提升创新能力，扩大市场份额，实现规模经济效应、产业结构的升级和转型。另外，大型企业在数字化转型后可能成为行业的领导者和标杆企业，引领整个行业朝数字化和智能化方向发展，带动产业高质量发展。

因此，本书按照企业规模（ln$Size$）的中位数（22.09）进行分组检验。规模异质性的回归结果如表5-6所示。列（4）中控制年份和个体以及控制变量后小规模组的数字化转型系数在1%的水平下显著，而列（2）中控制年份和个体以及控制变量后大规模组的数字化转型（DT）的系数为0.002，在5%的水平下显著为正。采用费舍尔组合检验进行组间差异检验后，显示大规模企业与小规模企业的组间系数差异在10%的水平下显著，表明企业数字化转型对小规模制造业企业高质量发展的提升作用比对大规模制造业企业高质量发展的提升作用更大。

表 5-6　规模异质性的回归结果

变量	（1） 大规模 *Quality*	（2） 大规模 *Quality*	（3） 小规模 *Quality*	（4） 小规模 *Quality*
DT	0.005 （1.248）	0.002** （2.001）	0.003 （0.331）	0.007*** （2.732）
常数	0.437 （0.035）	0.531 （0.382）	−1.518* （−1.928）	−2.897 （−1.380）
组件系数差异	Chi=0.003*			
控制变量	不控制	控制	不控制	控制
年份 / 地区	不控制	控制	不控制	控制
N	7997	7997	7965	7965
R²	0.895	0.929	0.841	0.800
F	39.561	39.734	14.670	13.375

　　造成以上结果的原因可以概括为以下几点。第一，在灵活性与创新能力方面，小规模企业通常更具灵活性和创新能力，能够更快地采用新技术和新方法，并灵活地调整生产流程以适应市场需求的变化。这种灵活性使得小型企业能够更快速地进行数字化转型，并在转型后迅速应对市场挑战，从而更好地实现高质量发展。第二，在成本效益方面，与大规模企业相比，小规模企业在数字化转型中通常具有更高的成本效益。由于其规模较小，所需的投资相对较少，且更容易管理和控制。这使得小企业能够更快地收回投资，从而更快地实现数字化转型带来的效益。第三，在市场敏感度方面，小规模企业通常对市场变化更敏感，并能更快地做出反应。通过数字化转型，它们能够更好地理解和满足客户需求，提供更加个性化和定制化的产品和服务，从而增强自身竞争力，实现高质量发展。第四，在产业协同效应方面，小规模企业在数字化转型中更容易与其他企业和组织形成合作与联盟。通过与供应商、客户、科研机构等进行合作，他们能够共享资源、技术和市场信息，实现优势互补，促进产业链的协同发展，从而推动整个行业的高质量发展。

2. 产权异质性

产权不同的企业在决策机制以及数字发展战略等方面会存在一定程度的差异，国有企业和非国有企业在数字化转型赋能高质量发展上可能存在一些差异。第一，在资源配置和资金投入方面，国有企业可能会获得政府支持或优惠政策，从而获得更多的资金和资源用于数字化转型。这可能使它们能够更快地进行数字化转型，提高生产效率和产品质量。非国有企业可能需要更多地依靠自身资金和市场融资来进行数字化转型。虽然它们可能没有像国有企业那样的财政支持，但它们可能更加灵活和敏捷，能够更快地作出决策并采取行动。第二，在管理模式和决策机制方面，国有企业可能受到政府部门的管理和监督，其决策可能受到更多宏观经济因素的影响。这可能导致数字化转型的决策过程相对缓慢，但也使其能够更好地应对宏观经济变化和产业政策调整。非国有企业可能更加注重市场导向和企业自主性，其数字化转型决策可能更加灵活和迅速。它们可能更加聚焦于客户需求和市场竞争，能够更加敏锐地把握市场机会。第三，在技术创新和人才储备方面，国有企业可能在技术研发和人才培养方面具有一定优势，能够利用政府支持和资源优势加速数字化转型。然而，国有企业可能面临的挑战是组织结构相对刚性，难以快速吸引和留住高端技术人才。非国有企业可能更加灵活和创新，能够更快地采用新技术并吸引高端人才，它们可能更加侧重于技术创新和自主研发，能够更好地适应市场变化和产品升级需求。

因此，本书将样本分为国有企业和非国有企业两组进行对比分析。所有权性质不同的异质性回归结果如表5-7所示，列（2）中控制年份和个体以及控制变量后的结果显示数字化转型（*DT*）系数在5%的水平下显著为正，而列（4）中控制年份和个体以及控制变量后的数字化转型（*DT*）系数在10%的水平下显著为正。采用费舍尔组合检验进行组间差异检验后，显示国有企业与非国有企业的组间系数差异在10%的水平下显著，说明与非国有企业相比，数字化转型对国有企业高质量发展的正向作用更大。

数字化转型对国有企业高质量发展的促进作用相对更显著可以概括为以下几个方面的原因。第一，在政府支持和资源优势方面，国有企业通常能够获得政府支持和优惠政策，包括资金、土地、税收等方面。这使得它们在数字化转型过程中拥有更多的资源，能够更快地投入技术更新、设备升级和人才培养等方面，从而促进高质量发展。第二，在产业规划和政策引导方面，政府通常会通过产业规划和政策引导来推动国有企业的数字化转型，包括在战略性新兴产业领域的重点支持、技术创新的政策激励等。这种政策引导能够为国有企业提供更清晰的发展方向和更稳定的市场环境，有利于其进行长期投资和战略规划。第三，在规模效应和产业整合方面，一些国有企业拥有较大的规模和较多的资源，能够更容易实现产业链的垂直整合和横向扩张。通过数字化转型，它们可以更好地整合供应链和价值链，提高生产效率和产品质量，进而推动整个产业的高质量发展。第四，在长期稳定性和社会责任方面，国有企业在一定程度上具有较强的社会责任感，其发展目标除了追求短期利润之外，还包括促进经济发展、增加就业机会、改善社会福利等。因此，国有企业可能在数字化转型中更注重长期稳定性和可持续发展，从而更好地推动制造业的高质量发展。

表 5-7　所有权性质不同的异质性回归结果

变量	（1） 国有企业 *Quality*	（2） 国有企业 *Quality*	（3） 非国有企业 *Quality*	（4） 非国有企业 *Quality*
DT	0.01 （0.033）	0.004** （2.345）	0.008 （0.946）	0.007* （1.741）
常数	0.204*** （7.240）	0.815*** （5.420）	1.096*** （2.655）	1.178*** （4.390）
组件系数差异	Chi=0.083*			
控制变量	不控制	控制	不控制	控制
年份/地区	不控制	控制	不控制	控制
N	5577	5577	10061	10061
R^2	0.879	0.842	0.860	0.891
F	122.741	125.223	30.800	31.943

四　如何解决"数字鸿沟"

随着大数据、人工智能等新兴技术的普及和应用，数字经济这一形态开始出现并在经济社会中扮演着越来越重要的角色，数字技术也正以前所未有的力量推进制造业企业发展同时重塑社会经济结构。然而，通过前文对制造业企业的地区层面异质性、行业层面异质性以及企业层面异质性分析，发现不同地区、行业和企业之间存在数字化普及差距，因此平等分享数字红利这一目标并未同步实现。同时，由普及差距引起的数字鸿沟所产生的社会经济后果正在逐渐凸显。当前，数字鸿沟无疑已成为数字经济时代的重大问题，数字鸿沟不仅体现在不同地区、行业和企业间的制造业企业信息技术和互联网的发展差距，而且凸显了由此诱发的发展机会不均等、收入分化等问题。数字经济腾飞和数字鸿沟弥合，是数字化发展的一体两翼（聂昌腾，2023）。弥合数字鸿沟不仅能为我国经济增长注入强大活力，提升效率，更是实现我国数字经济普惠共享发展的核心，它在推动经济发展效率与公平相统一的进程中，扮演了至关重要的角色。在此背景下，进一步分析如何弥合数字鸿沟，缩小制造业企业间发展差距，能够更进一步实现高质量发展。

基于以上分析，要弥补"数字鸿沟"、挖掘数字价值、共享数字收益，未来的研究应更加关注数字鸿沟的形成机制，并通过政策和技术手段来缩小数字鸿沟。具体措施包括加快新型数字基础设施建设，助力区域协调发展；着重提升中西部地区的数字基础设施建设，防止数字资源在发达地区过度积聚等。政府需出台精准政策，引导数字资源向欠发达地区流动；同时，增加对欠发达地区数字基建的投资，夯实其数字发展基础。此外，应积极实施区域协调发展战略，强化对欠发达地区的扶持；鼓励发达地区与欠发达地区之间进行企业合作和人才交流，实现资源互补和协同发展；采取税收补贴政策配合产业转型，鼓励企业合作共赢。不同层次的制造业企业融合发展有利于弥合行业鸿沟，税收补贴政策能够给予产业发展良好导向，能够破除要素流动壁垒，推动制造业生产效率整体提升，实现居民收入增长和经济增长基本同步。鼓励制造业企业之间进行创新合作，共同研发新技术、新产品，提高整个行业的竞争力。推动产业链上下游企业之间的协同发展，形成紧密的产业链合作关系，提高整个产业链的数字化水平。

第三节　制度环境的门槛效应

一　研究设计

制度环境（Ins）表示各地区制度环境的水平，本书以樊纲等学者提出的中国市场化指数为基础衡量制度环境水平。但该指数目前只更新到2019年，因此本书借鉴俞红海等（2010）的做法，以历年市场化指数各二级指标的年均增长幅度来推算2020~2022年的数据。采用与前述数字经济发展指数同样的合成方法，首先对各指标进行无量纲化处理，其次采用熵权法测算各指标权重，最后加权平均得到各省份各年份的制度环境指数。

为检验假设4，构建计量模型进行检验，具体如下：

$$
\begin{aligned}
Quality_{i,t} = \vartheta_0 + \vartheta_1 DT_{i,t} + \vartheta_2 DT_{i,t} \times Ins_{i,t} + \sum \vartheta_3 Control_{i,t} + \\
\gamma_{i,t} + \mu_{i,t} + \varepsilon_{i,t}
\end{aligned}
\tag{5-6}
$$

式（5-6）中$Ins_{i,t}$表示i企业在t年度的制度环境水平，其余指标同上。若式（5-6）中$DT_{i,t} \times Ins_{i,t}$的系数显著为正，则验证本书假设4，即制度环境对数字化转型赋能制造业企业高质量发展具有正向调节效应。

为进一步分析制度环境的门槛效应，选择了制度环境指数分别作为门槛变量，采用Hansen（1999）的面板门槛模型进行实证检验：

$$
\begin{aligned}
te_{i,t} = \iota_0 + \iota_1 DT_{i,t} \times I(Ins_{i,t} \leqslant \gamma_1) + \iota_2 DT_{i,t} \times I(\gamma_1 < Ins_{i,t} \leqslant \gamma_2) + ... + \\
\iota_n DT_{i,t} \times I(\gamma_{n-1} < Ins_{i,t} \leqslant \gamma_n) + \iota_{n+1} DT_{i,t} \times I(Ins_{i,t} > \gamma_n) + \\
\iota_c X_{i,t} + \lambda_i + \delta_t + \varepsilon_{i,t}
\end{aligned}
\tag{5-7}
$$

式（5-7）中，门槛变量为制度环境指数$Ins_{i,t}$；γ_1，γ_2，$\cdots$，γ_n表示以

$Ins_{i,t}$ 为门槛变量时对应的 n 个门限值；I 为指示函数，取值 0 或 1。具体地，当 $Ins_{i,t}$ 位于门限值的区间内时，I 的取值为 1，否则取值为 0。

二　实证结果分析

利用式（5-6）对制度环境的调节效应进行计量检验，回归结果如表 5-8 所示，列（2）中数字化转型（DT）的系数为 0.002，在 5% 的水平下显著为正，数字化转型与制度环境的交乘项的系数同样在 5% 的水平下显著为正，表明制度环境水平的增加能够正向影响数字化转型对制造业企业高质量发展的提升效应，验证本书假设 4。

表 5-8　制度环境的调节效应回归结果

变量	(1) *Quality*	(2) *Quality*
DT	0.005*** （10.262）	0.002** (2.250)
$DT \times Ins$		0.000** (2.477)
常数	6.958*** (2.644)	6.942*** (2.637)
控制变量	控制	控制
年份 / 地区	控制	控制
N	15962	15962
R^2	0.421	0.421
F	218.539	214.480

接下来对制度环境是否具有"边际效应递增"的非线性特征进行实证检验。为此，本书估计如式（5-7）所示的面板门槛回归模型，选择制度环境指数 Ins 作为门槛变量，检验门槛效应的存在性，回归结果如表 5-9 所示。结果表明，以制度环境指数为门槛变量进行上述检验时，单门槛效应和双门槛效应分别在 5% 和 10% 的水平下显著。这表明数字化转型对制造业企业高质量发展的影响存在以制度环境指数为门槛变量的双重门槛效应。

表 5-9　制度环境的门槛效应存在性检验

门槛变量	门槛数	F 值	1%	5%	10%	p 值
Ins	单一	21.08	23.446	19.679	17.403	0.033
	双重	5.60	14.270	11.762	10.089	0.053
	三重	1.96	80.809	36.0427	27.018	0.950

注：门槛效应检验采用 Hansen (1999) 的方法计算得来。

表 5-10 展示了制度环境的门槛估计值及置信区间。可以看出，门槛变量 *Ins* 的第一个门槛值和第二个门槛值分别为 5.430 和 6.615，95% 置信区间分别在 [4.978，5.694] 和 [6.129，6.850]。

表 5-10　制度环境的门槛估计值及置信区间

Model	Threshold	Lower	Upper
Th-1	6.615	6.129	6.850
Th-21	6.615	6.129	6.850
Th-22	5.430	4.978	5.694

注：根据作者计算所得。

表 5-11 展示了制度环境的门槛回归结果，可以看出，当制度环境指数位于"低于第一个门槛值"的区间 1 时，数字化转型对制造业企业高质量发展的影响系数为 0.016，在 1% 的水平下显著为正；当制度环境指数位于"跨越第一个门槛值处于中间水平"的区间 2 和"跨越第二个门槛值"的区间 3 时，数字化转型对制造业企业高质量发展的影响系数不断上升，分别为 0.042 和 0.062，分别在 1% 和 5% 的水平下显著为正。进一步证实数字化转型对制造业企业高质量发展的促进作用会随着制度环境的优化而持续增强，并呈现"边际效应递增"的非线性特征。至此，本章完整地验证了假设 3。

表 5–11　制度环境的门槛回归结果

变量	(1) *Quality*
0._cat#c.DT	0.016***
	(4.564)
1._cat#c.DT	0.042***
	(6.519)
2._cat#c.DT	0.062**
	(2.432)
常数	6.606***
	(3714.540)
控制变量	控制
年份 / 地区	控制
N	10283
R^2	0.003
F	36.488

注：0._cat#c.DT 是制度环境处于第一个门槛值之前的数字化转型变量，1._cat#c.DT 是处于第一个门槛值和第二个门槛值之间的数字化转型变量，2._cat#c.DT 是跨越第二个门槛值时的数字化转型变量。

第四节　国家审计治理的作用机制检验

审计监督是国家治理的八大监督体系之一，国家审计作为党和国家监督体系的重要组成部分，依法开展审计活动，立足宏观全局，凭借其独立性、强制性和权威性优势，在落实国家重大决策、提高企业经营管理绩效等方面发挥着重要作用。作为企业监督体系的重要组成部分，内部控制着重于内部监督。内部控制与国家审计作为企业内外部监督的重要方式，在促进企业高质量发展过程中拥有共同的目标。企业内部控制通过制度的设计和执行确保企业能够高效运作，提升企业竞争力的根本是要进行研发创新。然而，在市场机制不完善的环境下，企业进行科技创新时面临较高的风险、较多的不确定性、较大的投入成本以及研发成果的产权无法得到充分保护等难题，如果没有足够的激励或者确定的预期，会出现企业的研发投入不足和研发积极性降低的情况，会阻碍企业技术进步与生产率提升。政府研发补贴能够有效提升了企业创新的积极性，解决市场失灵问题，鼓励企业进行基础性和正外部性的研发活动，形成具有国际竞争力的专利技术，对企业的创新产出形成激励效应（Brenner and Pudelko，2019；梅冰菁和罗剑朝，2020）。

　　在中国经济转向高质量发展，推进国家治理现代化的背景下，作为外部治理环境之一的国家审计是否可以通过改善内部控制以及通过推动研发补贴相关政策落实，促进制造业企业高质量发展？其作用机制是什么？对这些问题进行研究具有重要的现实意义。因此，下文对国家审计的内部控制改善机制和研发创新政策落实机制进行深入分析。

一　国家审计的内部控制改善机制

　　在内部控制质量相对较低的企业中，国家审计发挥的监督作用要大于内部控制质量相对较高的企业（马文聪等，2022）。同时，经过国家审计的内部控制改善效果越好，数字化转型的赋能效应就越大。本书采用对照组和实验组的样本，利用中国上市公司迪博内部控制指数（ICQ）计算了2010~2022年上市企业的内部控制指数及其中位数，并按照中位数将样本划分为低内部控制质量组以及高内部控制质量组。

　　内部控制改善机制的回归结果如表5-12所示，列（1）（2）为低内部控制质量组的回归结果，列（3）（4）为高内部控制质量组的回归结果。列（2）中数字化转型与国家审计的交乘项系数为0.001，在10%的水平下显著为正，而列（4）中交乘项系数为0.004，并不显著。以上结果表明国家审计对数字化转型赋能制造业企业高质量发展的正向调节效应在低内部控制质量组更为显著。

表 5-12　内部控制改善机制的回归结果

变量	（1）	（2）	（3）	（4）
	低内部控制质量组		高内部控制质量组	
	Quality	Quality	Quality	Quality
DT	0.001* （1.830）	0.001** （1.980）	0.001* （1.776）	0.001 （0.702）
DT × PostAudit		0.001* （1.845）		0.004 （0.950）
常数	12.748*** （3.146）	12.736*** （3.143）	7.538*** （4.221）	7.548*** （4.227）
控制变量	控制	控制	控制	控制
年份／地区	控制	控制	控制	控制
N	7981	7981	7981	7981
R^2	0.569	0.569	0.653	0.653
F	197.138	193.501	281.461	276.240

　　针对以上结果，分析原因如下。第一，内部控制质量较低的企业通常存在着管理漏洞和风险隐患，国家审计的介入更容易发现这些问题。数字化转型会进一步凸显这些潜在的内部控制问题，因为数字化转型过程中的新技术和新流程可能会暴露现有体系的不足。因此，国家审计对数字化转型的赋能可能更多地聚焦于解决这些低内部控制质量组所面临的问题，以确保数字化转型的顺利进行和高质量发展。第二，内部控制质量较低意味着企业内部风险管理和控制机制的薄弱性，这会使得数字化转型过程中的风险更加显著。国家审计的干预可能更多地关注风险管理和改进需求，以帮助企业建立更健全的内部控制体系，从而提升数字化转型的质量和效果。第三，内部控制质量较低的企业往往需要进行更大程度的改革。国家审计会更加积极地推动企业进行内部管理和流程的改革，以适应数字化转型的要求。这种推动作用在低内部控制质量组中可能会更为显著，因为这些企业往往更需要外部力量的介入来提升其改革积极性。第四，内部控制质量较低的企业可能存在资源配置

不当和效益低下的情况，国家审计可以帮助企业重新评估资源配置的合理性，并优化资源利用，以提升数字化转型的效益。这种优化作用在低内部控制质量组中可能会更为显著，因为资源管理和效益提升对于这些组织的发展来说至关重要。

二　国家审计的创新激励机制

根据上文分析，认为国家审计通过创新激励机制推动企业数字化转型，从而促进企业高质量发展。首先，企业的研发支出是衡量企业创新活动的重要指标之一，国家审计的创新激励机制是否有效，可以通过观察企业的研发支出情况来间接评估。其次，高管超额在职消费是指高管通过非法手段获取个人利益，如挪用企业资金用于奢侈消费，高管超额在职消费情况可以反映国家审计激励机制对企业内部管理的影响。最后，在企业治理中存在着代理问题，即代理人（例如公司高管）可能不会按照最大化股东利益的原则行事，而是追求自身利益。国家审计的创新激励机制需要考虑到代理问题可能带来的影响。因此，代理成本可以作为衡量国家审计激励机制对代理问题影响的一个指标。所以，本节内容用企业的研发支出、高管超额在职消费和代理成本这三项指标来检验国家审计的创新激励机制，全面评估其对企业创新活动和内部管理的影响，从而为激励政策的制定和优化提供依据。

1. 研发支出指标检验

将研发支出作为国家审计创新激励的替代指标的回归结果如表5-13所示，列（1）（2）为低研发支出组的回归结果，列（3）（4）为高研发支出组的回归结果。从列（1）中可以看出，低研发支出组的数字化转型系数为0.002，在5%的水平下显著为正，列（2）中国家审计与数字化转型的交乘项系数为0.002，在5%的水平下显著为正。而列（3）中高研发支出组的数字化转型系数与列（4）中国家审计与数字化转型的交乘项系数均不显著。以上结果表明，国家审计对数字化转型赋能中国制造业企业高质量发展的正向调节效应在低研发支出组更为显著。

表 5-13 研发支出指标的回归结果

变量	（1）	（2）	（3）	（4）
	低研发支出组		高研发支出组	
	Quality	*Quality*	*Quality*	*Quality*
DT	0.002**	0.002**	0.000	0.000
	（2.422）	（2.400）	（0.295）	（0.333）
$DT \times PostAudit$		0.002**		0.001
		（2.243）		（0.394）
常数	4.931	4.917	8.168**	8.176**
	（1.217）	（1.214）	（2.400）	（2.402）
控制变量	控制	控制	控制	控制
年份/地区	控制	控制	控制	控制
N	7922	7922	8040	8040
R^2	0.419	0.419	0.448	0.448
F	106.910	104.918	122.286	120.012

　　造成以上结果的原因可以概括为以下几点。第一，低研发支出组通常面临资源限制，无法像高研发支出组那样投入大量资源进行技术创新和数字化转型。因此，这些组织更迫切地需要国家审计的支持和指导来最大限度地利用有限的资源进行数字化转型，以实现高质量发展。第二，低研发支出组往往处于技术水平相对落后的状态，这使得它们在数字化转型过程中面临更大的挑战和阻力。国家审计的干预可以帮助这些企业更好地理解数字化转型的重要性，并给其提供必要的支持和资源来应对技术落后所带来的挑战，从而促进高质量发展。第三，低研发支出组往往缺乏自主的技术创新能力，因此更依赖外部的技术支持和指导。国家审计可以通过引导这些企业进行数字化转型，帮助它们更好地利用现有的技术资源，提高生产效率和产品质量，从而实现高质量发展。第四，低研发支出组的管理体系往往不够健全，这会影响数字化转型的顺利进行和效果实现。国家审计可以帮助这些企业建立更完善的管理体系，包括项目管理、风险管理等，从而提升数字化转型的质量和效果，推动企业实现高质量发展。

2. 高管超额在职消费指标检验

本书参考已有研究来估计正常的在职消费，具体如下：

$$\frac{Perks_{i,t}}{Asset_{i,t-1}} = \alpha_0 + \beta_1 \frac{1}{Asset_{i,t-1}} + \beta_2 \frac{\Delta sale_{i,t}}{Asset_{i,t-1}} + \beta_3 \frac{PPE_{i,t}}{Asset_{i,t-1}} +$$

$$\beta_4 \frac{Inventory_{i,t}}{Asset_{i,t-1}} + \beta_5 \ln Employee_{i,t} + \varepsilon_{i,t} \qquad (5-8)$$

其中，$Perks$ 为高管在职消费总额，通过将管理费用减去董事、监事和高管薪酬等非在职消费项目金额计算后得到；$Asset$ 为前一期期末总资产；$\Delta sale$ 为当期主营业务收入的变化量；PPE 为当期期末固定资产的净值；$Inventory$ 为当期期末存货总额；$\ln Employee$ 为企业员工总数取对数。对该模型进行回归，最终得到的残差即为超额在职消费 $UnPerks$。$UnPerks$ 数值越高代表企业高管超额在职消费水平越高，反之越低。

高管超额在职消费指标的回归结果如表 5-14 所示，列（1）（2）为国家审计在较高的高管超额在职消费对数字化转型赋能中国制造业企业高质量发展的调节效应，列（3）（4）为国家审计在低高管超额在职消费对数字化转型赋能制造业企业高质量发展的调节效应。结果显示，列（1）（3）中数字化转型的系数分别为 –0.002 和 –0.001，均在 1% 的水平下显著为负，表明数字化转型能够抑制高管超额在职消费的产生。而列（4）中国家审计与数字化转型的交乘项并不显著，列（2）中国家审计与数字化转型的交乘项系数为 –0.003，在 5% 的水平下显著为负。表明与低高管超额在职消费组相比，国家审计对数字化转型赋能中国制造业企业高质量发展的正向调节作用在高高管超额在职消费组的调节效应更显著。

表 5-14　高管超额在职消费指标的回归结果

变量	(1)	(2)	(3)	(4)
	高高管超额在职消费组		低高管超额在职消费组	
	Quality	*Quality*	*Quality*	*Quality*
DT	–0.002***	–0.002***	–0.001***	–0.001***
	(3.500)	(3.498)	(–3.258)	(–3.360)

续表

变量	(1)	(2)	(3)	(4)
	高高管超额在职消费组		低高管超额在职消费组	
	Quality	*Quality*	*Quality*	*Quality*
$DT \times PostAudit$		−0.003** (−2.455)		−0.001 (−0.172)
常数	−15.645*** (−3.542)	−15.636*** (−3.539)	−4.622** (−2.468)	−4.581** (−2.446)
控制变量	控制	控制	控制	控制
地区 / 年份	控制	控制	控制	控制
N	8165	8165	7797	7797
R^2	0.474	0.474	0.655	0.655
F	138.171	135.596	282.376	277.128

在高高管超额在职消费组，国家审计对数字化转型赋能制造业企业高质量发展的正向调节作用更显著的原因可以概括为以下几点。第一，较高的高管在职消费反映了公司治理结构的不完善和管理层的不端行为。在这种情况下，国家审计的激励机制受到削弱，因为即使有激励措施，高管也会将资源用于个人消费而不是用于数字化转型等企业发展活动。第二，较高的高管超额在职消费意味着公司内部存在严重的管理问题，需要加强监管和治理。在这种情况下，国家审计会更加密切地监督企业的财务管理和资源使用情况，进而加强对数字化转型等发展项目的管理和指导，从而产生更显著的正向调节作用。第三，较高的高管超额在职消费可能引起投资者和市场的担忧，导致公司股价下跌或者投资者的撤资行为。在这种情况下，国家审计会更加重视提高企业的整体竞争力和赢利能力，以回应市场关切。

3. 代理成本指标检验

经营者主要通过在职消费、盲目投资等方式损害所有者利益，经营费用率则作为直接代理成本主要部分，因此本书选择管理费用与销售费用之和占营业收入的比重来衡量代理成本，占比越大则代理成本越高。代理成本指标的回归结果如表5-15所示，列（1）（2）为国家审计在高代理成本组对数字化转型赋能制造业企业高质量发展的调节效应，列（3）（4）为国家审计在低代理成本组对数字化转型赋能制造业企业高质量发展的调节效应。结果显示，列（1）中数字化转型的系数分别为 –0.001，在 5% 的水平下显著为负，表明在高代理成本组，数字化转型能够抑制企业代理成本的产生，列（2）中国家审计与数字化转型的交乘项系数为 –0.001，在 5% 的水平下显著为负。列（3）（4）中数字化转型系数以及国家审计与数字化转型的交乘项并不显著，表明与低代理成本组相比，国家审计对数字化转型赋能中国制造业企业高质量发展的正向调节作用在高代理成本组的调节效应更显著。

表 5–15　代理成本指标的回归结果

变量	(1)	(2)	(3)	(4)
	高代理成本组		低代理成本组	
	Quality	*Quality*	*Quality*	*Quality*
DT	−0.001**	−0.001**	−0.000	−0.000
	(−2.099)	(−2.121)	(−0.512)	(−0.603)
DT×PostAudit		−0.001**		−0.004
		(−2.325)		(−1.248)
常数	−9.742***	−9.730***	−4.003	−3.928
	(−2.882)	(−2.878)	(−1.107)	(−1.087)
控制变量	控制	控制	控制	控制
地区 / 年份	控制	控制	控制	控制
N	11507	11507	4435	4435
R^2	0.436	0.436	0.451	0.451
F	166.798	163.698	67.807	66.589

在高代理成本组，国家审计对数字化转型赋能中国制造业企业高质量发展的正向调节作用更显著的原因可以概括为以下几点。第一，高代理成本意味着企业治理结构不完善，管理层更倾向于追求个人利益而非企业整体利益。在这种情况下，国家审计会加强对企业的监管和约束，以防止发生高管挪用资金等现象，从而更积极地推动数字化转型等提升企业质量的举措。第二，

对代理成本较高的企业来说，传统的激励机制效果不明显，高管很可能更注重自身利益而忽视企业长远发展。在这种情况下，可以通过国家审计的激励效应来更好地激发企业的创新活力和发展潜力。第三，代理成本较高的企业面临更严格的市场监督和审查。在这种情况下，国家审计通过加强对企业的监督，鼓励企业采取数字化转型等措施来提升企业的整体质量和竞争力。综上所述，较高的代理成本可能会引发严重的企业治理问题，因此国家审计对数字化转型赋能中国制造业企业高质量发展的正向调节作用在高代理成本组的调节效应更为显著。

第五节　数字化转型对中国制造业进一步影响的检验

一　数字化转型赋能中国制造业产业结构升级的影响分析

（一）数字化转型赋能中国制造业产业结构升级的影响机制

产业结构升级是指一个国家或地区经济结构由低端向高端转变的过程，通常包括产业结构的高度化、合理化和高级化。数字化转型在这一过程中扮演着关键的角色，对制造业的产业结构升级具有重要的促进作用。在数字化转型的大背景下，一系列的前沿数字技术，包括大数据、人工智能、5G 等，正以前所未有的速度创新并应用于各行各业，孕育出新的产业、业态和商业模式。这些技术的广泛应用为数字经济注入了新的活力，通过与实体经济的紧密融合，较大地推动了制造业的转型升级。在当前的经济环境下，加快产业结构的优化升级，实现新旧动能的平稳转换，已成为推动高质量发展的必由之路；而产业结构升级的关键，在于如何有效提升企业的生产力和市场竞争力。在这一过程中，新一代的数字技术如大数据、物联网和云计算等，正发挥着举足轻重的作用。在数字化转型的浪潮中，这些技术正深度融合于传统产业，从消费端到生产端，从线下到线上，实现了全方位的改造和升级。通过精准的数据分析和智能决策，企业能够更准确地把握市场需求，优化资源配置，提升生产效率。同时，这些技术打破了产业间的界限，降低了经济活动的边际成本，促进了产业间的联动发展。数字化转型有效地解决了产业主体间要素的供需矛盾，缓解了内部公平与效率之间的冲突。这使传统产业能够更广泛地获得数字化转型带来的红利，大幅提升了其生产力和市场竞争力。在这样的背景下，产业结构升级不再是简单的技术更新或产品升级，而是一场深刻的经济社会变革，它引领着整个产业体系朝着更高效、更智能、更绿色的方向发展。

第一，企业通过数字化转型可以提高生产效率、优化产品质量、实现个性化定制等，从而创造更高附加值的产品和服务，推动产业结构朝高度化方向发展。产业结构高度化指的是产业中高附加值、高技术含量、高利润率的部门所占比重的增加。首先，数字化转型使制造业企业能够实现生产过程的智能化、自动化和灵活化。通过物联网、大数据、人工智能等技术，制造业企业可以实时监测和控制生产过程，减少生产中的浪费和损耗，提高资源利用效率，进而生产出更高质量的产品。其次，数字化转型使企业能够更好地理解和满足客户需求，实现个性化定制生产。通过数字化技术，企业可以收集和分析客户数据，了解客户偏好和需求，灵活调整生产线，生产出更符合客户期望的产品，提高客户满意度和市场竞争力（邹建国，2023）。最后，数字化转型也促进了新兴产业的发展，如物联网、人工智能、虚拟现实等。这些新兴产业往往具有高技术含量和高附加值，能够带动整个产业链的升级和转型，推动制造业产业结构朝高度化方向发展。

第二，数字化转型可以帮助制造业提升竞争力，推动产业结构朝合理化方向发展。产业结构合理化指的是不同产业之间的比重调整，使各个产业之间的发展更加平衡。首先，数字化转型使制造业企业能够提高生产效率和产品质量，降低生产成本，从而在国际市场上保持竞争力。这有助于制造业的稳定发展，同时也能够减少传统产业对资源的过度消耗，推动产业结构的合理化。其次，数字化转型还促进了服务型制造业的发展，即以服务为导向的制造业。通过数字化技术，制造业企业可以向客户提供更多的增值服务，如售后服务、定制设计、产品维护等，从而实现产品的差异化竞争，推动产业结构向服务型制造业转变。最后，数字化转型还可以促进产业链的整合和优化。通过数字化技术，不同环节的企业可以实现信息共享和协同合作，优化整个产业链的运作效率，提高资源利用效率，推动产业结构朝合理化方向发展。

第三，数字化转型可以推动制造业产业结构朝高级化方向发展，提升产业核心竞争力和创新能力。产业结构高级化指的是产业朝高科技、高附加值、高技术含量方向发展的过程。首先，数字化转型促进和提高了制造业的技术创新和研发投入。通过数字化技术，制造业企业可以更快速地实现产品创新和技术升级，推动产业朝高级化方向发展。同时，数字化技术也为企业提供了更多的创新可能性，如智能制造、3D打印、虚拟现实等，能够推动产业朝高级化方向发展（姜迪和吴华珠，2023）。其次，数字化转型对制造业人才结构提出了新的要求，需要具备更多的数字化技能和更高的创新能力。因此，数字化转型也促进了人才培养，从而推动制造业朝高级化方向发展。最后，数字化转型还可以推动产业链的升级和转型。通过数字化技术，制造业企业可以提供更多的增值服务，如产品定制、售后服务、数据分析等，从而提升产业的附加值和利润率，推动产业结构朝高级化方向发展。

综上所述，企业数字化转型对制造业产业结构升级的促进作用主要体现在产业结构高度化、产业结构合理化和产业结构高级化三个层面。数字化转型不仅能够提高制造业的生产效率和产品质量，还能够推动产业链的整合和优化，促进产业结构升级。

（二）研究设计

本书分别测度了产业结构高度化、产业结构合理化与产业结构高级化。产业结构高度化是产业结构转型升级的重要维度，反映的是产业结构根据经济发展的历史和逻辑序列从低水平状态向高水平状态顺次演进的动态过程。一般可以根据克拉克定律将产业结构高度化界定为非农产业的比重提高，可以用产业结构层次系数、Moore结构变动指数、高新技术产业比重等指标来衡量；但这些指标均是从产业份额这一数量角度来度量三大产业结构演进的，忽视了产业结构演进的本质，容易造成数量上的"虚高度化"。实际上，产业结构高度化除了量的增加，还包括质的提升。产业结构高度化的质涉及比例关系的演进和劳动生产率的提高两大内涵，只有当一个国家或者地区劳动生产率较高的产业所占份额较大时，才表明该国家或地区产业结构高度化水平较高（刘伟和蔡志洲，2008）。结合理论机制部分的分析，本书将从产业结构高度化的量和质两个层面出发，研究国家高新区对产业结构高度化不同属性的差异化影响。其中，产业结构高度化的量（$ais1$）采用产业结构层次系数表示，即用份额占比上的相对变化来刻画三大产业在数量层面的演进过程，具体计算公式为：

$$ais1_{i,t} = \sum_{m=1}^{3} y_{i,m,t} \times m, m = 1, 2, 3 \qquad (5-9)$$

式（5-9）中，$y_{i,m,t}$ 表示 i 地区第 m 产业在 t 时期占地区生产总值的比重，该指数反映了中国的三次产业从第一产业占优势地位逐渐向第二产业、第三产业占优势地位演进，是产业结构高度化的量的内涵。

此外，借鉴袁航和朱承亮（2018）的做法，将产业结构高度化的质（$ais2$）的内涵界定为产业之间的比例关系与各产业劳动生产率的乘积加权值，具体的计算公式为：

$$ais2_{i,t} = \sum_{m=1}^{3} y_{i,m,t} \times lp_{i,m,t}, m = 1, 2, 3 \qquad (5-10)$$

式（5-10）中，$y_{i,m,t}$ 的含义同式（5-9），$lp_{i,m,t}$ 表示 i 地区第 m 产业在 t 时期的劳动生产率，计算公式为：

$$lp_{i,m,t} = Y_{i,m,t} / L_{i,m,t} \qquad (5-11)$$

式（5-11）中，$Y_{i,m,t}$ 表示 i 地区第 m 产业 t 时期的增加值，$L_{i,m,t}$ 表示 i 地区第 m 产业 t 时期的就业人员。在式（5-11）中产值占比 $Y_{i,m,t}$ 没有量纲，而劳动生产率 $L_{i,m,t}$ 具有量纲，对此，本书采取均值化方法消除量纲，使产业结构高度化的质不存在量纲。

产业结构合理化是产业之间协调能力不断加强和关联水平不断提高的动态过程，既是产业之间协调程度的反映，也是资源有效利用程度的反映，还是对要素投入结构和产出结构耦合程度的一种衡量（干春晖等，2011）。现有研究中，涉及产业结构合理化的定量研究并不多，指标也尚未统一，有些学者以钱纳里等人倡导的标准产业结构为依据，采用 Hamming 贴近度指标来度量区域产业结构合理化程度，但该指标涉及的三次产业结构标准模式中各产业产值比例可能并不适合中国实际情况；另外一些学者采用产业结构偏离度来进行测度，但该方法未能体现三次产业的经济地位，不能准确反映目前处于经济转型时期中国的产业结构合理化水平。

本书借鉴泰尔指数来测度各地级市的产业结构合理化程度，该指数具有兼顾度量不同产业产值与就业的结构偏差以及各产业不同经济地位的优良性质。具体计算公式为：

$$theil_{i,t} = \sum_{m=1}^{3} y_{i,m,t} \ln(y_{i,m,t}/l_{i,m,t}) , \quad m=1,2,3 \qquad （5-12）$$

其中，$y_{i,m,t}$ 的含义同式（5-10），$l_{i,m,t}$ 表示 i 地区第 m 产业在 t 时期从业人员占总就业人员的比重。产业结构泰尔指数是对中国三次产业的产值结构及人员就业结构的反映，若该值为 0，说明产业结构处于均衡水平；若不为 0，则说明产业结构偏离均衡状态，产业结构不合理。另外，产业结构高级化采用第三产业产值与第二产业产值之比，可以更好地揭示产业结构变化的总体趋势。

（三）计量检验

数字化转型对制造业产业结构升级的回归结果如表 5-16 所示。具体来说，列（1）为数字化转型对产业结构高度化的回归结果，可以看出在控制年份和地区以及控制变量的情况下，数字化转型的系数在 1% 的水平下显著为正，表明数字化转型可以推动制造业产业结构高度化。列（2）为数字化转型对产业结构合理化的回归结果，可以看出在控制年份和地区以及控制变量的情况下，数字化转型的系数为 0.004，在 1% 的水平下显著为正，表明数字化转型可以推动制造业产业结构合理化。列（3）为数字化转型对产业结构高级化的回归结果，可以看出在控制年份和地区以及控制变量的情况下，数字化转型的系数为 0.002，在 1% 的水平下显著为正，表明数字化转型可以显著推动中国制造业产业结构高级化。以上结果表明，数字化转型可以通过推动产业结构高度化、合理化、高级化促进制造业产业结构升级。

表 5-16　数字化转型对制造业产业结构升级的回归结果

变量	（1） 产业结构高度化	（2） 产业结构合理化	（3） 产业结构高级化
DT	0.000*** （6.842）	0.004*** （3.692）	0.002*** （6.842）
lnSize	0.001*** （9.655）	0.001*** （3.577）	0.001*** （9.655）
Roa	0.010*** （3.460）	0.007** （2.574）	0.010*** （3.460）
Fixed	0.004*** （2.878）	0.004*** （2.827）	0.004*** （2.878）
Dual	0.001** （2.504）	0.000 （0.729）	0.001** （2.504）
Incapacity	0.010 （0.941）	0.005 （0.526）	0.010 （0.941）
TobinQ	0.000** （2.111）	0.000** （2.146）	0.000** （2.111）
lnhuman	−1.877*** （−14.795）	−5.807*** （−46.082）	−1.877*** （−14.795）
Is	−0.001* （−1.890）	0.004*** （9.789）	−0.001* （−1.890）
Transport	0.182*** （44.330）	−0.072*** （−17.596）	0.182*** （44.330）
Urb	0.787*** （102.151）	−0.268*** （−35.015）	0.787*** （102.151）
常数	0.315*** （6.697）	1.252*** （26.761）	0.315*** （6.697）
地区 / 年份	控制	控制	控制
N	15962	15962	15962
R²	1.000	0.940	1.000
F	798495.786	6056.017	798495.786

二 数字化转型赋能中国制造业与服务业融合的影响分析

(一)数字化转型赋能制造业与服务业融合的影响机制

在数字化转型的大背景下,现代数字技术和网络平台快速发展,制造业和服务业正在突破传统的行业壁垒,实现先进制造业和现代服务业的深度融合。体现在以下两个方面:一是制造业提升包括服务内容在内的产品质量,实现产品服务化;二是服务业企业下沉,为了实现更好的服务,延伸出产品制造功能。

随着大数据、人工智能、云计算等先进技术的迅猛发展,制造业正逐步迈向服务化时代。先进技术的应用,使制造商和服务提供商能够收集并分析海量的消费者行为数据、市场需求动态以及产业链各环节的信息。这种深度分析不仅有助于企业实现更精准的市场预测,还能够推动更高效的资源分配,促进产品和服务的迭代升级。服务化的制造业更直接地面向消费者,能使企业更直观地了解消费者的真实需求和反馈。这种直接的互动机制,促使企业能够迅速响应市场变化,改进产品和服务,实现个性化定制和精准营销。同时,通过实时追踪货物运输信息,制造商能够精准掌握产品的实际需求,从而灵活调整生产和库存管理策略,确保供应链的顺畅运行。智能高效的决策管理体系给制造业和服务业带来了前所未有的便利,也使企业能够更深入地理解消费者需求,提高产业链的效率和灵活性,从而创造更大的市场价值。制造业企业在服务化转型的过程中,不仅能够提升产品和服务的质量,还能够积极拓展增值服务,如售后支持、维修保养、技术咨询等。这种多元化的服务模式,不仅增强了企业的市场竞争力,还为客户提供了更全面的解决方案,实现了企业与客户的共赢。

在服务业领域,数字技术的融入同样带来了深刻的变革。这种融入不仅为服务业提供了先进的制造技术,还使服务业借鉴了制造业的产业优势,推动服务业向制造化方向转型,从而使服务业能够借助数字技术实现自动化、智能化,减少人力成本,提高服务效率和质量。在互联网、物联网等技术的推动下,服务业开始借鉴制造业的反向创新模式。通过深入分析市场需求和消费者行为数据，服务业企业能够推出更加个性化的产品和服务，满足消费者的多元化需求。服务业的制造化革新不仅提升了服务质量和效率，还为企业创造了新的增长点。

（二）研究设计

制造业与服务业的融合，指的是制造业和服务业之间相互交织、协同发展的现象。这两个领域各自具备不同的优势，通过彼此合作实现综合发展，从而产生更为协调的整体效果，进一步推动了产业的协调融合。要实现产业协调融合的目标，应当优先提升经济效益，适当扩大产业发展规模，深入挖掘产业发展潜能，以更好更快地达到全面高质量发展的状态。通常而言，产业规模、经济效益、发展潜力等因素是评价产业融合的重要组成部分。结合已有研究的做法，本书将上述三类因素视为产业融合的一级指标，构建制造业与服务业融合水平评价指标体系（见表5–17），为了计算制造业发展水平和服务业发展水平，本章采用熵值法进行赋权和测算方法，并借鉴唐晓华等（2018）研究的做法，利用耦合协调度模型来测算制造业与服务业之间的融合水平。

表 5–17　制造业与服务业融合水平评价指标体系

行业	一级指标	二级指标	单位	指标属性
制造业	产业规模	制造业从业人数占工业从业人数的比重	%	正
		制造业销售产值占工业销售产值的比重	%	正
		制造业从业人数与服务业从业人数的比值	%	正
	经济效益	单位制造业就业人数的制造业工资总额	万元 / 人	正
		制造业负债总额与制造业资产总额的比值	%	逆
	发展潜力	工业产值的增长率	%	正
		制造业从业人数的增长率	%	正
服务业	产业规模	服务业从业人数占地区总就业人数的比重	%	正
		服务业产值占地区总生产总值的比重	%	正
		服务业从业人数与制造业从业人数的比值	%	正

续表

行业	一级指标	二级指标	单位	指标属性
服务业	经济效益	单位服务业从业人数的服务业工资总额	万元／人	正
		服务业产值与服务业从业人数的比值	万元／人	正
	发展潜力	服务业产值的增长率	%	正
		服务业从业人数的增长率	%	正

（三）计量检验

根据以上指标体系的测算结果进行数字化转型对制造业与服务业融合的基准回归，结果如表 5-18 所示。从列（1）中可以看出，在未控制年份和地区以及控制变量的情况下，数字化转型的系数为 0.001，在 1% 的水平下显著为正。从列（2）中可以看出，在控制年份和地区以及控制变量的情况下，数字化转型的系数同样在 1% 的水平下显著为正。同时，随着双向固定效应和控制变量的逐步控制，模型的拟合优度明显提高（由 283.083 提升至 378.044），说明基准模型的估计结果具有较强的解释力。以上结果表明数字化转型能够显著促进制造业与服务业的融合。

表 5-18　数字化转型对制造业与服务业融合的基准回归结果

变量	（1） IC	（2） IC
DT	0.001*** （16.825）	0.000*** （4.123）
常数	0.952*** （574.904）	0.804** （2.486）
控制变量	未控制	控制
年份／地区	未控制	控制
N	15962	15962
R^2	0.017	0.557
F	283.083	378.044

三　数字化转型赋能新质生产力的影响分析

（一）数字化转型对赋能新质生产力的影响机制

新质生产力作为现代经济发展的新起点与新动能，其产生和发展标志着生产力的跃升。这种跃升体现在摆脱了传统依赖资金投入和高耗能的发展方式，转而以创新驱动为主导，追求更高质量和效率，更加契合高质量发展的要求。新质生产力是一种现代化的生产力，以创新驱动为主导，追求高质量和高效率的发展。新质生产力不仅具有颠覆性创新驱动、产业链条新、发展质量高等一般性特征，也体现了数字化、绿色化等时代特征。其中，颠覆性创新驱动即新质生产力以创新为核心驱动力，通过技术、管理等方面的创新实现生产力的跃升；产业链条新就是新质生产力涉及新兴产业链和价值链，具备更高的附加值和竞争力（史丹和孙光林，2024）；发展质量高是指新质生产力注重发展的质量和可持续性，追求绿色、低碳、循环的发展方式。新质生产力的关键是创新驱动。依靠创新驱动，能够实现创新要素的高度汇集，进而实现生产力的动力变革、效率变革和质量变革。技术创新、管理创新和模式创新是实现新质生产力的途径。其中，技术创新是新质生产力涌现的基础，通过研发新技术、新工艺和新材料，提高生产效率和产品质量，推动产业升级和转型。管理创新是提升新质生产力的重要手段，通过优化组织结构、改进管理流程和提高管理效率，降低企业运营成本，提升企业的竞争力。模式创新是新质生产力发展的重要途径，通过探索新的商业模式、服务模式和产业组织模式，满足市场需求，创造新的增长点。

数字化转型作为新质生产力的核心引擎，为新质生产力的形成与发展提供了坚实的底层技术支撑。在数字化转型的过程中，一系列前沿技术和创新要素的应用，显著提升了产业发展的效率，成为新质生产力不断演进的核心驱动力。数字化转型通过改变生产经营架构，形成新的生产理念与管理方式，驱动产业效率提升，推动产业融合与联动，为培育和发展新质生产力提供持续动力。

数字化转型通过改变生产经营架构，对新质生产力的发展起到了至关重要的推动作用。数字化转型改变了传统的生产流程和管理方式。通过引入先进的信息化、智能化技术，企业能够实现对生产过程的实时监控，从而更精准地把握生产进度、优化生产流程、降低生产成本。这种变革使企业的生产效率得到显著提升，为新质生产力的形成和发展奠定了坚实基础（王珂和郭晓曦，2024）；数字化转型推动了生产组织架构的创新。数字化转型通过构建数字化平台、实现信息共享，解决了传统生产组织架构中存在的信息传递不畅、决策效率低下等问题。这使得企业能够更快速地响应市场变化、更灵活地调整生产策略，从而在新质生产力的竞争中占据有利地位；数字化转型还促进了企业间的协作与联动。在数字化技术的支持下，企业可以更便捷地与其他企业、供应商、客户等进行沟通和协作，实现资源的共享和优化配置。这种协作与联动不仅提升了整个产业链的竞争力，也为新质生产力的培育和发展提供了有力支持；数字化转型推动了创新文化的形成。在数字化转型的过程中，企业需要不断引入新技术、新要素，以适应市场的变化和发展，促使企业形成了一种以创新为核心的企业文化，为新质生产力的持续发展和创新提供了源源不断的动力。

数字化转型通过孕育新的生产理念与管理方式，为新质生产力的发展注入了强劲动力。数字化转型孕育了以数据为核心的生产理念。在数字化转型的推动下，企业开始意识到数据在生产经营中的重要作用，并尝试将数据分析应用于产品研发、生产流程优化、市场需求预测等环节（孙丽伟和郭俊华，2024）。这种以数据为核心的生产理念，使企业能够更精准地把握市场需求，更高效地配置资源，从而推动新质生产力的形成和发展；数字化转型推动了管理方式的创新。在数字化技术的支持下，企业开始采用更加灵活、高效的管理方式，如敏捷开发、精益生产、远程协作等，提高了企业的生产效率，增强了企业的适应性和创新能力。数字化转型可以帮助企业更好地管理生产资源、信息和风险，提高内外部利益相关者的生产管理效率（韩文龙等，2024）。数字化工具和系统能够打破内部利益相关者获取信息的壁垒，让负责生产的员工能够更好地管理和分析数据，加强部门间的协作、沟通和管理，提高决策效率。对于管理者来说，数字化转型为高层管理者制定战略决策提供了数据层面的依据，通过对业务绩效、风险和市场趋势的监测，实现生产资源配置决策以及组织战略制定的合理化。同时，数字化转型还推动了企业组织结构的扁平化，使决策更加迅速、灵活，进一步激发企业的创新活力，为推进新质生产力奠定坚实基础。

数字化转型通过持续提升产业效率，成为推动新质生产力发展的关键因素。将区块链、云计算、物联网和人工智能等数字技术嵌入生产的各个流程，可以实现更高效的生产并赋能新质生产力的涌现。数字技术提供了强大的工具来改进生产流程、提高产品质量、降低成本并加速创新（冯永琦和林凰锋，2024）。在供应链管理、生产制造、质量控制、库存管理、市场销售、研发创新等过程中，嵌入区块链、云计算、物联网和人工智能等数字技术，可以确保生产过程达到安全化、高效化、低风险化以及智能化的目标，从而实现生产效率的提升；在数字化技术的支持下，产业链上下游企业能够实现信息的快速共享和交换，加强协同合作，共同应对市场挑战。通过跨企业的数据共享和协作，可以优化和提升整个产业链的生产效率和创新能力，推动产业向更高层次发展，推进新质生产力的发展。

数字化转型通过不断推动产业融合与联动，成为促进新质生产力发展的强大引擎。数字化转型加速了信息产业的创新发展，推动了信息技术与实体经济的深度融合。随着云计算、大数据、人工智能等技术的广泛应用，信息产业为制造业产业提供了智能化、数字化的解决方案，帮助它们实现转型升级。同时，信息产业也通过跨界融合，催生了新的产业形态和商业模式，进一步拓宽了产业发展的边界；数字化转型促进了产业链上下游的紧密合作与联动（焦勇和齐梅霞，2024）。在数字化技术的支持下，产业链上下游企业能够实现信息的快速共享和交换，加强协同合作，共同应对市场挑战。这种紧密的合作与联动不仅提高了产业链的整体效率，还推动了产业链向更高层次发展，为生产力的提升提供了有力支撑。在数字化技术的推动下，不同产业之间的界限逐渐模糊，产业间的融合成为一种趋势。这种跨界融合不仅打破了产业之间的壁垒，还催生了新的产业形态和增长点。通过跨界融合，不同产业可以共享资源，实现优势互补，共同推动新质生产力的发展。

（二）研究设计

结合习近平总书记的相关重要论述和当前中国经济发展的事实，新质生产力是一个至少涵盖科技、绿色和数字三大方面的集成体，对其进行评价和测度需要依托多属性的综合评价方法。综合评价方法在经济管理学中的应用基本成熟，包括建立评价体系、处理评价数据、确定指标权重、构建评价方法四个基本操作步骤，被广泛应用于高质量发展水平评价、共同富裕测度及中国式现代化的评价与测度研究。上述研究为本书提供了理论基础和视角参考。

本书借鉴已有研究（卢江等，2024），尝试构建了包含 3 项一级指标、6 项二级指标和 18 项三级指标在内的综合体系，采用改进的熵权 TOPSIS 方法对指标进行赋权，从而计算出全国新质生产力发展水平。如表 5-19 所示，我们对新质生产力的评价包括科技生产力、绿色生产力和数字生产力 3 项一级指标。

第一，从创新生产力和技术生产力两个方面对科技生产力进行测度。具体而言，选取创新研发（国内专利授予数）、创新产业（高技术产业业务收入）和创新产品（规上工业企业产品创新经费）等指标来测度创新生产力水平；选取技术效率（规上工业企业劳动生产率）、技术研发（规上工业企业 R&D 人员全时当量）和技术生产（机器人安装原始密度）等指标来测度技术生产力水平。规模以上工业企业的劳动生产率参考卢江和郭子昂（2024）的研究思路，利用"（规模以上工业的总利润 + 规模以上工业从业人数 × 职工平均工资）/ 规模以上工业从业人数"予以测度；机器人安装原始密度参考 IRF 联盟公布的中国各行业工业机器人安装量，从《中国劳动统计年鉴》中收集细分行业各个省份的就业人数占全国总就业人数的百分比，由"该百分比 × 全国各行业机器人安装数量"计算得到。

第二，从资源节约型生产力和环境友好型生产力两个方面对绿色生产力进行测度。具体而言，用能源强度（能源消费量 / 国内生产总值）、能源结构（化石能源消费量 / 国内生产总值）和用水强度（工业用水量 / 国内生产总值）等指标来测度资源节约型生产力水平；用废物利用（工业固体废弃物综合利用量 / 工业固体废弃物产生量）、废水排放（工业废水排放 / 国内生产总值）和废气排放（工业 SO_2 排放 / 国内生产总值）等指标来测度环境友好型生产力水平。

第三，从数字产业生产力和产业数字生产力两个方面对数字生产力进行测度。具体而言，用电子信息制造（集成电路产量）和电信业务通信（电信业务总量）来测度数字产业生产力水平；用网络普及率（互联网宽带接入端口数）、软件服务（软件业务收入）、数字信息（光缆线路长度 / 地区面积）和电子商务等指标（电子商务销售额）来测度产业数字生产力水平（见表 5-19）。

表 5-19　新质生产力的指标体系构建

一级	二级	三级	解释	单位	属性
科技生产力	创新生产力	创新研发	国内专利授予数	个	正
		创新产业	高技术产业业务收入	万元	正
		创新产品	规上工业企业产品创新经费	万元	正
	技术生产力	技术效率	规上工业企业劳动生产率	%	正
		技术研发	规上工业企业 R&D 人员全时当量	人	正
		技术生产	机器人安装原始密度	%	正
绿色生产力	资源节约型生产力	能源强度	能源消费量 / 国内生产总值	%	逆
		能源结构	化石能源消费量 / 国内生产总值	%	逆
		用水强度	工业用水量 / 国内生产总值	%	逆
	环境友好型生产力	废物利用	工业固体废弃物综合利用量 / 工业固体废弃物产生量	%	正
		废水排放	工业废水排放 / 国内生产总值	%	逆
		废气排放	工业 SO_2 排放 / 国内生产总值	%	逆
数字生产力	数字产业生产力	电子信息制造	集成电路产量	块	正
		电信业务通信	电信业务总量	万元	正
	产业数字生产力	网络普及率	互联网宽带接入端口数	个	正
		软件服务	软件业务收入	万元	正
		数字信息	光缆线路长度 / 地区面积	%	正
		电子商务	电子商务销售额	万元	正

根据以上指标体系，本书参考黄国庆（2011）的相关研究，遵循层次分析法（AHP）的基本思路，对指标的差异性系数进行比较，得到判断矩阵，

求解熵值，以新改进的熵权 –TOPSIS 方法对新质生产力各层次的指标进行赋权测度，测算结果用 NGF 表示。

（三）计量检验

根据以上指标体系的测算结果进行数字化转型对新质生产力的基准回归，结果如表 5-20 所示。从列（1）中可以看出，在未控制年份和地区以及控制变量的情况下，数字化转型的系数为 0.002，在 1% 的水平下显著为正；从列（2）中可以看出，在控制年份和地区以及控制变量的情况下，数字化转型的系数同样在 1% 的水平下显著为正。此时，随着双向固定效应和控制变量的逐步控制，模型的拟合优度明显提高（由 447.213 提升至 639.707），说明基准模型的估计结果具有较强的解释力。以上结果表明数字化转型能够显著促进新质生产力的发展。

表 5-20　数字化转型对新质生产力的基准回归结果

变量	（1） NGF	（2） NGF
DT	0.002*** （21.147）	0.000*** （8.086）
常数	0.362*** （180.920）	0.053 （0.541）
控制变量	未控制	控制
年份 / 地区	未控制	控制
N	15962	15962
R^2	0.027	0.973
F	447.213	639.707

本章小结

本章对数字化转型的赋能效应做了进一步分析。首先对数字化转型赋能中国制造业企业高质量发展的影响机制进行计量检验，然后从地区、行业、企业三个层面对数字化转型赋能制造业企业高质量发展进行异质性分析；其次采用面板门槛效应模型对制度环境的门槛效应以及国家审计治理的作用机制进行计量检验；最后对数字化转型对中国制造业的影响进行宏观层面的探讨，在耦合协调度模型以及熵权法的支持下构建制造业与服务业融合水平以及新质生产力的指标体系并进行测度，考察数字化转型对制造业产业结构升级的影响、数字化转型对制造业与服务业融合的影响以及数字化转型对新质生产力的影响，从而得出以下结论。第一，数字化转型能够通过优化企业资源配置效率、提升企业创新能力促进制造业企业高质量发展。第二，不同地区、行业以及企业之间具有数字鸿沟。地区异质性结果表明，与低经济水平地区和中部、西部地区相比，数字化转型赋能制造业企业高质量发展的影响效应在高经济水平地区以及东部地区更为显著。行业异质性结果表明，相对于劳动密集型企业，数字化转型赋能制造业企业高质量发展的影响效应对资本密集型和技术密集型企业更为显著。企业异质性结果表明，相对于大规模企业和非国有企业，数字化转型赋能制造业企业高质量的影响效应对小规模企业和国有企业更为显著，并且本章进一步分析如何弥合数字鸿沟，缩小制造业企业间发展差距，以进一步解决社会经济发展不平衡不充分问题。第三，制度环境水平的提升可以正向调节数字化转型赋能制造业企业高质量发展的影响效应，并且具有双重门槛效应，即随着数字化转型程度的提高和制度环境的优化，数字化转型对企业高质量发展的正向影响呈现"边际效应递增"的非线性特征。第四，与高内部控制质量组、高研发支出组、低高管超额在职消费组以及低代理成本组相比，国家审计对数字化转型赋能制造业企业高质量发展的正向调节效应，在低内部控制质量组、低研发支出组、高高管超额在职消费组以及高代理成本组更为显著。第五，数字化转型通过制造业产业结构高度化、合理化以及高级化促进制造业产业结构升级；数字化转型对制造业与服务业融合、新质生产力发展均产生正向影响。

第六章

国家审计治理、数字化转型与中国制造业企业高质量发展的政策建议

通过对国家审计治理视域下数字化转型赋能中国制造业企业高质量发展进行深入研究，本书考察了数字化转型对中国制造业企业高质量发展的影响效果，以及论证了在这一过程中国家审计治理的作用机制，得出以下结论。

第一，数字化转型能够显著促进中国制造业企业高质量发展。这表明数字化转型已成为企业高质量发展的重要动能和新引擎。从地区层面来看，数字化转型对低经济水平地区影响效应更强。从行业层面来看，数字化转型赋能对技术密集型行业影响效应比劳动密集型和资本密集型行业更强。从企业层面来看，数字化转型赋能对小规模制造业企业高质量发展的提升作用大于大规模制造业企业。

第二，国家审计在数字化转型赋能中国制造业企业高质量发展过程中存在正向调节效应。国家审计通过监督相关政策的落实来促进企业数字化转型，从而强化数字化转型赋能制造业企业高质量发展的影响效应。

第三，影响机制检验结果表明，数字化转型可以通过提高企业技术创新效应和资源配置效率赋能制造业企业高质量发展。一方面，数字化转型通过增加研发投入、降低企业运营成本、提升供应链话语权以及促进联合创新推动制造业企业的实质性创新进而实现高质量发展。另一方面，数字化转型通过改善信息流通和生产自动化水平、提升资源配置效率、适应市场需求等方式实现数字化转型对企业高质量发展的赋能效应。

第四，制度环境在数字化转型赋能制造业企业高质量发展过程中存在门

槛效应，且该影响具有双重门槛效应。随着制度环境的优化，数字化转型赋能制造业企业高质量发展的正向影响呈现"边际效应递增"的非线性特征。这说明企业数字化转型是一个量变到质变的动态演化过程，必须充分考虑制度环境的影响。

第五，数字化转型还可以促进制造业产业结构升级、促进制造业与服务业融合以及促进新质生产力发展。

从本书的研究结果以及结合国家审计治理视域下数字化转型赋能中国制造业企业高质量发展的研究的特征事实来看，政策支持、技术平台、基础建设、资源配置效率和创新能力等是制造业企业数字化转型的核心推动力，在推动中国制造业企业高质量发展中起到了重要作用，而当前制造业企业面临着融合不透彻、政策落实效果不充分、创新不活跃等问题。因此，国家审计治理视域下数字化转型赋能中国制造业企业高质量发展的路径包括充分发挥国家审计治理机制、政府引领加速数字化转型建设、差异化推进数字化转型、改善制度环境、提高资源配置效率和进一步提升创新能力等。

第一节　充分发挥国家审计治理作用

一　持续提升国家审计信息化水平

数字化审计对制造业高质量发展具有正向调节作用，因此要提升审计工作的质量和效率，实施动态数字化经济发展战略，持续提升审计数字化水平。对国家审计信息化而言，审计机关要积极贯彻落实中央审计委员会第一次会议提出的"坚持科技强审，加强审计信息化建设""依法全面履行审计监督职责，促进经济高质量发展"要求，充分利用国家审计信息化建设的契机，在全面推广应用金审工程二期建设成果的基础上，深化推进金审工程三期的建设工作，提升国家审计信息化水平，提高国家审计的能力。政府要推动审计工作智能化发展，利用好数字化技术高效、便捷以及可持续的优势，有效联合审计落实监督职能，从而加强审计对制造业高质量发展的激励效应。

二 建立信息共享机制

审计机关可以依托国家审计数据中心和数字化审计平台，进一步完善与司法机关、纪检监察机关和有关部门的信息共享机制，形成全方位、多主体、动态的国有企业外部监督覆盖网络，增强不同主体的监督效应，提高司法机关、纪检监察机关和有关部门对审计机关移送金额、事项和人员的处理效率，进一步发挥国家审计的监督作用。

从企业内部的角度来说，智慧审计平台的构建需要满足内部审计数字化过程中数据分析多样性的特点，借助大数据、云计算等先进技术，提高内部审计挖掘和处理海量数据的效率。企业要在技术运用、信息建设和管理等方面加大力度，强化顶层设计，协调各部门开展审计工作，企业的数字化程度关系到信息收集的准确度和监督的有效度。

三 培养国家审计与数字信息化相结合的复合型审计人才

尽管目前审计师们在审计领域积累了丰富的实践经验，但是对大数据、云计算等新生事物还较为陌生。考虑到数字化审计的风险并不在于细节测试，而是集中在内部控制和程序测试等方面，一旦出现审计失败，很可能是重大案件。因此，应当认真培养数字化审计人才，在现有的数字化审计实践中磨炼技术，这样才能更好地应对越来越多数字化制造业企业的审计挑战。

四 防范数字技术隐藏风险

注册会计师在制订审计工作计划和制定审计收费决策时应当合理考虑企业的数字化转型程度。一方面，数字化变革会改变企业的组织架构和经营流程，在某种程度上影响了企业重大错报风险和审计师决策；另一方面，企业数字化转型所形成的数据库又给审计人员带来了更加丰富的资料，审计师需要考虑这些信息能否正确提供佐证。因此，会计师事务所需要尽快适应企业数字化转型的大环境，吸纳大数据分析等专业人才，结合信息系统建设创新审计方法、提升审计能力，有效防范数字技术风险。同时，会计师事务所应不断加强复合型数字化人才队伍建设，创新数字化审计方法，切实防范数字技术带来的风险。

五　加大政策执行效果审计力度

政策执行效果审计是制造业高质量发展的有力保障，可以缓解制造业企业内部的委托代理问题并提高其创新能力。政策执行效果审计通过较强的独立性、权威性以及较大的监管力度，有效降低企业研发资助的错配程度，最大限度地保障研发资助的合规性使用，提高企业的创新投入产出。同时，通过处罚、督促整改等手段，健全企业的规章制度，抑制企业在发展中出现的各种问题，进而推动制造业的高质量发展。因此，要加大对制造业高质量发展政策执行效果审计的力度，完善线上线下双链条审计监督体系，确保政策执行效果审计能够全面推进，以此保障制造业高质量发展。同时，通过开展政策执行效果审计，加强省级审计机构和队伍建设，形成全覆盖的审计工作机制，强化审计机关与其他部门之间的协同合作，优化营商环境，促进制造业高质量发展。

六　发挥审计监督作用

强化国家审计在研发资助领域的资源分配优化效应，降低财政风险，提高审查和甄别能力。进一步加强对政府财政资金的延伸审计，建立国家审计结果运用的长效机制。拓展信息公开的范围和深度，加大审计公告披露的力度，提升国家审计绩效，推动制造业企业更有效地认真执行国家宏观经济政策，提高企业创新能力。同时，完善审计监督与纪检监察等部门之间的贯通融合协调机制，突出审计成果运用导向，使法律法规和审计决定得到有效落实，增强审计工作的前瞻性和针对性。推动媒体监督的市场化，增强其外在治理的有效性，利用媒体监督成本低、覆盖广的优势，持续跟踪落实整改情况，进一步发挥国家审计促进研发资助激励效应的作用。

审计机关积极利用国家审计信息化的质量提升、赋能机制，形成对国有企业审计"事前、事中和事后"相结合的覆盖网络，利用大数据审计、智能审计技术缓解审计人财物资源不足与实现国有企业监督全覆盖之间的矛盾，全面揭示国有企业可能在超额高管在职消费、研发结构欠优化和供应链资金风险等方面存在的问题，督促国有制造业企业及时整改落实，进而促进国有制造业企业高质量增长。

国有制造业企业应响应国家审计机关的号召，建立统一的企业风险管理平台，深刻认识和积极应对利益相关者的需求变化和大数据、人工智能、云计算等技术应用和企业高质量增长带来的挑战，努力构建上下联动、整合资源、打通壁垒的信息共享系统。立足实际，积极探索适合企业自身实际的信息化建设路径，按照系统性、规范性、智能性、可持续发展原则，统筹规划，建立内部审计、内控及风险管理信息系统。充分利用大数据分析等现代化信息技术手段，从系统化的角度快速准确地发现问题，防范和化解风险，配合国家审计工作流程化、规范化、标准化、制度化建设，深化信息化手段的有效应用，配合提升国家审计的工作质量和效率，最终实现制造业企业自身的高质量增长。

第二节　政府引领加速数字化转型建设

在促进数字化转型的发展过程中，政府引领推动数字化转型对中国制造业企业实现高质量发展至关重要。政府在政策、资金、资源、市场等方面具有独特优势，能够为企业提供全方位的支持和保障，在数字化转型过程中扮演着重要角色。政府引领的数字化转型不仅能够促进制造业企业的智能化升级和技术创新，还可以优化产业结构，提升产业竞争力，推动中国制造业实现高质量发展。此外，政府引领下的数字化转型还能够促进政企合作，搭建数字化转型的平台和生态系统，推动产业链的整合和协同发展，实现产业价值链的优化和升级。因此，政府引领推动数字化转型的深入不仅是中国制造业企业实现高质量发展的必然选择，更是在国家审计治理视域下推动产业转型升级、实现经济高质量发展的战略举措。

一　加大数字化转型核心产业的投入

（一）加快实现基础设施全覆盖

首先，5G 技术的全面覆盖是城市数字化发展的关键一步。随着第五代移动通信技术的广泛应用，城市将迎来一场数字化转型的革命。5G 不仅带来更高的数据传输速度和更低的时延，还支持更多种类的应用场景，如智能交通、智慧医疗、工业互联网等。因此，实现 5G 基站的全覆盖将极大地提升城市的通信速度和质量，为数字化转型提供强有力的技术支撑。其次，城域网络的IPv6 升级改造也是数字化城市建设的重要一环。IPv6 作为下一代互联网协议，具备更大的地址空间、更高的安全性和更好的路由效率，能够满足未来物联网、大数据、人工智能等新兴应用的需求。通过将城域网络升级为 IPv6 协议，不仅能提升网络的稳定性和安全性，还为城市数字化转型奠定坚实基础。再次，CDN 的 IPv6 改造也是数字化城市建设的不可或缺的一环。作为分布式网络架构，CDN 能够高效地将内容分发到全球各地用户，提供快速、稳定的网络体验。将 CDN 网络升级为 IPv6 协议能够进一步提升网络的传输效率和质量，为城市数字化发展提供可靠的网络支撑。积极布局基于 IPv6+ 的下一代互联网创新技术也是数字化城市建设的必然选择。这种技术不仅能提供更灵活、更高效的网络服务，还能给城市的智能化、信息化建设带来更多可能性。例如，基于 IPv6 ＋的智能交通系统能实现交通信号的智能控制和实时路况监测，从而提高城市交通的效率和安全性；基于 IPv6+ 的智慧医疗系统可以实现医疗资源的智能调配和远程医疗服务，提升城市的医疗服务水平和覆盖范围。最后，推动 NB-IoT 建设向 5G-IoT 的平稳过渡也是数字化城市建设的重要任务之一。NB-IoT 作为一种低功耗、广覆盖、连接性强的物联网技术，已经在城市的智慧物流、智慧环保、智慧农业等领域广泛应用。随着 5G 技术的成熟和普及，5G-IoT 将成为未来物联网发展的主流趋势，具备更高的传输速度、更低的时延和更大的连接容量，支持更多种类的物联网应用场景。推动NB-IoT 建设向 5G-IoT 的平稳过渡，不仅实现了技术的升级和转型，还为城市的数字化转型提供了更强大的技术支撑和保障。因此，加快实现基础设施全覆盖是数字化城市建设的一项重要任务。通过实现 5G 基站的全覆盖、城域网络的 IPv6 升级改造、CDN 的 IPv6 改造，并积极布局基于 IPv6+ 的下一代互联网创新技术，以及推动 NB-IoT 建设向 5G-IoT 的平稳过渡，城市可以获得坚实的技术支撑，从而促进城市经济社会的可持续发展。

（二）积极建设城市级区块链基础设施

在当前的数字化社会中，积极建设城市级区块链基础设施已经成为推动数字化转型和产业升级的关键举措之一。区块链技术作为一种去中心化、安全可信的分布式账本技术，具备防篡改、透明公开和高效快速等特点，在政府治理、企业管理、金融服务等领域都有着广泛的应用前景。首先，建设城市级区块链基础设施平台将为政府提供高效便捷的服务。政府部门可以充分利用区块链技术建立电子政务平台，实现政务信息的安全共享和透明公开，从而提升政府治理的效率和公信力。例如，政府可以利用区块链技术建立包括但不限于城市交通管理系统、智慧城市管理平台等在内的城市管理系统，以提升城市管理的精细化水平，从而改善城市居民的生活品质。其次，建设城市级区块链基础设施平台也将为各行各业提供创新发展的动力。不同行业可以充分利用区块链技术构建供应链管理系统、知识产权保护平台、数字版权交易平台等，从而提升生产效率和服务质量，推动产业数字化转型。例如，在供应链管理方面，区块链技术可以实现供应链信息的实时跟踪和溯源，从而提高产品的安全性和可信度；在知识产权保护方面，区块链技术可以实现知识产权的去中心化注册和交易，从而保护创新成果的合法权益。最后，推动通信和广电等信息基础设施的共建共享是数字化转型和产业数字化的重要支撑之一，这些基础设施的建设水平直接关系到数字化转型的速度和产业数字化的发展程度。因此，政府部门应积极推动这些基础设施的共建共享，以加强网络覆盖和提升服务质量，为数字化转型和产业数字化奠定坚实的基础。共建共享可以降低建设成本，避免资源浪费，提高资源利用效率，还能促进竞争和创新，推动信息基础设施的不断完善和更新，更好地满足数字化时代的需求。这样的举措有助于打造更加健康、稳定和具有竞争力的数字经济生态系统。例如，政府可以通过出台政策鼓励不同运营商共建共享通信基站，以优化网络资源配置、提升网络覆盖范围和质量；同时，政府也可以通过政策鼓励广电企业共建共享内容生产和传输平台，从而提高内容传输的效率和质量，满足人们多样化的信息需求。

（三）加大数字技术研发与投入

在当今数字化浪潮中，数字技术的研发和投入成为推动科技创新和产业发展的关键。加大对关键共性数字技术研发的支持力度，不仅可以推动科技进步，提升产业竞争力，还可以促进经济持续健康发展。因此，建立数字技术研发建设基金、增加数字科技资金的投入，以及创建产学研合作机制等举措，都是当前数字经济发展的重要战略。首先，对关键共性数字技术研发的支持至关重要。这些共性技术包括人工智能、大数据、云计算、物联网等，是支撑数字化转型和产业升级的核心。政府应当加大对这些关键技术研发的支持力度，通过设立专项基金、制定激励政策等方式，引导企业和科研机构增加研发投入，推动相关技术的突破和应用。例如，可以设立数字技术研发建设基金，专门用于支持关键共性数字技术的基础研究和应用开发，为科研人员提供更多的研发资源和支持。其次，建立产学研合作机制是推动关键技术研发的有效途径。产学研合作是产业界、学术界和政府部门之间的密切合作关系，可以促进科研成果的转化和应用，加速技术创新和产业升级。政府可以通过出台相关政策和提供资金支持，鼓励企业、高校和科研院所之间开展产学研合作，共同攻克关键技术难题，推动科技成果向市场转化。例如，可以建立数字技术研发联盟，由政府、企业、高校和科研院所共同参与，共享研发成果和资源，推动数字技术的创新和应用。再次，增加数字科技资金的投入也是推动数字技术研发的重要举措。数字经济是未来经济发展的重要引擎，需要大量的科技投入来支撑其发展。政府可以通过增加财政投入、引导社会资本投资等方式，增加数字科技领域的研发投入，为数字经济的快速发展提供有力支持。同时，政府还可以通过税收优惠、科技创新奖励等方式，鼓励企业增加研发投入，推动科技创新和产业升级。例如，可以针对数字科技企业提供税收优惠政策，减少其研发成本，提高研发投入的积极性。最后，加大对关键共性数字技术研发的支持力度，建立数字技术研发建设基金，增加数字科技资金的投入，以及创建产学研合作机制等举措，都将有助于推动数字经济的发展，提升产业竞争力，实现经济高质量发展。政府、企业、高校和科研机构应当共同努力，共同推动数字技术研发和应用，为数字经济发展注入新动力。

（四）提高数字基建水平

当前我国数字化建设面临着一个明显的现状，即需求端的数字化建设明显优于供给端，表现为网站、App 等数字化平台运营积累了大量用户，而供给端的数字化建设却相对滞后。为了充分释放数字经济对制造业的促进作用，制造业内部必须加强数字基建，特别是工业互联网和"东数西算"工程等方面的建设水平，以推动制造业的数字化发展。首先，加强工业互联网的普及应用至关重要。目前，我国的工业互联网建设已初步具备规模，但未来的发展需要在应用、创新和普及方面取得更大突破。因此，一方面应该提高工业互联网的应用能力，通过促进工业互联网的互联互通来实现信息技术（IT）与运营技术（OT）网络的深度融合，提高工业互联网在实际生产过程中的应用效果，进而推动工业互联网融通应用工程；另一方面应该强化技术创新能力，推动关键标准的建设，并实现这些标准的引领和推广。只有攻克了关键标准和基础技术，继续创新关键技术与产品研发，才能在工业互联网领域保持领先地位。其次，应提高工业互联网的普及程度，促进平台体系的升级，培育技术创新企业和运营服务商，打造开放多元的平台，从而推动产业的协同发展。最后，还应完善工业互联网的基础设施，提高信息安全保障水平，降低使用费用，强化公共服务供给，帮助中小企业"安全上云"，从而提高工业互联网应用的普及率。只有通过这些措施，才能够实现制造业数字化转型的目标，释放数字经济的潜力，推动制造业朝数字化、智能化的方向迈进，为中国制造业的高质量发展注入新的动力。

二 推进数字技术标准的制定

（一）强化国家标准体系

强化国家标准体系是促进制造业转型升级、推动数字技术发展的关键举措之一。在当前数字化浪潮下，制造业正面临着从传统制造向智能制造、数字化转型的重大挑战和机遇。而国家标准体系的顶层设计，尤其是强制性国家标准，对引领产业发展、规范市场秩序具有重要作用。因此，加强对强制性国家标准体系的顶层设计，并根据制造业转型需求和数字技术发展趋势，审查并完善现有技术标准，制定与产业发展相匹配的标准图谱，具有重要意义。首先，加强强制性国家标准体系的顶层设计意味着对整个标准体系的战略规划和协调管理。这需要政府部门、行业协会、企业等各方通力合作，明确标准的制定、修订和执行流程，确保标准体系与国家产业政策和发展战略相一致。这样做有助于提高标准的权威性和可操作性，推动标准在产业转型中的有效引导作用。其次，根据制造业转型需求和数字技术发展趋势，审查并完善现有技术标准至关重要。随着科技的不断进步和产业结构的不断调整，现有标准可能存在滞后性或不适应新技术应用的情况。因此，需要对现有标准进行全面审查，及时修订和更新，以确保其与时俱进、适应市场需求。特别是针对数字技术领域，需要加强标准制定工作，推动人工智能、大数据、云计算等技术与实际应用场景的对接，为产业发展提供更为精准的规范和指导。最后，制定与产业发展相匹配的标准图谱，有助于构建完善的标准体系，推动产业链上下游的协同发展。标准图谱可以将各项技术标准进行分类整合，形成一张清晰的标准网络，使标准之间相互关联、相互配套，有助于形成统一的行业标准体系，促进产业链的优化和协同发展。同时，标准图谱还可以为企业提供技术路径和发展方向，降低技术应用的成本和风险，推动产业创新和升级。因此，强化国家标准体系是推动制造业转型升级、促进数字技术发展的重要举措。加强对国家标准体系的顶层设计，审查并完善现有技术标准，制定与产业发展相匹配的标准图谱，将有助于提高标准的质量和权威性，推动数字经济的快速发展。

（二）产业链上下游协同制定标准

在当今竞争日益激烈的市场环境中，产业链上下游协同制定标准是推动产业发展和提升整体竞争力的关键一环。这不仅有助于促进产业链各环节之间的协同合作，还能推动形成统一的标准体系，为产业发展注入新的活力。特别是在关键行业，如新能源汽车、智能制造等领域，建立完整的产业链标准图谱更重要。首先，产业链上下游协同制定标准的机制意味着各个环节的利益相关者需要共同参与标准的制定过程，包括原材料供应商、生产厂商、分销商、消费者以及相关政府部门等，他们需要就标准的内容、执行和监督等方面展开充分的协商和合作。通过这种协同机制，可以更好地满足不同环节的需求，提高整个产业链的效率和质量水平。其次，产业链上下游协同制定标准有助于推动统一的标准体系形成。由于产业链上的各个环节相互依存、相互影响，如果各环节的标准不统一或不协调，将导致资源浪费、效率降低等问题。因此，通过协同制定标准，可以促进各个环节之间的协调一致，形成统一的标准体系，从而提高整个产业链的竞争力和可持续发展能力。特别值得注意的是，在关键行业，建立完整的产业链标准图谱具有重要意义。这意味着不仅要制定单一环节的标准，还需要将各个环节的标准进行整合和归类，形成一张清晰的标准图谱。这样的标准图谱不仅可以为企业提供更加明确的标准依据，降低标准实施的成本和风险，还可以为产业链的发展提供有力支撑，推动产业链上下游的协同发展。最后，产业链上下游协同制定标准是推动产业发展和提升整体竞争力的重要举措。通过建立协同机制，推动统一的标准体系形成，特别是在关键行业建立完整的产业链标准图谱，可以为产业发展注入新的活力，促进产业链上下游的协同发展，推动经济持续健康发展。

（三）国际标准对接与提升

在数字化转型赋能中国制造业企业高质量发展的道路上，需要加强对国际标准的关注与对标，以促进国内标准与国际接轨。首先，可以鼓励企业积极参与国际标准化组织的工作，通过积极参与国际标准的制定过程，提升我国在国际标准制定中的话语权和影响力，从而在全球范围内推动数字化转型的高质量发展。此举不仅有助于我国数字化转型的规范化和标准化，还能提升我国企业的国际竞争力，进一步拓展国际市场。其次，建议加强国际技术合作与推广，以更好地吸收和借鉴全球最新科技成果，推动我国数字技术和产品的国际化进程。其中，推动强制性国家标准的外文版本是一个重要举措。通过将国家标准翻译成多种外文版本并在国际范围内广泛推广，可以更好地让全球市场了解和认可我国的标准体系，进而提高我国数字技术和产品在国际市场上的竞争力和份额。最后，加强与国际技术组织和跨国公司的合作，积极参与国际科技合作项目和技术交流活动，也是促进国际技术合作与推广的有效途径。通过这些举措，不仅可以更好地应对国际市场的竞争压力，还能够促进我国数字化转型的高质量发展，实现经济的可持续增长和跨越式发展。因此，要加强对国际标准的关注与对标，加强国际技术合作与推广，推动中国制造业数字化转型高质量发展。随着全球数字化转型进程的不断加速，我国制造业应紧跟国际潮流，积极融入全球价值链，不断提升自身的创新能力和核心竞争力，实现经济的持续健康发展。

三　推动科技成果向产业转化

（一）支持科技成果向产业转化

企业数字化转型需要通过系统的调研和科技成果的挖掘来支撑。首先，必须整理并追踪已有的科学技术成就。要做到这一点，就必须建设好信息交流体系和科研成果交流平台。政府还必须有相应的政策措施，加快新科技朝市场化、工业化方向发展，促进其规模化、产业化，并持续提升技术成熟度。高校和研究院所可以通过培养技术经纪人来促进技术的应用和转移，应继续推动科技中介人员由半脱产转为全职，并完善技术转移体系。其次，需要改革科技成果的管理体制，如通过省市投资平台参与国家科技重大专项成果转化合作模式，改革基金财务管理制度，增加科研人员在科研基金管理中的便利度，以进一步激发科研人员的积极性。再次，支持企业快速部署数字化工具和设备，利用工业互联网构建信息协同机制，以提高数据采集能力，并持续推动数据的开放共享和高质量聚合。通过整合企业的管理信息系统和生产控制系统数据，实现企业数据的全程远程监控，从而提升数据的完整性。在不同领域推进标识数据的采集和共享，加速上下游企业之间的数据共享，建立共赢的合作机制，鼓励数字服务平台为中小企业提供支持。最后，推进产业链和供应链数据共享图谱的研究和制定，以促进产业链数据的互通。数据在数字化转型中扮演着至关重要的角色。因此，需要企业建设自主的大数据平台，并参与关键数据流通技术的研发，以确保多源数据的准确采集与流通。为了保障数据的安全与准确性，建议企业建立健全数据管理机制，并探索免费共享和付费订阅等方式，完善数据交易制度。此外，加强市场监管，以提升数据流通的安全性。提出探索数据确权、数据交易等制度的制定，明确数据交易双方责任与义务，并建立问责机制，形成完善的数据保护体系，以推动数据的高效利用和深度挖掘。

（二）积极推动数字化技术广泛应用

首先，政府应该鼓励企业在生产、管理和创新方面广泛采用数据处理技术，例如云计算和区块链。同时，在研发创新和能源消耗管理等领域，积极推动数字仿真和大数据分析等技术的应用，构建推动企业环境管理和绿色化生产为核心的创新生态。其次，通过数字化技术获取客户的反馈和需求，了解市场趋势和竞争对手的动态，从而调整产品设计和生产方式，减少资源浪费和环境污染。再次，通过数字化技术将生产、销售、采购等部门的数据和知识进行整合和集成，形成更加全面和系统的知识库和信息平台，促进各部门之间的协作和交流，提高企业的绿色创新能力和市场竞争力。最后，通过政产学研将不同创新主体融入创新生态，形成更为新型的研发生态系统。环保部门则应引导企业充分运用数字技术进行绿色技术创新，政府可以通过税收和财政激励措施，以及颁布相关标准和规范等行政手段，积极发挥外部环境和法规等因素的刺激效应，更好地引导和支持企业进行环保投资和环境治理。这有助于创造一个有利于绿色创新的环境，推动企业在数字化转型中更加注重绿色可持续发展。

（三）加速数字技术与传统产业的深度融合

首先，政府可以为引导龙头企业作为工业互联网赋能传统产业转型的典范而拟定相关支持措施，帮助其他上下游产业链企业进行系统化的数字化转型，从而推动整个产业链的升级和转型。政府可以提供资金支持、政策激励等手段，鼓励龙头企业在数字技术与传统产业的融合上发挥引领作用，形成典型案例和经验，为其他企业提供指导和借鉴。这样的举措有助于推动整个产业链的数字化转型。其次，倡导借鉴消费互联网的思维，意味着将更加灵活、快速、用户导向的方法应用于中小企业数字化转型的推动中。此外，政府可以通过构建大型公共服务平台来支持中小企业的数字化转型，帮助中小企业快速实现上云和上平台，从而提高其数字化水平，加速转型步伐。通过建立开放共享、协同创新的平台，促使多方主体协同合作，加速工业化和现代化的深度融合。政府可以在技术培训、数字化转型咨询等方面提供支持，帮助中小企业克服数字化转型的难题。最后，加速数字技术与传统产业的深度融合是实现产业升级和数字化转型蓬勃发展的重要举措。政府在其中扮演着引导、激励和支持的角色，通过制定政策、提供资源，推动各类企业充分利用数字技术，实现产业的转型升级，推动经济的创新发展。

四　强化数字产业的政策与人才支持

数字化转型在当今社会已经成为推动经济发展、提升产业竞争力的必由之路。作为数字化转型发展的基石，它不仅是一种技术革新，还是对传统产业模式的全面升级和改造。在这一背景下，为了有效推动数字化转型，必须采取一系列有力措施，包括政策引导、资金支持和人才培养等方面的措施。首先，政府需要加强财政资金的引导作用，通过出台相关政策，加大对数字化转型的扶持力度。这包括对关键环节、关键技术、关键领域的重点支持和资助，以及对数字化转型项目的奖励和补贴政策，从而集中优势资源，推动数字化转型的突破和创新。其次，为了解决数字化转型中的人才短缺问题，可以借助重大人才计划，加速培养和引进具备工业技术专长、同时精通新一代信息技术的跨领域、复合型人才。这包括对相关领域的人才培训和教育投入，以及对人才引进和激励政策的制定，从而为数字化转型提供强有力的人才支持和保障。再次，为了加快数字化转型的进程，需要整合企业、高校、科研院所等多方力量，建立科技攻关揭榜制度和首席专家组合模式，集中攻克数字化转型中的关键核心技术和颠覆性技术难题，实现技术创新和突破。最后，可以通过构建一系列"政、产、学、研、用"相结合的数字化转型专业人才培训基地，对现有从业人员进行素质和能力提升，从而培养更多适应数字化转型需求的高素质人才。在数字化转型的推进过程中，政策、资金和人才的有力支持将起到至关重要的作用，有助于加速数字化转型的蓬勃发展，推动产业升级和创新驱动，实现经济高质量发展的目标。

五　激发创新活力

（一）调动创新主体积极性

创新有效促进了制造业的高质量发展，再次证明了创新是经济发展的动力之源。在数字化转型背景下，制造业创新是一项系统工程，处于市场最前沿的制造业企业要与多方创新主体协作，以创新驱动发展，并加强自身商业模式创新。数字经济时代，电子商务发展掀起了商业模式创新的浪潮。要积极适应数字经济发展背景，一是企业应分析自身产品性质、产品结构和市场规模，制定个性化的商业模式，合理布局线上线下销售渠道，科学筹划区域市场，开发适合自身发展的电子商务渠道，避免照搬照抄竞争对手的商业模式，造成资源浪费；二是企业内部应营造崇尚创新的文化氛围，改善企业组织架构与管理模式，建立扁平化的组织结构，适当对下属放权，提高企业对市场变化的灵活性，主动适应系统化的商业模式创新，避免被电子商务浪潮裹挟前进。

（二）充分利用消费端数据资源

制造业企业要充分利用消费端的数据资源。互联网和App平台将消费者纳入创新环节，平台记录的评价讨论、使用体验和购买习惯成为企业重要的数据资源。充分利用这些数据资源能够激发消费者参与创新的活力，帮助企业及时了解需求端新变化。首先，企业应建设良好的社群平台，重视社交媒体和自媒体等传播渠道，积极与消费者沟通，及时关注产品的舆论导向，通过消费端实现口碑宣传推广效应。其次，企业应配备信息系统，重视社群平台上的使用反馈和消费者购买习惯等记录，定期进行数据分析，制作消费者画像，了解需求变化，及时进行产品升级改造，提高产品竞争力。最后，制造业企业要积极与高校科研机构开展创新合作。

第三节　差异化推进数字化转型

数字化转型成为中国制造业企业实现高质量发展的关键路径之一。然而，对于不同企业而言，数字化转型的路径与策略并不相同，因此差异化推进数字化转型显得尤为重要。通过深入研究差异化推进数字化转型的重要性，可以发现不同行业、不同规模、不同发展阶段的企业所面临的挑战和机遇各异，因此需要因地制宜地制定数字化转型策略。差异化推进数字化转型不仅能够更好地满足企业的实际需求，还可以提高转型的成功率和效率，避免资源的浪费和盲目性投入。此外，针对性地推进数字化转型还能够增强企业的竞争力，促进产业结构优化和升级，推动中国制造业朝着更高质量、更可持续的发展方向迈进。因此，差异化推进数字化转型不仅是中国制造业企业实现高质量发展的必然选择，更是在国家审计治理视域下实现产业转型升级的战略抉择。

一　促进数字化转型均衡发展

（一）利用规模效应推动"数实融合"

强化规模庞大的企业在数字化转型中的领导地位，利用数字化转型的规模效应推动"数实融合"。目前来看，数字化转型对国有企业和大型企业的促进效应较为显著，这凸显了规模效应的作用。因此，在政策制定方面，应继续鼓励规模庞大的企业在数字化转型方面发挥引领作用，鼓励它们加速数字化转型的升级，以更好地发挥它们在数字化转型中的关键作用。这不仅有助于数字化转型与制造业的有机融合，还有助于数字化转型的健康发展。同时，需要确保市场在数字化转型资源分配中起到决定性作用，以维护市场的稳定性和可持续性。研究结果显示，东部沿海地区以及市场化程度高的地区的企业在行业数字化转型方面表现出色，这再次强调了市场机制在数字化转型资源配置中的关键作用。要想实现这一目标，需要在创新和监管之间取得平衡，通过强化监管来保障市场的公平竞争。在为民营经济提供更广阔的市场空间环境的同时，也要关注数字化转型的作用机制，通过行业协会、商会协助提升区域市场主体的管理水平。在推动产业数字化的过程中，应该更加注重数字技术的实际应用效果，以提高企业的效率和竞争力为核心目标，从而促进数字化转型与实体经济中制造业高质量的有机结合。

（二）数字化驱动的制造业升级与市场环境优化

利用产业数字化推动制造业高质量发展是当前经济转型的必然选择。这一战略的普遍性特征在于其能够为各行各业带来效率提升、成本降低以及产品质量和服务水平的提高。尤其是在中西部地区，这一趋势更为明显，因为该地区拥有丰富的土地资源、便宜的能源以及适宜的气候条件，这些条件为制造业的发展提供了宝贵的优势基础。针对这一特点，建立与云计算中心、数据集成中心深度融合的制造业创新示范基地和高新技术交易市场是必要之举。这样的示范基地不仅可以为企业提供先进的数字化生产设施，还能提供技术研发、市场推广等全方位支持，从而推动制造业向数字化、智能化转型。同时，这也有助于优化创新要素集聚后的长期性、稳定性政策扶持和技术孵化，为企业提供更加可持续的发展环境。在建设国内市场方面，需要加快构建以国内大循环为主体、国内国际双循环相互促进的新发展格局。产业数字化将成为这一市场环境优化的重要契机。通过引导中小微制造业企业整合资源要素，提升产品的品牌、质量和技术附加值，可以实现国内消费和国外出口的双向增长。同时，鼓励制造业头部企业共享数据要素和数字技术，有助于打造数字知识产权密集型产业链和基于质量目标一致性的上下游合作关系，从而推动整个产业链的升级。充分利用产业数字化推动制造业高质量发展，不仅可以提升企业竞争力，还可以促进经济结构调整和产业升级，推动经济持续健康发展。因此，应该积极倡导并落实相关政策，共同推动数字化转型，为制造业的可持续发展注入新的动力。

二　因地制宜缩小区域差异

（一）因地制宜制定数字产业发展战略

为全面推进产业结构升级和实现区域均衡协调发展提供动力和支持，在战略实施上，要根据各地的特点采取差异化的策略。利用北上广深等一线城市或省会城市的优势建设数字技术创新中心，以获得更多数字化转型的发展红利。这些地区的数字化发展也可以通过空间溢出效应，推动中西部地区数字化转型和产业结构的升级。对于中西部地区，需要将重点落实在人才的引育中，注重产业专业发展人才、创新创业人才以及国际化人才的培养和引进。同时，在中西部地区要尽快打造省级、国家级的数字产业、数字化转型或数字特色产业示范区，利用数字技术释放创新潜力。这种做法有助于发挥后发优势，实现数字产业发展的快速跨越。总之，通过实施动态化和差异化的数字产业发展战略，可以更好地发挥各地的优势和特点，推动数字化转型在不同地区的快速发展，为经济结构的升级和发展提供更为有效的路径和模式。制定差异化制造业数字化转型政策，能够最大限度发挥制造业数字化转型正向效应。研究表明，我国制造业数字化转型是经济高质量发展的动力来源，但各区域制造业数字化转型带来的边际效益存在明显的异质性，在制造业数字化转型的促进效应中，东部地区最为显著，中部地区次之，西部地区显著性最弱。因此，在推进各区域制造业数字化转型时，应当因地制宜，发挥制造业数字化转型的最大效用。在国家层面上，政府应充分发挥宏观调配能力，合理规划有限的政策资源，适当调整对中西部地区的资源分配体系，促进当地制造业与数字经济深度融合，满足经济高质量发展需要；在地区层面上，地方政府应当考虑自身的经济水平与要素禀赋，针对性促进制造业数字化转型。如中西部地区应当根据当前自身的数字化转型的水平出发，重视数字技术的应用与扩散，加速传统制造业数字化进程大力发展数字化基础设施及配套服务，实现数字化转型的赶超，充分发挥制造业数字化转型的边际效益。东部地区应重视数字化技术创新，发挥本地区大量高层次人力资本的人才集聚作用，加大创新投入，注重培育并引进科技创新型人才，发展高科技产业以及新兴产业，创造新的经济高质量发展的增长点和增长极。

（二）推动制造业数字化转型集群发展模式

数字化转型不仅是简单的技术升级，更是一场全面的产业革命，能够给制造业带来巨大的创新机遇和发展动力。企业应转变思维，不仅要进行技术升级，更需要将数字化转型作为一项全面的产业革命融入企业战略；企业应审视当前的业务模式、市场需求和竞争环境，明确数字化转型对企业战略定位和商业模式的影响，并制定相应的长期规划。

为了更好地促进制造业数字化转型，缩小制造业企业之间的差距，更好地推动制造业整体水平的提升和高质量发展，各企业可以采取以下措施。第一，建立数字化转型示范基地。通过示范基地的建设和运营，企业可以展示数字化转型的最佳实践和成功案例，为其他企业提供经验借鉴和指导。这样的基地可以提供技术支持、培训服务，并为企业提供实地考察和学习的机会。第二，打造数字化转型产业链。针对制造业不同环节的数字化需求，打造完整的数字化转型产业链，涵盖数字化设计、智能制造、供应链管理、物流配送等环节。通过促进产业链上下游的合作和协同发展，提高整个产业链的数字化水平，实现资源共享和优势互补。第三，推动产业互联互通。建立数字化转型的产业互联互通平台，促进不同行业、不同领域之间的数字化技术和信息交流，这样的平台可以促进产业之间的合作共赢，推动数字化技术的跨界融合，实现产业链的高效连接和资源整合。第四，加强地区间协同发展。在地方政府的引导下，加强不同地区之间的协同发展，形成数字化转型的地区集群。通过建立跨地区的数字化转型合作机制，促进资源共享和优势互补，加快数字化转型步伐，推动地区经济的协同发展。第五，鼓励企业联合创新。政府可以设立数字化转型创新基金，鼓励企业间开展联合研发和创新合作。通过资金支持和政策激励，促进企业间的合作共赢，共同攻克数字化转型中的关键技术和难题，推动产业的集群发展和提升。第六，推动建立数字化转型评价指标体系更新完善。制定数字化转型的评价指标体系，包括技术水平、创新能力、应用效果等方面的指标，对数字化转型进行全面评估和监测。这样可以及时发现问题和不足，引导企业进行持续改进和优化，推动集群发展的不断提升。通过以上措施的实施，制造业企业可以加速数字化转型的步伐，实现集群发展，缩小数字化转型的差距。这将有助于提升整个制造业的竞争力和创新能力，推动中国制造业向着数字化、智能化、高质量发展的目标不断迈进。

（三）建设"东数西算"工程

当前我国数字经济发展呈现明显的地区差异，不同地区的要素禀赋和发展基础之间存在较大差异。针对这一情况，需要促进地区间的协同发展，实现优势互补，为数字经济的全面发展创造良好的条件。在这一背景下，"东数西算"战略应运而生，旨在通过充分利用西部地区丰富的算力资源来支持东部地区较大的数据运算需求，从而实现数字经济的跨区域发展。首先，为了实现"东数西算"工程的顺利实施，需要优化地区间的互联网结构，提升算力枢纽节点和国家数据中心集群之间的网络传输质量。这意味着需要打通地区间的数据快速传输通道，确保数据在不同地区之间的快速传输和共享，为数字经济的跨区域发展提供坚实的基础支撑。其次，为了实现数字经济的可持续发展，需要关注数据中心的能源消耗问题。考虑到数据中心耗电量大的特点，应当以可再生能源发电为主要供电方式，同时针对数据中心建设配套可再生能源电站，从而实现数据中心的绿色化运营，为"双碳"目标的实现贡献力量。最后，为了进一步推动数字经济的发展，需要加强融合应用，实现上游制造业、中游数据运算中心、下游数据要素流动以及全程数据安全保障之间的有效融合。这意味着需要鼓励劳动力向"东数西算"工程衍生的新业态转移，大力发展数字产业链上的数据加工、数据清洗、数据内容服务等劳动密集型产业，从而推动数字经济的全面发展。因此，"东数西算"工程的实施将为我国数字经济的跨区域发展提供重要支持，有助于促进地区间的合作与交流，推动数字经济向高质量发展迈进。我们应当充分认识到东数西算战略的重要意义，加强统筹规划和协同推进，为数字经济的全面发展提供良好条件。

（四）缩小地区经济差距

我国幅员辽阔，各地资源禀赋和产业结构各具特色。根据数字化转型和制造业高质量发展评价体系结果及四大地区异质性分析结果可知，我国四大地区之间发展差距较大。因此，应当尊重地区特色，发挥国内大市场作用，缩小地区间差距，推动各地制造业高质量发展。东北地区是我国老工业基地，但结合实证分析结果可知，近几年东北地区制造业发展难以适应数字经济发展背景。东北地区要加快数字经济基础设施建设，巩固传统龙头产业实现数字化升级；加强生态治理，攻关生产核心技术，从粗放生产向集约生产转变；推进国企混合所有制改革，主动适应市场竞争，逐渐摆脱财政依赖。中部地区身处内陆，资源禀赋丰富，制造业基础良好，但以资源开发和粗加工为主，竞争力不强。中部地区要坚持淘汰落后的产能、生产技术和隐患较大的设备，优化制造业结构，坚持供给侧结构性改革；加强创新驱动引领，改善制造生产工艺，发展高新技术产业，从而带动传统制造业升级，加快建设先进制造业基地；完善交通设施，发挥中部交通枢纽作用，联通制造业上下游产业链，协调国内资源配置，加强省际区域合作，盘活国内大市场。西部地区地域辽阔，资源丰富，但制造业发展缓慢，以承接东部制造业转移为主。西部地区要建设优势产业，集中资源促进基础较好的制造行业转型升级，逐渐摆脱承接发展模式；抓住政策机遇，加快建设"东数西算"工程，完善数字经济基础设施，延长产业链，开拓海外市场；发挥带动作用，以制造业基础条件良好的成渝地区为核心，打造西部高技术制造业集聚中心。东部地区地理优势明显，各方面发展基础雄厚，东部地区要加强对外开放，加强国际交流合作，积极整合国际资源，提升国际竞争力；加强研发创新，发挥东部地区创新研发优势，攻坚关键核心技术，带动制造业向"智造"转型。四大地区之间要加强优势互补，积极参与国内大市场，促进我国制造业整体发展。

第四节　改善制度环境

一　推进市场化改革

（一）深化"放管服"改革

通过深化"放管服"改革，最大限度地破除制度性障碍对要素市场配置效率带来的负面影响，形成要素、技术、信息和知识的统一市场，打破各区域之间的流通障碍和行政区划壁垒，建设竞争充分的市场环境；加强知识产权保护，建立与健全工业创新服务平台与机制，规范风险投资，降低工业企业融资成本，吸引更多资本投向工业领域，促进工业良性发展。

（二）构建更加完善的资源配置机制

目前，政府通过投资调整制造业的资源配置，为提升市场配置效率，政府应当准确衡量市场要素属性、各地区市场化程度差异和各区域经济社会发展需要，构建更加完善的要素市场化配置体制机制，实现要素价格市场决定、流动自主有序、配置高效公平；同时，逐步减少政府干预，使政府与市场相融合，从而为制造业企业可持续发展建立良好的外部经济环境。基于资源配置市场化视角下的政府投资基金，宏观层面上应发挥其主导作用，通过政府与市场的深入融合发展，根据市场规律，使企业的经济行为产生积极效用，避免资源无效配置、区域间无序竞争等消极的后果。另外，政府需要提供更多支持政策，净化市场经济环境，释放社会经济活力。更加关注投资效率，按照供给侧结构性改革的要求，重视公共服务提供质量，着力培育良好的地区发展环境，让市场在资源配置中发挥决定性作用。微观层面上应通过补偿机制、风险扣除政策等，分担企业研发行为存在的风险，并让渡经济利益给企业，降低企业研发成本，提高风险承担能力，最终激励企业增加研发投入。在资源配置市场化改革中，发挥现有的市场化方式运行的政府投资基金引导作用，将政府引导基金重点用于非上市公司，让社会保障基金更好地作用于上市公司。政府投资基金作为政府资源配置的手段，应逐步建立以市场化为导向的政府投资基金体系，逐步减少政府干预，使政府与市场相融合，从而为制造业企业可持续发展建立良好的外部经济环境。

（三）深化市场化结构性改革

较高的市场化水平意味着市场在资源配置中起决定性作用，政府应担当起对市场经济主体合理监管的角色，发挥好市场化对风险偏好的正向引导作用。同时，制造业企业在实施创新驱动发展战略时，需要充分考虑区位市场化环境、风险偏好因素的作用，特别要高度重视与企业创新行为密切相关的冒险精神等隐性因素。企业在对管理层的培养方面，应重视其风险意识与冒险精神的培养，结合地区风险偏好特征，充分发挥企业管理层的冒险精神，提升企业创新效率。

（四）推进国有制造业企业市场化改革和混合所有制改革

相对于非国有制造业企业，国有制造业创新效率相对较低，改革面临的阻力较大，应当逐步打破政府对国有制造业企业的软预算约束机制，进一步加强国有制造业企业改革中的监督和激励机制设计，解决其长期创新激励问题，提升制造业经营效率，推动制造业行业和企业做大做强。同时，要促进各种所有制经济公平竞争，激发制造业创新活力，提高国有制造业企业创新效率。

二　健全数据要素市场规则

建立健全数据要素市场规则，为数字经济发展提供要素保障。数据要素市场的高效运行是数字化转型的重要保障，要通过规范数据要素市场，进一步加快数字化转型进程。当前，各地区之间的数据壁垒仍然存在，数字经济对制造业高质量发展的功效仍未能充分体现。一方面，要统筹数据开发和利用的行为规范，建立健全数据产业交易机制，积极培育进行数据交易的平台和市场主体，切实提高数据流通的安全性和高效性；另一方面，要加快推进信息数据的保护和立法工作，完善信息数据分类保护制度。首先对信息数据的私密性进行评级确定，然后按照不同的等级进行流通和保护。对涉及核心机密的数据要实施最高等级的保护，以防非法势力的窃取。同时，要构建网络安全保障平台，推动跨区域、跨部门、跨行业的协同联动，完善网络安全事件的快速响应机制。

三　完善数字化基础设施和数字平台搭建

数字化转型所起到的信息媒介作用能够在市场化程度较低的地区对市场失灵产生了一定的弥补效果，因此需加强各地数字化设施建设，并及时搭建数字化平台，以实现企业内外部信息的流通，同时便于外部投资者和政府在市场环境相对闭塞的情况下对企业的真实状况产生大致的了解，并为积极转型和创新但资金受困的企业提供发展机会。通过数字化建设可以充分发掘原市场化不充分地区企业的潜力，增加其交易机会，改善地区发展不平衡现状。同时投资人也可以通过数字化平台增强对当地企业的了解，降低其投资风险，提高投资报酬率，从而实现整体资源配置效率的优化。政府应积极推进信息基础设施建设，包括硬件、软件、数据中心建设等。加快 5G 通信设施建设，扩大网络覆盖范围，让更多企业享受到信息服务。

四　健全完善协同监管规则制度

受到数字技术快速进步及在制造业产业领域渗透和融合的影响，越来越多的制造业企业会走向数字化转型发展之路。更确切地说，在数字化转型发展初期，不仅企业之间会因为利用数字技术而强化创新竞争，还会有越来越多的企业加入数字化转型发展的大道，使得市场竞争日趋激烈。然而，数字技术天生具有一定的垄断基因，在初期竞争中某个或某些企业一旦取得某些小规模优势，数字技术的天生垄断基因就会使其获取越来越大的竞争优势，从而更容易带来垄断。因此，就未来进一步发展而言如果不采取有效的规制措施，那么数字经济快速发展必然会带来更为严重的垄断。数字技术在制造业的广泛应用、融合和渗透会催生出一些新兴的超级产业和巨大商域，其产业组织与规则系统必须通过"自律"和"他律"的方式来保证其良质性，才能使数字技术更好地服务于中国制造业企业高质量发展，并在优化资源配置以及推动形成全国统一大市场中发挥积极作用。因此，要"坚持促进发展和监管规范并重，健全完善协同监管规则制度，强化反垄断和防止资本无序扩张，推动平台经济规范健康持续发展，建立健全适应数字经济发展的市场监管、宏观调控、政策法规体系"。

推动生产要素自由有序流动，实现资源优化配置，不仅需要加快建立全国统一的市场制度规则，打破地方保护和市场分割，还应该充分发挥数字技术对分工演进乃至扩大市场范围和规模的内生推动作用。当然，充分发挥其内生推动作用，需要建立在其规范发展基础之上。为此，需要考虑到数字经济新商域的固有特征尤其是切换成本、数据的自我强化等特有垄断机制的形成，在大力推进数字化转型的同时，更要健全和完善数字经济治理体系，如此，才能在"自律"和"他律"的双重作用下，以数字化转型推动生产要素自由有序流动实现资源优化配置，进而发挥其可能在助力制造业企业制度环境的建设的积极作用。

五　提高资源配置效率和市场竞争合力

以块状经济为载体，提高资源配置效率和市场竞争合力。市场竞争并不是一个企业的孤立的行为，企业在培育市场势力过程中需要与外界进行大量的信息交换，通过协同合作更多地了解市场的需求动态，吸收技术的发展动态等。而同时企业为了生存和获取利润，就必须生产出符合市场需求的产品和服务，在某种意义上说，市场需求为产业发展、企业创新指明了方向，所以市场需求的变化可以引导产业发展方向，激发企业实施非价格竞争策略。制造业目前市场集中度很低，企业没有形成较为明显的聚集，造成市场分散，导致企业间配套能力低、物流成本过高、经济要素资源重复利用等现象，所以应该推动制造业企业集群发展，形成以块状经济带动并促进产业集群的发展，使得产业的产品供应商、制造商、贸易商等关联主体在地理上形成集聚，使得产业市场变化信息更快地传递到企业内部促进企业生产，促进上下游企业的生产联动性，达到通过规模经济与速度经济提高自身市场竞争优势的目标。块状经济即产业集群内部企业存在着显著的技术关联性和生产联动性，通过地理集聚特点能够更快地促进市场需求信息变动传导上下游企业，有利于促进产品生产资源扩散与共享，从而实现成本竞争优势。政府可以通过出台一系列鼓励产业集群发展政策，利用数字技术平台，鼓励同类企业的高度集聚，以核心大企业为中心，通过各种招商政策吸引中小配套企业，有效推动集群企业内部的合作，提高集群配套率，降低物流采购成本，形成明显的群体规模优势与成本优势。制造业应以专业化市场为导向，产业集群为载体，实现企业生产要素的共享，在块状经济效应下提高企业自身发展水平与企业间协同合作发展水平，从而实现以规模经济、速度经济和成本竞争优势促进制造业市场竞争力良性螺旋上升的目标。

第五节　提高资源配置效率

一　推进制造业企业数字化改造

采用人工智能、大数据、物联网等国内外的先进数字技术作为技术支撑，积极引导制造业企业通过设备换芯、生产换线改进生产方式。通过植入智能传感器、智能制造系统等方法对原有生产设备进行改造，对每一个生产关键环节的设备进行数字化、网络化、智能化升级，对生产活动动态追踪，及时发现扰动源并作出调整，使生产计划具有高度的灵活性，并在此基础上进一步发展数字化车间、打造智能工厂，最终研发出智能产品，提高市场竞争力。通过数字化服务平台增强与消费者的互动和反馈，为消费者提供个性化、定制化的产品与服务，为制造业高质量发展提供强有力的支撑。

二　整合数字技术与关键资源

企业应意识到数字化影响资源配置的底层逻辑，在实施数字化转型过程中需要管理者挖掘数字技术与关键资源调整相结合的有效途径，利用数据资源与数字技术赋能组织变革与资源重组，优化战略变革决策过程、实施并监督内部治理机制等，保障数字化发挥韧性提升作用的渠道通畅，最大化转型过程带来的经济效益。例如，在组织之间通过建立行业联盟平台等方式共享供应链、技术、市场渠道等资源，实现资源的优化配置与共同利用，在组织内部搭建"T中台"，打破企业传统的各部门分散式格局与资源隔离，便于建立有效的业务连续性计划、备份和恢复系统，形成灵活、敏捷的危机应对与战略决策模式等。

三　根据企业异质性定差异化政策

结合所处环境特征与自身运营特点而采取异质性措施对企业来说是十分重要的。处于激烈竞争环境的企业，要保持竞争优势、实现高质量的可持续发展，更需依赖强大的组织韧性，因此要注重以数字技术推动产品、服务和业务流程方面的持续改进，并将创新成果转化为有效的商业解决方案。也可借助数字化东风拓展产品或服务范围，开辟新的市场，降低竞争风险。对供应链合作伙伴高度依赖的企业，在转型过程中要避免对关系契约型非正式治理机制的忽视，加强与供应链成员之间的沟通与信息共享，建立相互信任的合作关系。同时，利用数字技术提高供应链效率和可见性，建立多样化的供应网络。

此外，政府也应加快建设利于数字经济发展的宏观环境，为企业（特别是中小企业）数字化转型降本减负，助力企业提升自身韧性以应对风险环境。如采取搭建数字化成果共享平台、出台具有针对性的利好政策或设立专项基金、加大数字知识产权保护力度、积极参与数字经济国际合作等具体措施。在数字技术助力高质量发展的过程中，根据企业的异质性来制定差异化的政策，助力企业劳动资源配置效率提升。例如，给予非国有企业更多的资金和政策支持使其能更好地借数字经济发展红利来改善劳动资源配置效率；加强对劳动密集型企业和劳动配置过度企业的引导，使其可以吸纳更多的劳动力就业，进一步提升劳动资源配置效率。

第六节　进一步提升创新能力

一　培养数字化复合型人才

人才是创新基石，企业应该制订系统、全面的复合型人才招聘和培养计划，提高数字化转型所需的复合型人才的数量和质量，探索和借鉴新的人才培养与选拔机制，通过和高校、科研院所的合作，为自身引进和培养高端人才。对于制造业企业需要的复合型人才不能仅仅依赖于市场的供应，可以建立复合型人才培训和实训基地，开展多元化的教育培训项目，为员工提供更广泛的知识和技能培训。可以借助数字技术手段，如大数据、人工智能、机器学习等为制造业企业精准挑选和培养符合企业所需的人才。并且随着新技术的不断出现和转型的加快，制造业企业需要不断调整人才需求和人才培养方案，不断提高企业员工的综合素质和竞争力，适应数字化转型的要求，为制造业的高质量发展打下坚实的人才基础。

此外，还要分类推进并深化改革人才评价机制。人才评价是有效配置人才和释放人才活力的前提。政府应建立有效的激励机制，加大研究开发项目专业人员的激励力度，有效保障劳动者的合法权益。对科研工作进行组织和协调时，应注重对科研成果的管理，简化用于发展科学技术而支出费用的报销流程，减轻科技工作的不合理负担；加大对论文、专著、发明专利等的奖励力度，合理分配科技成果收益。

二　缩小各地区制造业发展水平差距

积极推动制造业与东部先进制造业企业以及国际先进制造业企业合作，加速融入，努力赶超。进入数字经济时代，全球经济格局与制造业发展模式均发生了深刻变革，作为"一带一路"的起点，有一定的政策倾向和地域优势，应当积极利用"一带一路""双循环"等政策，并通过制定区域间自由贸易区建设政策、国际人才引进政策等政策措施，加大力度鼓励并引导制造业"走出去"，进而融入乃至主导全球制造业数字化转型市场。尤其对于以高端制造、信息化、智能化为核心的技术密集型制造业行业，更需要通过引进、吸收、整合全球数字化转型的关键资源，如数字化技术专业人才、智能化设备、领先数字技术、大数据等，弥合生产要素鸿沟，促进本土制造业数字化转型升级，以实现制造业在全国乃至全球价值链中地位的提升。

三　利用数字技术突破重点行业的关键难题

加大制造业行业基础研究、应用研究及集成创新三方面的投入力度，集中突破重点行业的关键"卡脖子"技术，利用数字技术赋能的强劲动能推动制造业行业数字化转型。制造业目前还是以传统制造业为主，尤其是进入数字经济时代，关键高端芯片、半导体、集成电路等技术密集型制造业以及数字化基础研究的短板越发凸显。因此，为推动制造业数字化转型，一方面，未来政府及制造业企业应对各地区制造业发展情况和制度环境水平进行准确判断，明确所处的发展区间，进而根据地区的实际特征有针对性地设计企业创新鼓励支持计划，加大对相关核心硬件和基础软件的技术研发投入，提升数字技术的原始创新能力，补齐制造业基础短板。另一方面，政府应通过制定财政政策、建立合作创新平台，采取优惠奖励措施等产学研相关政策，以龙头企业为核心，统筹政府、产业、企业、学界和社会团体各方力量，构建产业技术协同创新平台，重点以产品和工艺上的关键创新为研发目标，推动产品设计、先进材料和批量生产的上中下游产业技术协同创新模式，以风险共担的方式更有效地调动各方创新资源持续发力对关键核心技术领域的研究攻关，增强创新的质量及溢出作用，着力解决阻碍产业链升级的关键技术，提升制造业产品和服务的科技附加值。同时，利用教育优势，建立起深层次、高效率的产学研协同合作机制，加强高校企业合作，助力高校及科研院所跟踪、赶超前沿数字化制造技术，并加速科研成果的转化和产业化，精准突破关键技术、零部件和设备的"卡脖子"问题，从而推动制造业数字化转型。

参考文献

钞小静，王宸威，2022. 数据要素对制造业高质量发展的影响——来自制造业上市公司微观视角的经验证据 [J]. 浙江工商大学学报 (4): 109-122.

陈冬梅，王俐珍，陈安霓，2020. 数字化与战略管理理论——回顾、挑战与展望 [J]. 管理世界 (5):220-236+20.

陈凤霞，姜宾，2024. 政府审计与国有企业 ESG 表现 [J]. 南京审计大学学报 (3):24-33.

陈艳娇，张兰兰，2019. 媒体关注、政府审计与财政安全研究 [J]. 审计与经济研究 (1):1-13.

程文先，钱学锋，2021. 数字经济与中国工业绿色全要素生产率增长 [J]. 经济问题探索 (8): 124-140.

池国华，郭芮佳，王会金，2019. 政府审计能促进内部控制制度的完善吗——基于中央企业控股上市公司的实证分析 [J]. 南开管理评论 (1):31-41.

戴翔，2023. 以发展新质生产力推动高质量发展 [J]. 天津社会科学 (6):103-110.

邓郴宜，万勇，2023. 企业数字化转型助推全要素生产率提升的理论与路径——基于 A 股上市公司的实证检验 [J]. 企业经济 (9):15-24.

丁任重，赵炫焯，2024. 新时期推进高质量发展的若干路径 [J]. 理论与改革 (3):43-51.

董松柯，刘希章，李娜，2023. 数字化转型是否降低企业研发操纵 ?[J]. 数量经济技术经济研究 (4):28-51.

董志愿，张曾莲，2021. 政府审计对企业高质量发展的影响——基于审计署央企审计结果公告的实证分析 [J]. 审计与经济研究 (1):1-10.

范合君，吴婷，2020. 中国数字化程度测度与指标体系构建 [J]. 首都经济贸易大学学报 (4):3-12.

方福前，马瑞光，2023. 数字经济发展推动了制造业升级吗？——基于熊彼特增长理论的研究 [J]. 江淮论坛 (5):27-38+193.

冯永琦，林凰锋，2024. 数据要素赋能新质生产力：理论逻辑与实践路径 [J]. 经济学家 (5):15-24.

干春晖，郑若谷，余典范，2011. 中国产业结构变迁对经济增长和波动的影响 [J]. 经济研究 (5):4-16+31.

高岳林，秦取名，王苗苗，2023. 数字经济对产业结构优化升级的影响研究 [J]. 统计与决策 (22):30-35.

顾金喜，2020. 生态治理数字化转型的理论逻辑与现实路径 [J]. 治理研究 (3):33-41.

郭檬楠，孙佩，王晓亮，独正元，2023. 国家审计信息化建设如何影响国有企业高质量发展？[J]. 外国经济与管理 (4):54-69.

郭润萍，韩梦圆，李树满，2023. 客户导向、创业学习与数字化新企业机会迭代 [J]. 科学学研究 (9):1661-1670.

郭芸，范柏乃，龙剑，2020. 我国区域高质量发展的实际测度与时空演变特征研究 [J]. 数量经济技术经济研究 (10): 118-132.

韩文龙，张瑞生，赵峰，2024. 新质生产力水平测算与中国经济增长新动能 [J]. 数量经济技术经济研究 (6):5-25.

韩永辉，黄亮雄，王贤彬，2017. 产业政策推动地方产业结构升级了吗？——基于发展型地方政府的理论解释与实证检验 [J]. 经济研究 (8):33-48.

何大安，2022. 企业数字化转型的阶段性及条件配置——基于"大数据构成"的理论分析 [J]. 学术月刊 (4):38-49.

何帆，刘红霞，2019. 数字经济视角下实体企业数字化变革的业绩提升效应评估 [J]. 改革 (4):137-148.

何枭吟, 2013. 数字经济发展趋势及我国的战略抉择 [J]. 现代经济探讨 (3)：39-43.

贺灵, 陈治亚, 2021. "两业"融合对制造业价值链攀升的影响及对策探讨 [J]. 理论探讨 (6): 125-131.

贺星星, 胡金松, 2024. 内部控制、国家审计与国企避税 [J]. 审计与经济研究 (1):13-22.

胡云飞, 戴国强, 2024. 数字化转型、市场竞争与企业绿色创新 [J]. 统计与决策 (7):161-166.

黄东兵, 王灵均, 周承绪, 刘骏, 2022. 制造企业人工智能创新如何赋能高质量发展——来自中国上市公司的经验证据 [J]. 科技进步与对策 (8): 110-120.

黄国庆, 2011. 基于层次分析法的三峡库区旅游资源评价 [J]. 统计与决策 (11):88-89.

黄宏斌, 梁慧丽, 许晨辉, 2023. 数字化转型驱动了企业协同创新吗？ [J]. 现代财经（天津财经大学学报）(11):96-113.

黄令, 王亚飞, 伍政兴, 2023. 数字经济影响制造业高质量发展的实证检验 [J]. 统计与决策 (14): 22-27.

黄速建, 肖红军, 王欣, 2018. 论国有企业高质量发展 [J]. 中国工业经济 (10): 19-41.

惠宁, 杨昕, 2022. 数字经济驱动与中国制造业高质量发展 [J]. 陕西师范大学学报 (哲学社会科学版)(1): 133-147.

冀云阳, 周鑫, 张谦, 2023. 数字化转型与企业创新——基于研发投入和研发效率视角的分析 [J]. 金融研究 (4):111-129.

贾利军, 陈恒烜, 2022. 数字技术赋能制造业高质量发展的关键突破路径 [J]. 教学与研究 (9):26-39.

姜迪, 吴华珠, 2023. "双碳"背景下江苏制造业企业高质量发展问题及对策——基于 2021 中国制造业 500 强企业数据 [J]. 科技管理研究 (13):221-226.

焦勇, 齐梅霞, 2024. 数字经济赋能新质生产力发展 [J]. 经济与管理评论 (3):17-30.

金碚，2018. 关于"高质量发展"的经济学研究 [J]. 中国工业经济 (4):5-18.

金智，徐慧，马永强，2017. 儒家文化与公司风险承担 [J]. 世界经济 (11):170-192.

靳思昌，2020. 国家治理现代化中的国家审计公告研究 [J]. 宏观经济研究 (12):142-151.

剧锦文，2021. 民营企业的技术创新：实现高质量发展与形成竞争新优势 [J]. 天津社会科学 (6): 93-99.

孔存玉，丁志帆，2021. 制造业数字化转型的内在机理与实现路径 [J]. 经济体制改革 (6):98-105.

李春涛，闫续文，宋敏，杨威，2020. 金融科技与企业创新——新三板上市公司的证据 [J]. 中国工业经济 (1):81-98.

李丹丹，张荣刚，2023. 国家审计、研发资助与企业创新 [J]. 审计研究 (4): 55-66.

李馥伊，2021. 数字经济与制造业全球价值链攀升：理论、实践与政策 [M]. 北京：中国社会科学出版社:83-86.

李海舰，李真真，2024. 数字化转型对企业高质量发展和高速度增长的影响——基于"质量变革、效率变革、动力变革"视角的检验 [J]. 中国农村经济 (4): 120-140.

李辉，梁丹丹，2020. 企业数字化转型的机制、路径与对策 [J]. 贵州社会科学 (10):120-125.

李金昌，史龙梅，徐蔼婷，2019. 高质量发展评价指标体系探讨 [J]. 统计研究 (1): 4-14.

李文钊，2020. 双层嵌套治理界面建构：城市治理数字化转型的方向与路径 [J]. 电子政务 (7):32-42.

李雄平，王亚茹，李永前，2018. 托宾 Q 理论对上市公司投资价值分析的思考 [J]. 当代经济 (17):26-29.

李长英，王曼，2024. 供应链数字化能否提高企业全要素生产率？[J]. 财

经问题研究 (5): 75-88.

梁琳娜，张国强，李浩，杨阳阳，2022.企业数字化转型经济效果研究——基于市场绩效和财务绩效的分析 [J]. 现代管理科学 (5):146-155.

刘波，洪兴建，2022.中国产业数字化程度的测算与分析 [J]. 统计研究 (10):3-18.

刘家义，2012.论国家治理与国家审计 [J]. 中国社会科学 (6):60-72+206.

刘靖宇，余莉娜，杨轩宇，2023.数字普惠金融、数字化转型与中小企业高质量发展 [J]. 统计与决策 (18):154-158.

刘淑春，闫津臣，张思雪，林汉川，2021.企业管理数字化变革能提升投入产出效率吗 [J]. 管理世界 (5):170-190+13.

刘伟，蔡志洲，2008.我国产业结构变动趋势及对经济增长的影响 [J]. 经济纵横 (12):64-70.

刘鑫鑫，惠宁，2024.数字经济、企业家精神与区域创新 [J]. 统计与决策 (3):168-173.

卢江，郭子昂，王煜萍，2024.新质生产力发展水平、区域差异与提升路径 [J]. 重庆大学学报 (社会科学版)(3):1-16.

陆洋，王超贤，2021.数字化转型量化评估研究的比较分析与最新进展 [J]. 科技进步与对策 (9):152-160.

马东山，韩亮亮，张胜强，2019.政府审计能够抑制地方政府债务增长吗 ?——财政分权的视角 [J]. 审计与经济研究 (4):9-21.

马文聪，许恒，陈修德，2022.政府研发补贴、高管团队职能背景多样性与企业研发投入 [J]. 科技管理研究 (12):125-135.

马永伟，2019.工匠精神与中国制造业高质量发展 [J]. 东南学术 (6):147-154.

梅冰菁，罗剑朝，2020.财政补贴、研发投入与企业创新绩效——制度差异下有调节的中介效应模型检验 [J]. 经济经纬 (1):167-176.

聂昌腾，2023.基于数字鸿沟弥合视角的包容性增长研究 [D]. 江西财经大学 .

潘爱玲, 凌润泽, 李彬, 2021. 供应链金融如何服务实体经济——基于资本结构调整的微观证据 [J]. 经济管理 (8):41-55.

裴璇, 刘宇, 王稳华, 2023. 企业数字化转型: 驱动因素、经济效应与策略选择 [J]. 改革 (5):124-137.

戚聿东, 肖旭, 2020. 数字经济时代的企业管理变革 [J]. 管理世界 (6): 135-152+250.

曲永义, 2022. 数字创新的组织基础与中国异质性 [J]. 管理世界 (10):158-174.

施炳展, 李建桐, 2020. 互联网是否促进了分工: 来自中国制造业企业的证据 [J]. 管理世界 (4):130-149.

史丹, 孙光林, 2024. 数据要素与新质生产力: 基于企业全要素生产率视角 [J]. 经济理论与经济管理 (4):12-30.

司聪, 任保平, 2024. 数字经济培育中国装备制造业高质量发展新动能的路径探析 [J]. 贵州社会科学 (1): 131-138.

宋林, 王嘉丽, 李东倡, 2024. "两业"融合与先进制造业全要素生产率 [J]. 西安交通大学学报 (社会科学版)(2): 77-90.

孙丽伟, 郭俊华, 2024. 新质生产力评价指标体系构建与实证测度 [J]. 统计与决策 (9):5-11.

孙湘湘, 周小亮, 2018. 服务业开放对制造业价值链攀升效率的影响研究——基于门槛回归的实证分析 [J]. 国际贸易问题 (8):94-107.

孙新波, 张明超, 高国平, 2020. 加快辽宁制造企业数字化转型 [N]. 辽宁日报 (7).

唐晓华, 张欣珏, 李阳, 2018. 中国制造业与生产性服务业动态协调发展实证研究 [J]. 经济研究 (3):79-93.

陶长琪, 彭永樟, 2018. 从要素驱动到创新驱动: 制度质量视角下的经济增长动力转换与路径选择 [J]. 数量经济技术经济研究 (7):3-21.

涂心语, 严晓玲, 2022. 数字化转型、知识溢出与企业全要素生产率——来自制造业上市公司的经验证据 [J]. 产业经济研究 (2):43-56.

王彪华，2020. 新形势下国家审计职能定位研究 [J]. 中国软科学 (11): 162-171.

王兵，鲍圣婴，阚京华，2017. 国家审计能抑制国有企业过度投资吗 ?[J]. 会计研究 (9):83-89+97.

王丹，张丁，2023. ESG 表现、制造业高质量发展与数字化转型 [J]. 统计与决策 (19): 172-176.

王帆，钱瑞，2019. 政策跟踪审计效果评价体系构建与应用研究——以稳增长等政策审计为例 [J]. 西安财经学院学报 (5):60-66.

王核成，王思惟，刘人怀，2021. 企业数字化成熟度模型研究 [J]. 管理评论 (12):152-162.

王珂，郭晓曦，2024. 中国新质生产力水平、区域差异与时空演进特征 [J]. 统计与决策 (9):30-36.

王姝楠，陈江生，2019. 数字经济的技术 - 经济范式 [J]. 上海经济研究 (12):80-94.

王晓红，李娜，陈宇，2022. 冗余资源调节、数字化转型与企业高质量发展 [J]. 山西财经大学学报 (8):72-84.

王鑫鑫，韩啸，张洪，2022. 制造业企业数字化转型的特征及对策——基于上市企业年报的文本分析 [J]. 经济纵横 (9):95-103.

王瑶，郭泽光，2021. 机构投资者持股与企业全要素生产率 : 有效监督还是无效监督 [J]. 山西财经大学学报 (2):113-126.

王永进，匡霞，邵文波，2017. 信息化、企业柔性与产能利用率 [J]. 世界经济 (1):67-90.

巫景飞，汪晓月，2022. 基于最新统计分类标准的数字经济发展水平测度 [J]. 统计与决策 (3):16-21.

吴飞飞，谢众，2019. 制度环境影响中国高技术产业发展的门槛效应分析 [J]. 中南大学学报 (社会科学版)(3):96-104.

吴非，胡慧芷，林慧妍，任晓怡，2021. 企业数字化转型与资本市场表现——来自股票流动性的经验证据 [J]. 管理世界 (7):130-144+10.

吴刚,宫汝娜,冯冬发,2023.中国制造业高质量发展水平的区域差异、动态演进及收敛性特征 [J].统计与决策 (10):84-90.

吴剑辉,段瑞,2020.数字技术对中国传统产业转型升级替代效应研究 [J].当代经济 (8):14-18.

习明明,倪勇,刘旭妍,2023.数字化转型如何促进产业链供应链现代化——基于产业链供应链结构优化视角 [J].兰州大学学报 (社会科学版)(4):59-73.

向洪金,朱晨之,徐鹏杰,2018.转型期政府官员滥用职权行为与国家审计监督力度——基于委托代理理论的研究 [J].审计与经济研究 (2):10-18.

肖利平,2018."互联网 +"提升了我国装备制造业的全要素生产率吗 [J].经济学家 (12):38-46.

徐建伟,韩晓,赵阳华,2023.推动制造业高质量发展的时代要求、现实基础与策略选择 [J].改革 (11): 55-66.

徐梦周,吕铁,2020.赋能数字经济发展的数字政府建设:内在逻辑与创新路径 [J].学习与探索 (3):78-85+175.

徐晓慧,2022.数字经济与经济高质量发展:基于产业结构升级视角的实证 [J].统计与决策 (1):95-99.

许宪春,张钟文,常子豪,雷泽坤,2020.中国分行业全要素生产率估计与经济增长动能分析 [J].世界经济 (2):25-48.

薛永刚,2022.城市群经济高质量发展空间收敛、动态演进以及创新影响研究——"珠三角"和"长三角"的对比分析 [J].管理评论 (12): 131-145.

严子淳,李欣,王伟楠,2021.数字化转型研究:演化和未来展望 [J].科研管理 (4):21-34.

阳镇,陈劲,李纪珍,2022.数字经济时代下的全球价值链:趋势、风险与应对 [J].经济学家 (2): 64-73.

杨成文,黄晓东,左瑄,2023.企业数字化转型、会计信息质量与资本配置效率——基于 A 股上市公司的证据 [J].哈尔滨商业大学学报 (社会科学版)(5):48-61.

杨仁发，李娜娜，2019. 产业集聚对长江经济带高质量发展的影响 [J]. 区域经济评论 (2): 71-79.

杨仁发，郑媛媛，2022. 人力资本结构与制造业高质量发展：影响机制与实证检验 [J]. 经济体制改革 (4): 112-119.

姚加权，张锟澎，罗平，2020. 金融学文本大数据挖掘方法与研究进展 [J]. 经济学动态 (4):143-158.

姚水琼，齐胤植，2019. 美国数字政府建设的实践研究与经验借鉴 [J]. 治理研究 (6):60-65.

易露霞，吴非，徐斯旸，2021. 企业数字化转型的业绩驱动效应研究 [J]. 证券市场导报 (8):15-25+69.

尹美群，盛磊，李文博，2018. 高管激励、创新投入与公司绩效——基于内生性视角的分行业实证研究 [J]. 南开管理评论 (1):109-117.

于连超，刘东辉，毕茜，王雷，2022. 政府环境审计能够促进企业绿色创新吗？——来自国家审计署层面的经验证据 [J]. 科学决策 (9):20-35.

余思明，徐伶俐，魏芳，2024. 互联网发展与国家审计质量——基于省级、市级面板数据的证据 [J]. 宏观质量研究 (1): 31-45.

俞红海，徐龙炳，陈百助，2010. 终极控股股东控制权与自由现金流过度投资 [J]. 经济研究 (8):103-114.

袁淳，肖土盛，耿春晓，盛誉，2021. 数字化转型与企业分工：专业化还是纵向一体化 [J]. 中国工业经济 (9):137-155.

袁航，朱承亮，2018. 国家高新区推动了中国产业结构转型升级吗 [J]. 中国工业经济 (8):60-77.

曾昌礼，李江涛，张敏，曾铁兵，2018. 会计师事务所信息化建设能够提升审计效果吗 ?[J]. 会计研究 (6):3-11.

湛军，刘英，2024. 数字化转型、动态能力与制造业服务化——基于营商环境的调节效应 [J]. 经济与管理 (3):36-44.

张东敏，杨佳，刘座铭，2021. 异质性环境政策对企业技术创新能力影响实证分析——基于双向固定效应模型 [J]. 商业研究 (4):68-74.

张广胜，孟茂源，2020.内部控制、媒体关注与制造业企业高质量发展 [J]. 现代经济探讨 (5):81-87.

张晴，于津平，2021.制造业投入数字化与全球价值链中高端跃升——基于投入来源差异的再检验 [J]. 财经研究 (9): 93-107.

张树山，董旭达，2024.智能化转型、组织韧性与制造业企业高质量发展 [J]. 中国流通经济 (1): 104-114

张天丽，2020.受托责任观下我国政府财务报告审计研究 [D]. 厦门大学 .

张晓，鲍静，2018.数字政府即平台：英国政府数字化转型战略研究及其启示 [J]. 中国行政管理 (3):27-32.

张艳萍，凌丹，刘慧岭，2022.数字经济是否促进中国制造业全球价值链升级 ?[J]. 科学学研究 (1): 57-68.

赵宸宇，王文春，李雪松，2021.数字化转型如何影响企业全要素生产率 [J]. 财贸经济 (7):114-129.

赵聪慧，范合君，2023.企业数字化转型评价体系构建、进程测度与提升路径 [J]. 财会通信 (6):9-17.

赵丽锦，胡晓明，2022.企业数字化转型的基本逻辑、驱动因素与实现路径 [J]. 企业经济 (10):16-26.

赵涛，张智，梁上坤，2020.数字经济、创业活跃度与高质量发展——来自中国城市的经验证据 [J]. 管理世界 (10):65-76.

郑国洪，肖忠意，陈海涛，2022.国家审计与央企控股上市公司创新质量 [J]. 审计研究 (5):25-36.

郑琼洁，姜卫民，2022.数字经济视域下制造业企业数字化转型研究——基于企业问卷调查的实证分析 [J]. 江苏社会科学 (1):137-149+244.

周国富，林一鸣，2023.数字经济、制度环境与区域创新效率 [J]. 现代经济探讨 (11):1-16.

周名丁，胡春生，2024.数字创新推动制造业企业高质量发展的机理与路径研究 [J]. 贵州社会科学 (3): 127-134.

周茜，2023.数字经济对制造业绿色发展的影响与机制研究 [J]. 南京社会

科学 (11): 67-78.

周文，杨正源，2023. 高质量发展与共同富裕：理论逻辑和现实路径 [J]. 西安财经大学学报 (3): 15-26.

周晓辉，刘莹莹，彭留英，2021. 数字经济发展与绿色全要素生产率提高 [J]. 上海经济研究 (12):51-63.

朱秀梅，林晓玥，2022. 企业数字化转型：研究脉络梳理与整合框架构建 [J]. 研究与发展管理 (4):141-155.

邹建国，2023. 科技金融对产业结构升级的影响——基于中介效应与门槛效应的检验 [J]. 湖南科技大学学报 (社会科学版)(4):89-97.

Acemoglu, D., Restrepo, P., 2018. The Race Between Man and Machine: Implications of Technology for Growth, Factor Shares, and Employment[J]. American Economic Review, 108(6): 1488-1542.

Agarwal, R., Gao, G., DesRoches, C., et al., 2010. The Digital Transformation of Healthcare: Current Status and the Road Ahead [J].Information Systems Research, 21(4): 796-809.

Agrawal, A., Gans, J., Goldfarb, A., 2018. Prediction Machines : The Simple Economics of Artificial Intelligence[M]. Brighton, MA : Harvard Business Review Press.

Andriole, S.J., 2017. Five Myths about Digital Transformation[J]. MIT Sloan Management Review, 58(3): 20-22.

Becchetti, L., Giacomo, S. D., 2007. The Unequalizing Effects of ICT on Economic Growth[J]. Metroeconomica, 58(1): 155-194.

Brenner,T., Pudelko, F., 2019. The Effects of Public Research and Subsidies on Regional Structural Strength ［J］. Journal Of Evolutionary Economics, 29(5) : 1433-1458.

Brynjolfsson, E., Rock, D., Syverson C., 2021. The Productivity J-Curve: How Intangibles Complement General Purpose Technologies[J]. American Economic Journal: Macroeconomics, 13(1): 333-372.

Chanias, S., Hess T., 2016. Understanding Digital Transformation Strategy

Formation: Insights from Europe's Automotive Industry[C]. Proceedings of the 20th Pacific Asia Conference on Information Systems (PACIS 2016): 201.

Chanias, S., Myers, M.D., Hess, T., 2019. Digital Transformation Strategy Making in Pre-Digital Organizations: The Case of a Financial Services Provider [J]. The Journal of Strategic Information Systems, 28(1): 17-33.

Chou, Y. C., Chuang, H. C., Shao, B. B. M., 2014. The Impacts of Information Technology on Total Factor Productivity: A Look at Externalities and Innovations[J]. International Journal of Production Economics, 158:290-299.

Clemons, E. K., McFarlan, F.W., 1986. Telecom: Hook Up Or Lose Out [M]. Harvard Business Review (64):91-97.

Demirkan, H., Spohrer, J. C., Welser, J .J., 2016. Digital Innovation and Strategic Transformation[J]. It Professional, 18(6):14-18.

Du W., 2021. Enterprise Internal Audit System in the Context of Big Data[C]// 2021 IEEE International Conference on Emergency Science and Information Technology (ICESIT). IEEE: 215-218.

Earley, S., 2014. The Digital Transformation: Staying Competitive [J].IT Professional, 16(2): 58-60.

Ekata, G. E., 2012. The IT Productivity Paradox: Evidence from the Nigerian Banking Industry[J]. The Electronic Journal of Information Systems in Developing Countries, 51(1): 1-25.

Fahmi, M., Muda, I., Kesuma, S. A., 2023. Digitization Technologies and Contributions to Companies towards Accounting and Auditing Practices[J]. International Journal of Social Service and Research, 3(3): 639-643.

Firk, S., Gehrke, Y., Hanelt, A., et al., 2022. Top Management Team Characteristics and Digital Innovation: Exploring Digital Knowledge and Tmt Interfaces[J]. Long Range Planning, 55(3): 102166.

Frynas, J. G., Mol, M. J., Mellahi, K., 2018. Management Innovation Made in China: Haier's Rendanheyi[J]. California Management Review, 61(1): 71.

Garcia, C. A., 2014. Industrial Upgrading in Mixed Market Economies: The Spanish Case[J]. Social Science Electronic Publishing, 73(3): 1-44.

Gereffi, G., 1999. International Trade and Industrial Upgrading in the Apparel Commodity Chains[J]. Journal of International Economics, 48(3): 65-69.

Gray, J., Rumpe, B., 2017. Models for the Digital Transformation[J]. Software & Systems Modeling, 16(2): 307-308.

Hajli, M., Sims, J. M., Ibragimov, V., 2015. Information Technology (IT) Productivity Paradox in the 21st Century[J]. International Journal of Productivity and Performance Management, 64(4): 457-478.

Hansen, B.E., 1999. Threshold Effectin Non-Dynamic Panels:Estimation, Testing, and Inference[J]. Journal of Econometrics, 93(2): 345-368.

Heo, P. S., Lee, D .H., 2019. Evolution of the Linkage Structure of ICT Industry and Its Role in the Economic System: The Case of Korea[J].Information Technology for Development, 25(3): 424-454.

Konsynski, B., 1990. Singapore Leadership: A Tale of One City[M]. Harvard Business School Case: 25.

Kahrović, E., 2021. The Impact of Digital Transformation on the Formulation of New Corporate Strategic Directions[J]. International Journal of Economic Practice and Policy, 18(2): 192-209.

Khuntia, S., Majumder, S.K., Ghosh, P., 2014. Oxidation of As(III) to As(V) Using Ozone Microbubbles [J].Chemosphere, 97:132-166.

Kim, P., 2017. Matlab Deep Learning[J]. With Machine Learning, Neural Networks and Artificial Intelligence, 130(21): 1-18.

King, W., Teo, T., 1996. Key Dimensions of Facilitators and Inhibitors for Strategic Use of Information Technology [J]. Journal of Management Information Systems, 12 (4): 35-53.

Klievink, B., Janssen, M., 2009. Realizing Joined-Up Government–Dynamic Capabilities and Stage Models for Transformation [J].Government Information

Quarterly, 26(2):275-284.

Kok, G., 2022. The Digital Transformation and Novel Calibration Approaches[J]. tm-Technisches Messen, 89(4): 214-223.

Kretschmer, T., 2012. Information and Communication Technologies and Productivity Growth: A survey of the Literature[J]. Tobias Kretchmer, 11(8):93-104.

Laine, J., Minkkinen, M., Mäntymäki .M., 2024. Ethics-Based AI Auditing: A Systematic Literature Review on Conceptualizations of Ethical Principles and Knowledge Contributions to Stakeholders[J]. Information & Management, 24(10):39-69.

Lawrence, R., 2020. China, Like the US, Faces Challenges in Achieving Inclusive Growth through Manufacturing[J]. China and World Economy, 28(2):3-17.

Lee, C. C., Zhong, Q., Wen, H., et al., 2023. Blessing or Curse: How Does Sustainable Development Policy Affect Total Factor Productivity of Energy-Intensive Enterprises?[J]. Socio-Economic Planning Sciences, 89(10):70-79.

Legner, C., Eymann, T., Hess T., et al., 2017. Digitalization: Opportunity and Challenge for the Business and Information Systems Engineering Community[J]. Business & Information Systems Engineering, 59(4):301-308.

Leng, A., Zhang Y., 2024. The Effect of Enterprise Digital Transformation on Audit Efficiency—Evidence from China[J]. Technological Forecasting and Social Change, 20(12):15-32.

Li, Q., Yang, Z., Tian, Z., et al., 2024. Multidimensional Measurement of the High-Quality Development of City Clusters: Dynamic Evolution, Regional Differences and Trend Forecasting--Based on the Basic Connotation of Chinese-Style Modernization[J]. Ecological Indicators, 161(11):19-39.

Li, L., Su, F., Zhang, W., et al., 2018. Digital Transformation by SME Entrepreneurs: A Capability Perspective[J]. Information Systems Journal, 28(6): 11-21.

Lin, B., Teng, Y., 2022. Decoupling of Economic and Carbon Emission

Linkages: Evidence from Manufacturing Industry Chains[J]. Journal of Environmental Management, 32(11): 60-81.

Liu, Y., Zhao, X., Kong, F., 2023. The Dynamic Impact of Digital Economy on the Green Development of Traditional Manufacturing Industry: Evidence from China[J]. Economic Analysis and Policy, 80(2): 143-160.

Liu, J., Nie, S., Lin, T., 2024. Government Auditing and Urban Energy Efficiency in the Context of the Digital Economy: Evidence from China's Auditing System Reform[J]. Energy, 29(6): 131-140.

Liu, Q.R., Liu, J.,M., He, Z. P., 2023. Digital Transformation Ambidexterity and Business Performance[J]. Journal of Enterprise Information Management, 36(5): 19.

Luo G., Guo J.,Yang F., et al., 2023. Environmental Regulation, Green Innovation and High-Quality Development of Enterprise: Evidence from China[J]. Journal of Cleaner Production, 41(8): 112-138.

Maedche, A., 2016. Interview with Michael Nilles on "What Makes Leaders Successful in the Age of the Digital Transformation?" [J].Business & Information Systems Engineering, 58(4): 287-289.

Majchrzak, A., Markus, M.L., Wareham, J., 2016. Designing for Digital Transformation: Lessons for Information Systems Research from the Study of ICT and Societal Challenges [J].MIS Quarterly, 40(2):267-277.

Matt, C., Hess, T., Benlian, A., 2015. Digital Transformation Strategies [J]. Business & Information Systems Engineering, 57(5):339-343.

Mei L. H., Chen Z. H., 2016. The Convergence Analysis of Regional Growth Differences in China: The Perspective of the Quality of Economic Growth[J].Journal of Service Science and Management, 9(6):453-467.

Mikalef, P., Pateli, A., 2017. Information Technology-Enabled Dynamic Capabilities and Their Indirect Effect on Competitive Performance: Findings from Pls-Sem and FsQCA[J]. Journal of Business Research, 70(10): 1-16.

Mühlburger M., Krumay B., 2023. Towards a Context-Sensitive Conceptualisation of Digital Transformation[J]. Journal of Information Technology, 39(4):716-731.

Mydyti, H., Ajdari, J., Zenuni, X., 2020. Cloud-based Services Approach as Accelerator in Empowering Digital Transformation[C]//2020 43rd International Convention on Information, Communication and Electronic Technology (MIPRO). IEEE: 1390-1396.

Nambisan, S., Lyytinen, K., Majchrzak, A., et al., 2017. Digital Innovation Management: Reinventing Innovation Management Research in a Digital World[J]. MIS Q., 41(12):223-238.

Ndubisi, N. O., Zhai, X. A., Lai, K., 2021. Small and Medium Manufacturing Enterprises and Asia's Sustainable Economic Development[J]. International Journal of Production Economics, 23(3):71-79.

Nwankpa, J. K., Roumani, Y., 2016. IT Capability and Digital Transformation: A Firm Performance Perspective[C]. International Conference of Information Systems, Dublin, Ireland.

Ochara, N. M., 2016. The Nature of Digital Transformation[J]. Available at SSRN, 28(4):29-41.

Popova, A. L., Nuttunen, P. A., Kanavtsev, M. V., et al., 2020. The Impact of the Digital Divide on the Development of Socio-economic Systems[C]//IOP Conference Series: Earth and Environmental Science. IOP Publishing, 433(1): 12-22.

Pu, X., Zeng, M., Zhang, W., 2023. Corporate Sustainable Development Driven by High-Quality Innovation: Does Fiscal Decentralization Really Matter?[J]. Economic Analysis and Policy, 78(11): 273-289.

Qu J., Simes R., O'Mahony J., 2017. How do Digital Technologies Drive Economic Growth?[J]. Economic Record, 93(3): 57-69.

Ragnedda, M., 2018. Conceptualizing Digital Capital[J]. Telematics and Informatics, 35(8): 2366-2375.

Richardson, S., 2006. Over-Investment of Free Cash Flow[J]. Review of Accounting Studies, 11(23):159-189.

Shi, L., Mai, Y., Wu, Y. J., 2022. Digital Transformation: A bibliometric Analysis[J]. Journal of Organizational and End User Computing (JOEUC), 34(7): 1-20.

Singh, A., Hess, T., 2020. How Chief Digital Officers Promote the Digital Transformation of Their Companies[M]. Strategic Information Management. Routledge: 202-220.

Suo, X., Zhang, L., Guo R., et al., 2024. The Inverted U-Shaped Association Between Digital Economy and Corporate Total Factor Productivity: A Knowledge-Based Perspective[J]. Technological Forecasting and Social Change, 20(3):123-136.

Tang, D., 2021. What is Digital Transformation?[J]. EDPACS, 64(1): 9-13.

Tobias, K., Pooyan, K., 2020. Digital Transformation and Organization Design: An Integrated Approach [J].California Management Review, 62(4):86-104.

Tudose, M. B., Georgescu, A., Avasilcăi, S., 2023. Global Analysis Regarding the Impact of Digital Transformation on Macroeconomic Outcomes[J]. Sustainability, 15(5): 45-83.

Valdez-De-Leon, O., 2016. A Digital Maturity Model for Telecommunications Service Providers[J]. Technology Innovation Management Review, 6(8):19-32.

Valkokari, K., Hemilä, J., Kääriäinen, J., 2022. Digital Transformation—Cocreating a Platform-Based Business Within an Innovation Ecosystem[J]. International Journal of Innovation Management, 26(3): 22-40.

Verhoef, P. C., Broekhuizen, T., Bart, Y., et al., 2019. Digital Transformation: A Multidisciplinary Reflection and Research Agenda [J].Journal of Business Research, 122(1):11-33.

Vial, G., 2019. Understanding Digital Transformation: A Review and a Research Agenda [J]. Journal of Strategic Information Systems, 28(2):118-144.

Wang, Q., Zhang, L., Ma, Q., et al., 2024. The Impact of Financial Risk on Boilerplate of Key Audit Matters: Evidence from China[J]. Research in International Business and Finance, 24(8):102-390.

Wang, J .W., Gao, X .X., Jia, R .H., et al., 2022. Evaluation Index System

Construction of High-Quality Development of Chinese Real Enterprises Based on Factor Analysis and AHP[J].Discrete Dynamics in Nature and Society, 112(6):168-178.

Wang, S., Li, J., 2024. How Carbon Emission Trading Mechanism and Supply Chain Digitization Affect Manufacturing Enterprises' competitiveness? Evidence from China[J]. Journal of Cleaner Production, 45(2):142-164.

Westerman, G., Bonnet, D., 2015. Revamping Your Business Through Digital Transformation[J].MIT Sloan Management Review, 56(3):10-13.

Wu, Y., Li, H., Luo, R., et al., 2023. How Digital Transformation Helps Enterprises Achieve High-Quality Development? Empirical Evidence from Chinese Listed Companies[J]. European Journal of Innovation Management, 12(6):231-248.

Xiufan, Z., Xiaomin, W., Wenhai, Z., et al., 2024. Research on the Green Innovation Effect of Digital Economy Network–Empirical Evidence from the Manufacturing Industry in the Yangtze River Delta[J]. Environmental Technology & Innovation, 34(10):35-55.

Xue, L., Zhang, Q., Zhang, X., et al., 2022. Can Digital Transformation Promote Green Technology Innovation?[J]. Sustainability, 14(12): 74-97.

Yan, B. R., Dong, Q. L., Li, Q., et al., 2021. A Study on the Coupling and Coordination between Logistics Industry and Economy in the Background of High-Quality Development[J].Sustainability, 13(18): 89-102.

Yang, C. H., 2022. How Artificial Intelligence Technology Affects Productivity and Employment: Firm-level Evidence from Taiwan[J]. Research Policy, 51(6): 104-126.

Yang, L., Zou, H., Shang, C., et al., 2023. Adoption of Information and Digital Technologies for Sustainable Smart Manufacturing Systems for Industry 4.0 in Small, Medium, and Micro Enterprises (SMMEs)[J]. Technological Forecasting and Social Change, 18(8): 12-23.

Zhang, M., Li, W., Luo, Y., et al., 2023. Government audit Supervision,

Financialization, and Executives' Excess Perks: Evidence from Chinese State-owned Enterprises[J]. International Review of Financial Analysis, 89(8): 102-116.

Zhang, S., Zhang, M., Meng, S., 2024. Corporate Transaction Costs and Corporate Green Total Factor Productivity[J]. Finance Research Letters, 61(10): 41-50.

Zhang, Y., Ma, S., Yang, H., et al., 2018. A Big Data Driven Analytical Framework for Energy-Intensive Manufacturing Industries[J]. Journal of Cleaner Production, 197(11): 57-72.

Zhao X., Zhao L., Sun X., et al., 2023. The Incentive Effect of Government Subsidies on the Digital Transformation of Manufacturing Enterprises[J]. International Journal of Emerging Markets, 42(10): 212-238.

Zhou, H., Li, L., 2020. The Impact of Supply Chain Practices and Quality Management on Firm Performance: Evidence from China's Small and Medium Manufacturing Enterprises[J]. International Journal of Production Economics, 23(10): 7-16.

后　记

　　本书的写作源于我对国家审计、数字化转型与制造业企业高质量发展这一主题的长期关注与思考。在全球化与数字化浪潮的推动下，制造业作为国民经济的重要支柱，其高质量发展不仅关乎企业自身的竞争力，更与国家经济转型和社会进步息息相关。本书试图从国家审计治理和数字化转型的双重视角，探讨制造业企业高质量发展的机制与路径。

　　在研究过程中，我深刻体会到这一主题的复杂性与挑战性。从理论框架的构建到实证分析的开展，每一步都充满了探索与反思。尽管我尽力完善本书的内容，但仍有许多不足之处，恳请读者批评指正，以便我在未来的研究中进一步改进。

　　在此，我要特别感谢我的学生们在本书写作过程中给予的宝贵支持与协助。李笑迎、吕梦琪、王乐雨、白昱婧、王嘉艺、崔纪童、许征筝、高烜、王泽元等研究生在数据收集整理、文献梳理、学术观点探讨等环节提供了重要帮助，他们的积极参与和细致工作为本书的顺利完成提供了有力支持，与他们的学术交流也让我受益匪浅。同时，我要衷心感谢社会科学文献出版社的编辑老师们，他们严谨的态度和细致的工作为本书的出版提供了重要保障，从书稿的审校到排版设计，每一个环节都凝聚了他们的辛勤付出。

　　本书的完成标志着一个研究阶段的结束，但也为我指明了新的研究方向。未来，我将继续关注国家审计与数字化转型的前沿动态，深入探索制造业高质量发展的理论与实践，希望能够为相关的学者和政策制定者提供更多有价值的参考。

　　最后，感谢所有阅读本书的读者，愿本书能给你们带来一些启发与思考。学术之路漫长而充满挑战，但我坚信，只要我们心怀热忱，脚踏实地，终能在知识的海洋中找到属于自己的航向。

图书在版编目（CIP）数据

国家审计治理、数字化转型与制造业企业高质量发展 /
李丹丹著 . -- 北京：社会科学文献出版社 , 2025. 7.
（新时代法学教育与法学理论文库）. -- ISBN 978-7
-5228-5187-7

Ⅰ . F426.4

中国国家版本馆 CIP 数据核字第 2025AV3494 号

·新时代法学教育与法学理论文库·

国家审计治理、数字化转型与制造业企业高质量发展

著　　者 / 李丹丹

出 版 人 / 冀祥德

组稿编辑 / 恽　薇

责任编辑 / 史晓琳

文稿编辑 / 周晓莹

责任印制 / 岳　阳

出　　版 / 社会科学文献出版社·经济与管理分社（010）59367226
　　　　　地址：北京市北三环中路甲29号院华龙大厦　邮编：100029
　　　　　网址：www.ssap.com.cn

发　　行 / 社会科学文献出版社（010）59367028

印　　装 / 三河市龙林印务有限公司

规　　格 / 开　本：787mm×1092mm 1/16
　　　　　印　张：14.5　字　数：222 千字

版　　次 / 2025年7月第1版　2025年7月第1次印刷

书　　号 / ISBN 978-7-5228-5187-7

定　　价 / 98.00元

读者服务电话：4008918866